Wie klingt Schwarz-Rot-Gold?

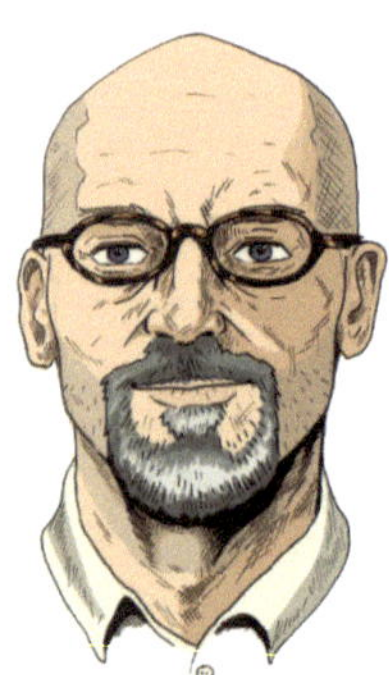

Michael Custodis Autor

ist Professor für Musik der Gegenwart und Systematische Musikwissenschaft an der Universität Münster. Neben Forschungsschwerpunkten zu politischen Themen der Musikgeschichtsschreibung, Avantgarden, Progressive Rock und Metal sowie zu sozialen Funktionen von Musik liegt ihm die populäre Vermittlung von Musikwissen besonders am Herzen.

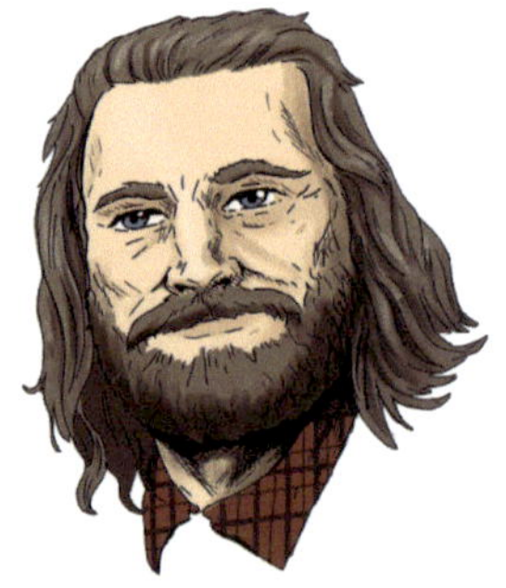

Niklas Schwartz Illustrator

ist freiberuflicher Illustrator und Grafiker aus dem Ruhrgebiet. Er hat an der FH Münster Design sowie an den Universitäten in Münster und Bordeaux Neuere und Neueste Geschichte und Politische Philosophie studiert. Er illustriert besonders gerne Projekte an der Schnittstelle zwischen Wissenschaft, Gestaltung und Wissensvermittlung.

Michael Custodis Texte **Niklas Schwartz** Illustrationen

Wie klingt Schwarz-Rot-Gold?

Deutsch-deutsche Musikgeschichten

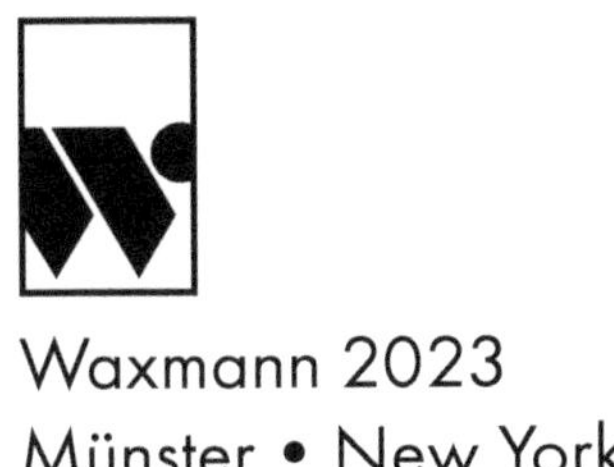

Waxmann 2023
Münster • New York

Gefördert von:

LWL Landschaftsverband Westfalen-Lippe

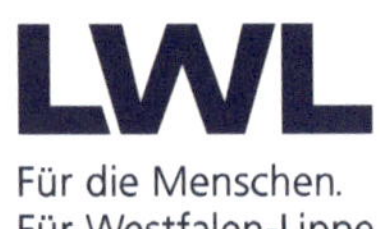

Institut für Musikwissenschaft, Universität Münster

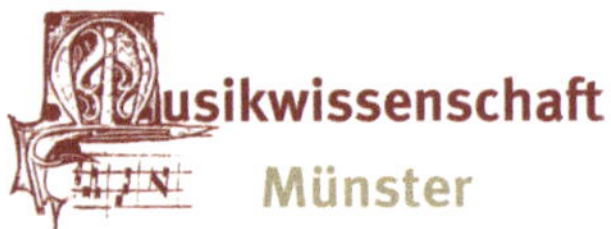

Arbeitsstelle Forschungstransfer, Universität Münster

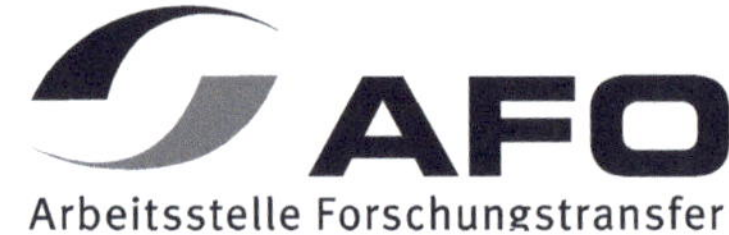

Bibliografische Informationen der Deutschen Nationalbibliothek
Die Deutsche Nationalbibliothek verzeichnet diese Publikation in der Deutschen Nationalbibliografie; detaillierte bibliografische Daten sind im Internet über http://dnb.dnb.de abrufbar.

Print-ISBN 978-3-8309-4800-1
E-Book-ISBN 978-3-8309-9800-6

Steinfurter Straße 555, 48159 Münster

www.waxmann.com
info@waxmann.com

Umschlaggestaltung: Niklas Schwartz, Anne Breitenbach, Münster
Satz: MTS. Satz & Layout, Münster
Druck: Elanders Waiblingen GmbH, Waiblingen

Gedruckt auf alterungsbeständigem Papier,
säurefrei gemäß ISO 9706

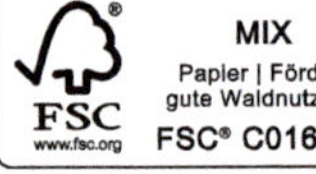

Printed in Germany

Inhalt

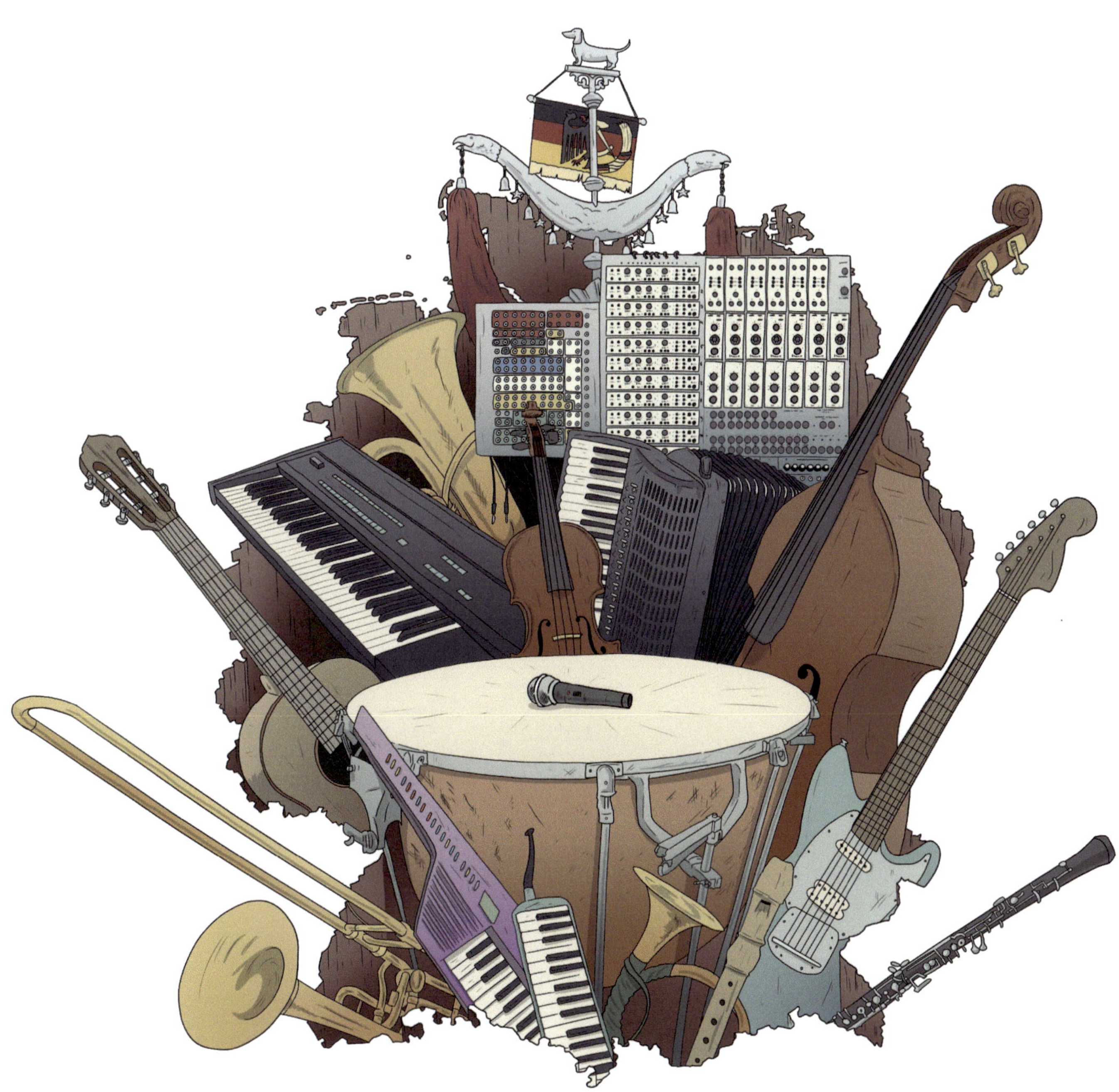

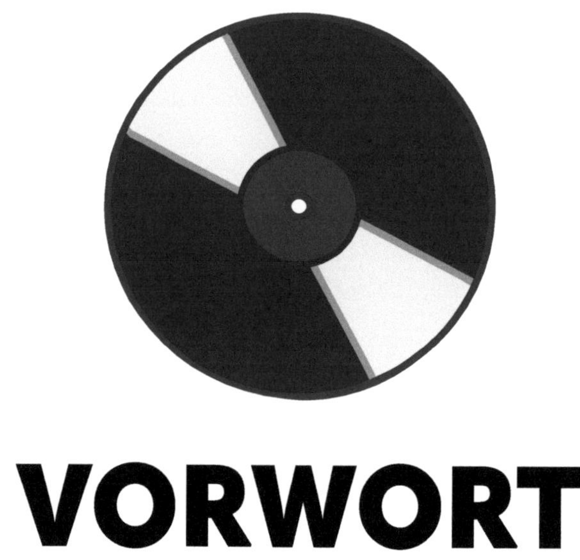

VORWORT

Als im August 2021 Michael Custodis, Professor für Musikwissenschaft an der Universität Münster, mit der Lektorin Melanie Völker beim Waxmann Verlag zusammensitzt und neue Buchideen bespricht, nimmt ein ungewöhnliches Projekt seinen Anfang. Gedacht ist an einen Überblick zur Musik in Deutschland nach 1945: Kurze anekdotische Kapitel erzählen von der engen Verbindung der Musik zu den politischen Ereignissen der Zeitgeschichte und verdeutlichen, wie man in beiden Teilen Deutschlands über den Eisernen Vorhang hinweg musikalisch miteinander in Kontakt blieb, bis man seit der Wiedervereinigung 1990 wieder an einer gemeinsamen Geschichte schreibt. Als besonderer Clou sollen die Texte originelle Illustrationen erhalten, die als visuelle Kontrapunkte die Kapitel kommentieren. Denn statt wie bei den bisherigen Büchern von Custodis detailreich Forschungsergebnisse zu präsentieren, soll dieses Mal zeitgemäße Wissenschaftskommunikation im Zentrum stehen.

Auf der Suche nach einem geeigneten Kooperationspartner vermittelt Cordula Hesselbarth, Professorin für Mediendesign und Wissenschaftsillustration an der Fachhochschule Münster, den Kontakt zum Münsteraner Grafiker und Illustrator Niklas Schwartz und plötzlich nimmt das Projekt Fahrt auf: Während Michael Custodis die Themen des Buches zunächst in seiner Vorlesung erprobt, entwickelt Niklas Schwartz ein grafisches Gesamtkonzept und gibt jedem Kapitel einen eigenen Stil, der ihm nach Bedarf ironische oder kritische Spielräume lässt.

Herausgekommen ist ein Kaleidoskop an Geschichten und Stilen, die beim Lesen hoffentlich ebenso viel Vergnügen bereiten wie uns die Zusammenarbeit. Idealerweise macht dieses Buch auch neugierig, die unterschiedlichen Namen, Werke und Genres der deutsch-deutschen Musikgeschichte noch intensiver kennenzulernen. Hierfür sind auch die Literaturempfehlungen am Ende jedes Kapitels gedacht. Denn für jedes der ausgewählten Fallbeispiele musste auf viele, ebenfalls faszinierende Alternativen verzichtet werden.

Unser Dank für Rat, Unterstützung, kreative Impulse und eine vorzügliche Betreuung des Manuskripts gilt zu allererst Melanie Völker sowie Magnus Tintrup gen. Suntrup für die elegante Einrichtung des nicht immer einfachen Layouts. Ferner danken wir herzlich Cordula Hesselbarth für die feinfühlige Kontaktvermittlung sowie den Studierenden des Instituts für Musikwissenschaft der Universität Münster für stets anregendes Feedback. Für institutionelle Unterstützung und finanzielle Förderung zum Druck des Buches danken wir herzlich der Arbeitsstelle Forschungstransfer der Universität Münster, insbesondere Dr. Thomas Bilda, dem Landschaftsverband Westfalen-Lippe, namentlich Marina Tillmann, sowie den Kolleginnen und Kollegen am Münsteraner Institut für Musikwissenschaft. Last but not least gilt unser besonderer Dank Marcel Guthier für seine Kreativität bei der Bewerbung dieses Buch. Gewidmet ist es unseren Familien.

Münster, im September 2023

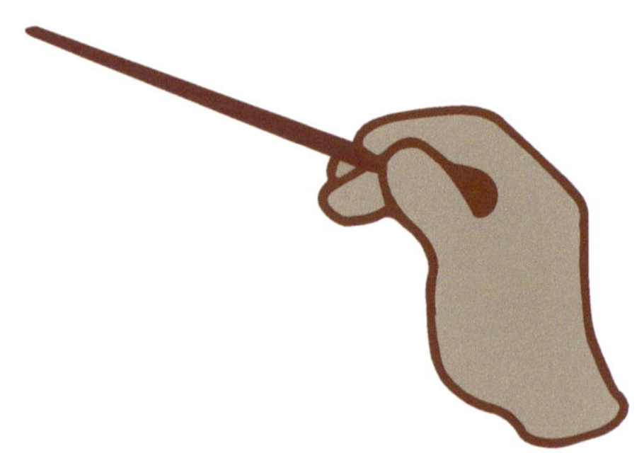

WILHELM, ELLY UND HERBERT

NEUE ALTE ELITEN DER BRD

Mit der Befreiung Deutschlands vom Nationalsozialismus richtet sich im Mai 1945 der Blick nach vorne: In den zerstörten Innenstädten sind Hunger und der Mangel an den täglichen Dingen des Lebens allgegenwärtig. Langsam kehren Kriegsgefangene heim und finden sich nur mühsam im Alltag zurecht, während Besatzungstruppen das öffentliche Leben kontrollieren. Die bald einsetzenden Verfahren zur Entnazifizierung der Deutschen stellen Fragen, denen man tunlichst auszuweichen versucht. Man möchte nicht mit eigener Schuld und kollektiven Verfehlungen konfrontiert werden oder beantworten, wie die Demütigung, Entrechtung, Drangsalierung, Inhaftierung, Deportation, Vertreibung und Ermordung von vielen Millionen Juden, Sinti und Roma, Regimegegnern, Homosexuellen und anderen NS-Opfern unbemerkt vonstattengegangen sein soll. Selbst die erschreckenden Enthüllungen der Nürnberger Kriegsverbrecherprozesse bestätigen meist nur diesen Trotz und verhärten die Überzeugung, ‚von diesem Grauen nichts gewusst zu haben'.

Anders als in der Politik, wo die Namen mächtiger Beamter und Funktionäre nur Insidern ein Begriff sind, lassen sich im Feld der Musik Nachwirkungen der NS-Zeit kaum verheimlichen. Denn die intensive Propagandaarbeit von Joseph Goebbels, seines Berliner Konkurrenten Hermann Goering sowie u. a. die ‚Kraft-durch-Freude'-Programme von Robert Ley hatten sich der Prominenz deutscher Künstler ausgiebig bedient, was sowohl der jungen Adenauer-Republik als auch der internationalen Öffentlichkeit bewusst ist.

Allerdings stehen in Westdeutschland kaum prominente und begabte klassische Musiker mit unbelasteten Biografien zur Verfügung. Dieses Wissen um politische Verfehlungen wird daher nicht geleugnet, sondern bei Bedarf offensiv mit dem Argument aufgefangen, dass der politische Makel von Künstlerinnen und Künstlern nur eine menschliche Schwäche gewesen war, die von künstlerischen Verdiensten aufgewogen wird. Dieses für Außenstehende vielleicht widersprüchliche Werturteil ist innerhalb der internationalen Musikwelt alt bekannt und führt zu einer eigentümlichen Entnazifizierungspraxis im Bereich der Musik:

1. Das im 19. Jahrhundert entstandene Postulat einer Vorherrschaft der deutschen Musik und ihrer Repräsentanten wird auch nach 1945 ebenso akzeptiert wie die Idee der Autonomieästhetik, dass ‚absolute' Musik als Kunstform nur ihren eigenen Regeln zu folgen habe.

2. Dieses Paradox, dass die gesellschaftlich nützlichste Kunst zweckfrei sein muss, um als Bildung zu wirken, imprägniert nach dieser Vorstellung Musik gegen politische Vereinnahmungen. Daraus leitet sich der Status von Musikern als Genies mit einer beinahe religiösen Aura ab, da sie im Konzert die Wahrheit der Kunst zelebrieren.

3. Der NS-Staat vermischte diese Sphären: Um die eigene Herrschaft zu legitimieren, zu stützen und zu verbrämen, braucht die Politik die Musik. Diese wiederum ist von den Rahmenbedingungen der Politik abhängig, da Musik in einer Diktatur sich den Regeln der Politik zu unterwerfen hat. Wenn Joseph Goebbels die effektivste Propaganda als eine Beeinflussung definiert, die eben gerade nicht wahrzunehmen ist, sind die emotionale Kraft der Musik und ihr unpolitischer Nimbus hierfür ideal.

4. Nach dem Krieg, als Künstler:innen plötzlich vor Entnazifizierungskommissionen ihr Verhalten während des Nationalsozialismus erklären müssen, kommen ihnen der Geniebonus und die internationale Bewunderung für deutsche Musik erneut zugute: Selbst wenn sie vor der Führungsriege des NS-Staates konzertierten, wirkt ihre Verteidigung überzeugend, ‚nur' Beethoven, Schubert, Bruckner und Wagner gespielt zu haben.

5. Sehr bald gilt die Entnazifizierungspraxis insgesamt als gescheitert, da alte Seilschaften sich mit sogenannten ‚Persilscheinen' gegenseitig attestieren, das Hitler-Regime mindestens hinter verschlossenen Türen immer abgelehnt zu haben. Hinzu kommen Wissensmängel und Sprachbarrieren der Besatzungsbehörden sowie hohe Fallzahlen, so dass nur in Ausnahmefällen Zeit für sorgfältige Prüfungen bleibt. Da auch viele Musiker:innen sich nicht schon wieder einer politischen Bewertung durch Behörden unterwerfen wollen, lehnen sogar Regimegegner, Opfer und Exilanten wie Arnold Schönberg die Entnazifizierungspraxis häufig ab.

Wie ambivalent viele der betroffenen Biografien in der historischen Betrachtung sind, zeigt der Fall von Wilhelm Furtwängler. Geboren 1886 in Berlin als Sohn des Professors für Klassische Archäologie, Adolf Furtwängler, und seiner Frau Adelheid, einer gelernten Malerin, wächst er in München im nationalen Überschwang des Wilhelminischen Kaiserreichs auf. Während seiner Ausbildung an der konservativen Münchner Akademie der Tonkunst intensiviert sich Furtwänglers Fixierung auf deutsches Repertoire mit Beethoven im Zentrum und verstärkt seinen Wunsch, selbst Komponist zu werden. Stattdessen macht er als Dirigent rasant Karriere und im Alter von 36 Jahren wird ihm 1922 die Leitung der Berliner Philharmoniker angetragen. Zusätzlich wird er 1928 Gewandhauskapellmeister in Leipzig und 1931 übernimmt er erstmals die Gesamtleitung der Bayreuther Wagner-Festspiele.

Unmittelbar mit der nationalsozialistischen Machtergreifung buhlen Joseph Goebbels und Hermann Göring um den berühmten Dirigenten. Zwar bleibt Furtwängler konfliktscheu, die neue Zeit lässt sich dennoch leicht mit seiner Weltsicht vereinen, da die Vorherrschaft der deutschen Musik nicht in Frage steht und Avantgardemusik bekämpft wird. Also übernimmt er zum 1. November 1933 die Vizepräsidentschaft in Goebbels' neugegründeter Reichsmusikkammer, lässt sich von Alfred Rosenberg für die Nordische Gesellschaft einspannen, wird in den von Hermann Göring im Sommer 1933 installierten Preußischen Staatsrat berufen sowie zum Ersten Kapellmeister der

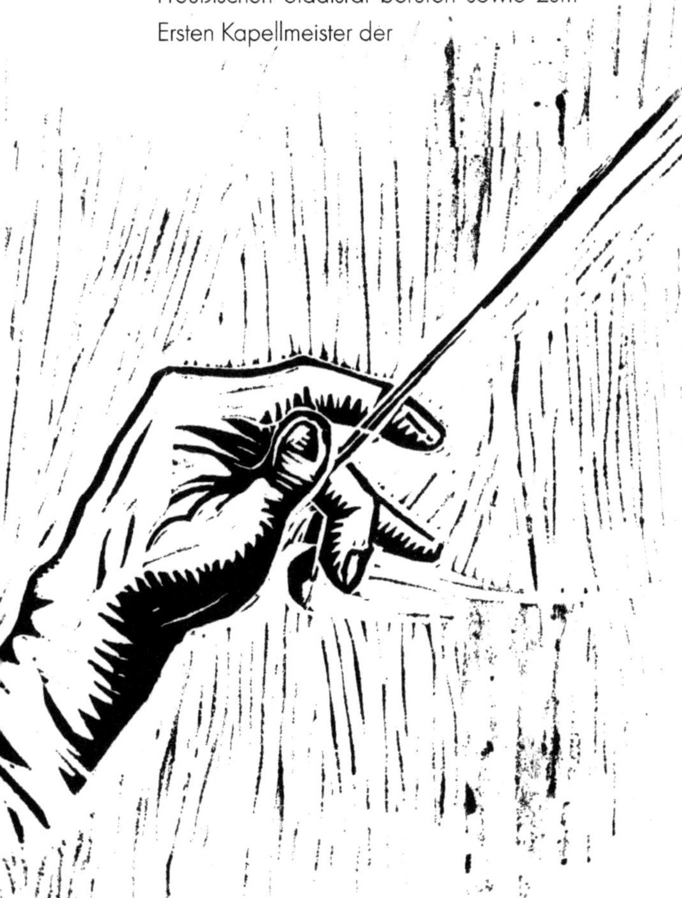

Berliner Staatsoper ernannt, deren Direktor er im Januar 1934 wird.

Im Sommer 1934 provoziert Furtwängler einen Skandal von internationaler Tragweite, als er öffentlich gegen das Aufführungsverbot von Paul Hindemiths Oper *Mathis, der Maler* protestiert, demonstrativ die Uraufführung der gleichnamigen Sinfonie dirigiert und anschließend die meisten seiner Ämter niederlegen muss. Im April 1935 erkennt er öffentlich Adolf Hitler als Führer der Reichskunstpolitik an und übernimmt – nun als unabhängiger Dirigent ohne feste Anstellung – mehr lukrative Engagements denn je.

Während der folgenden Jahre halten der NS-Staat und Furtwängler sich mit einem Katz- und Mausspiel in Schach. Mal hintertreibt Hermann Göring 1936 seine Berufung zum Nachfolger Arturo Toscaninis als Chefdirigent der New Yorker Philharmoniker als Revanche dafür, dass Furtwängler eine erneute vertragliche Bindung an die Berliner Staatsoper ausschlägt. Mal weicht der Dirigent offiziellen Verpflichtungen aus, bei Parteitagen oder den Feierlichkeiten zum Führergeburtstag aufzutreten, zuletzt im Jahr 1944, als er sich von Staatsrat Ferdinand Sauerbruch eine Erkrankung attestieren lässt. Gleichfalls weigert er sich, in Goebbels' Propagandastreifen über die Berliner Philharmoniker zu erscheinen, da er die politische Missdeutung der Orchestergeschichte nicht mittragen will.

Zum Ende des Winters 1944/45 entzieht sich Furtwängler der drohenden Niederlage NS-Deutschlands angesichts der auf Berlin heranrückenden roten Armee

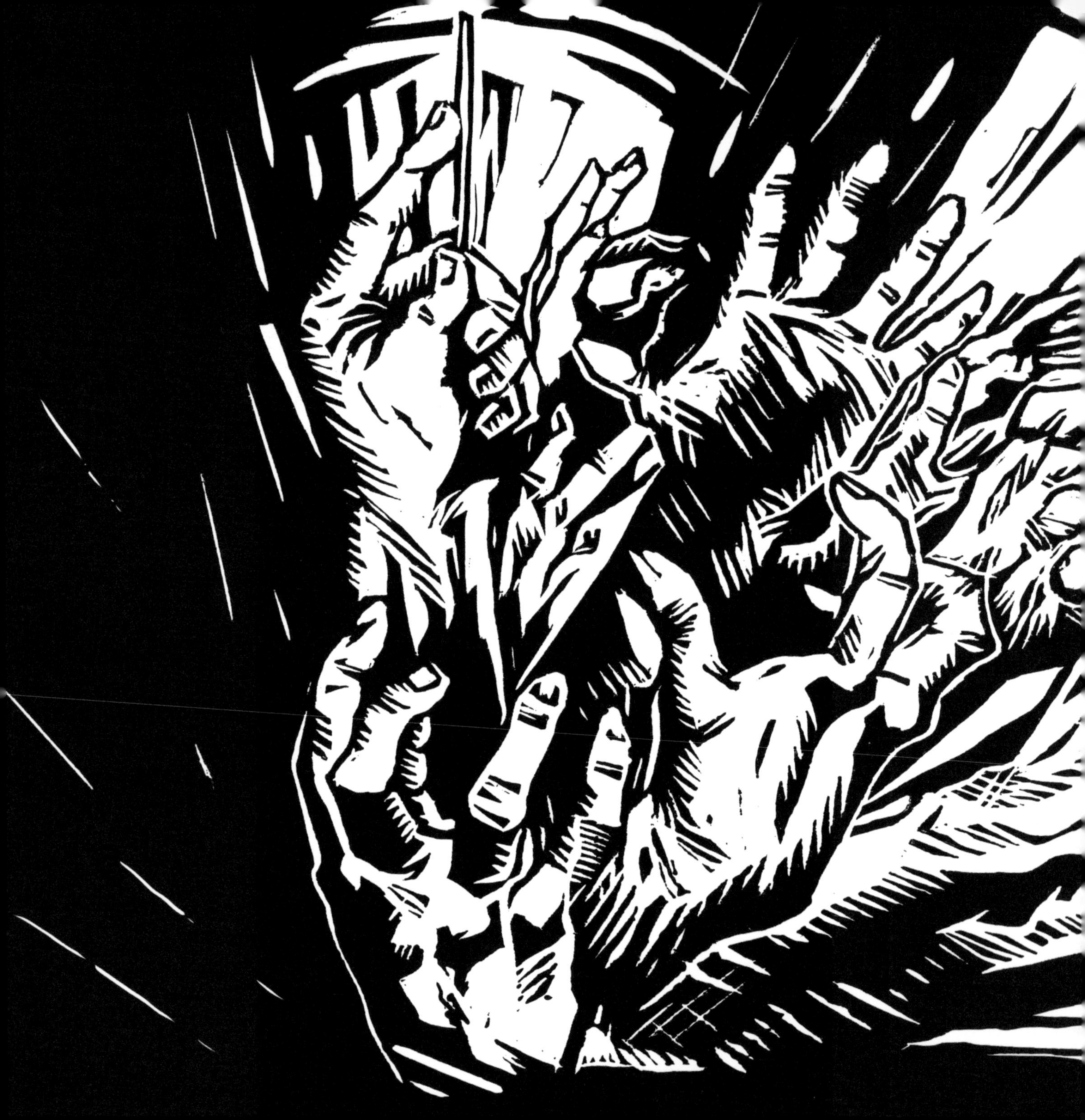

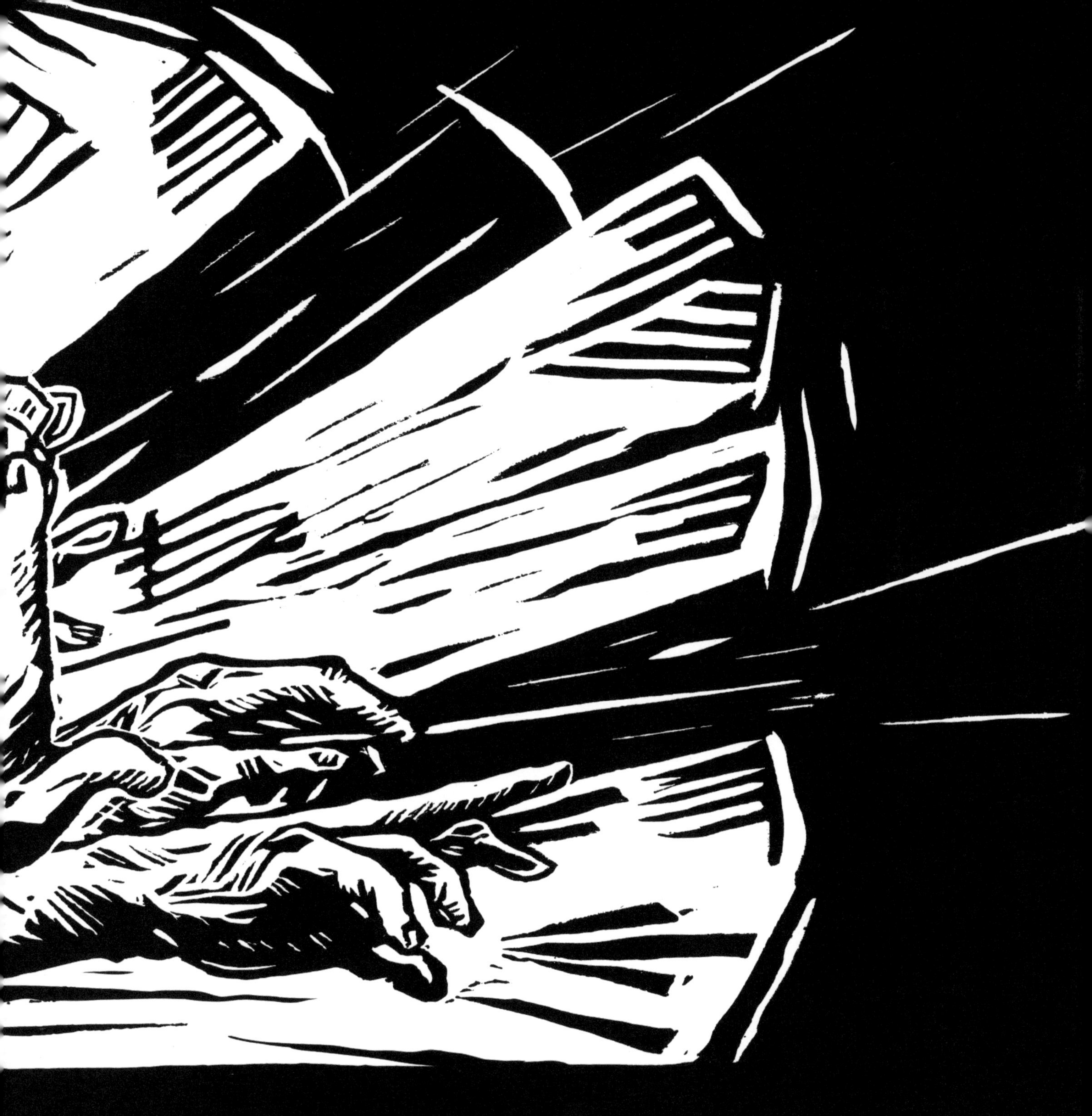

und erlebt das Kriegsende an seinem Schweizer Wohnsitz in Luzern. Nachdem die amerikanischen Militärbehörden seinen Namen sofort auf eine Schwarze Liste setzt und er in Deutschland nicht arbeiten darf, muss er sich drei Entnazifizierungsverfahren stellen, die von der Weltpresse mit großer Aufmerksamkeit verfolgt werden. Mit umfangreichen Erklärungen rechtfertigt Furtwängler seine Entscheidung, Deutschland nach 1933 nicht verlassen zu haben: Sein Verantwortungsgefühl als Deutscher habe ihm geboten, sein Volk, seine Orchester und sein Publikum nicht im Stich zu lassen und die deutsche Musik gegen den Nationalsozialismus zu verteidigen.

Noch während des letzten Spruchkammerverfahrens, das im Frühling 1947 mit seiner Entlastung endet, erreichen Furtwängler aus dem In- und Ausland Konzerteinladungen. Als wiedereingesetzter Chefdirigent verkörpert er inmitten der sowjetischen Blockade von Berlin den Freiheitsanspruch Westdeutschlands und 1948 bereist er mit den Berliner Philharmonikern auf Einladung einer christlichen Versöhnungsinitiative Großbritannien. Während bei Pressekonferenzen und vor den Konzertsälen über die politische Vergangenheit des Orchesters, seines Dirigenten und des Intendanten Gerhart von Westermann laut gestritten wird, sind alle Konzerte restlos ausverkauft. Der Streit, ob Furtwängler als NS-Profiteur, Kollaborateur oder sogar als Widerstandsikone zu verstehen ist, überdauert seinen Tod im Jahr 1954 bis heute.

Die 1882 geborene Pianistin Elly Ney, vier Jahre älter als Furtwängler, ist in mehrerer Hinsicht eine Ausnahmeerscheinung innerhalb ihrer Generation: Im Unterschied zu ihren Klavierkollegen Edwin Fischer (1886–1960), Walter Gieseking (1895–1956) und Wilhelm Kempff (1895–1991), die sich der nationalsozialistischen Kulturpropaganda ebenfalls uneingeschränkt zur Verfügung stellten, wird nach 1945 nur Ney mit dieser Vergangenheit konfrontiert, während ihre männlichen Kollegen den Nimbus der unpolitischen deutschen Musik für sich nutzen. Wie kann man sich eine solche Diskrepanz erklären?

Als Tochter eines Offiziers und einer Klavierlehrerin in Düsseldorf geboren und früh nach Bonn umgezogen, entschied Elly Ney sich bald für die Laufbahn als Virtuosin. Einen entscheidenden Schub

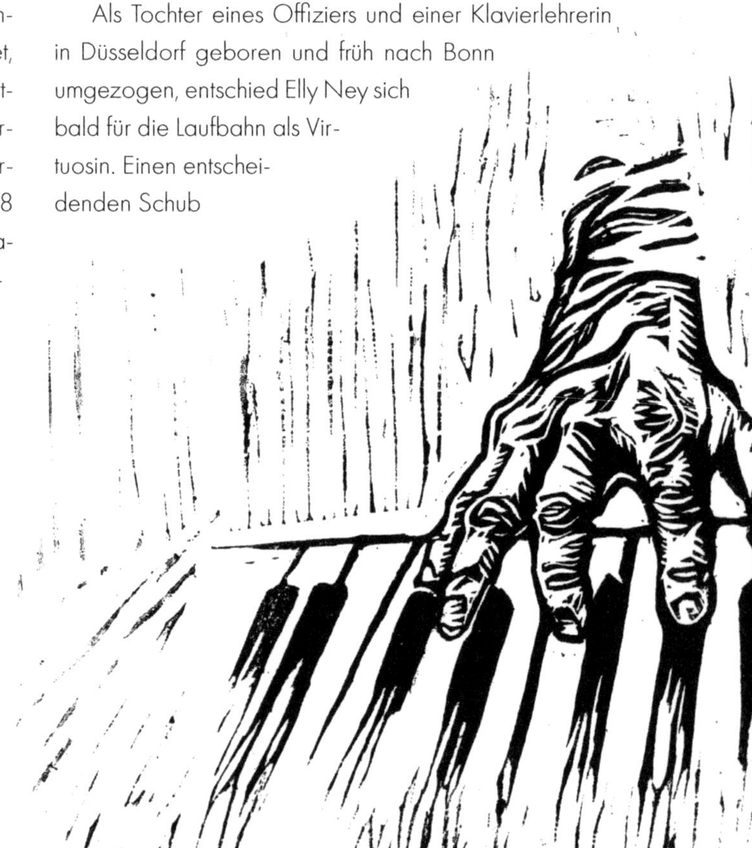

bekommt ihre Karriere, als sie in den Jahren 1921 bis 1930 vorwiegend in den Vereinigten Staaten lebt. Tief verwurzelt im Vegetarismus und einer esoterischen Lebenshaltung, reduziert sie ihr Repertoire immer stärker auf das Klavierwerk Ludwig van Beethovens und sucht in ihren Konzerten nicht nur die Nähe zur kulturellen Elite, sondern auch zu Publikumskreisen, die selten Zugang zu klassischer Musik finden. Zur Verdeutlichung ihrer weihevoll inszenierten Beethoven-Interpretationen rezitiert sie in ihren Konzerten Briefpassagen, anekdotische Berichte sowie das Heiligenstädter Testament des Komponisten. Ihr Engagement zur Gründung der volkstümlichen Bonner Beethoven-Feste dankt die Stadt der Fünfundvierzigjährigen im Beethoven-Gedenkjahr 1927 mit der Ehrenbürgerschaft.

Der Anschluss der glühenden Hitler-Verehrerin Ney an die NS-Bewegung vollzieht sich 1933 nahtlos und schnell. Nach der Aufhebung der Aufnahmesperre wird sie 1937 Mitglied der NSDAP und zur Professorin ernannt. Ihre anhaltend intensive Propagandaarbeit, für die sie vielfach ausgezeichnet wird, führt die unermüdlich reisende Pianistin während des Zweiten Weltkriegs auch in okkupierte Länder, beispielsweise zum berüchtigten Generalgouverneur Hans Frank nach Krakau, der als ‚Schlächter von Polen' bei den Nürnberger Kriegsverbrecherprozessen zum Tode verurteilt werden wird.

Nach Kriegsende steht Elly Ney zunächst auf der Schwarzen Liste der amerikanischen Militärbehörde. Ihre Entnazifizierung im April 1948 verläuft dann aber unkompliziert und der weiteren Karriere der nun über Sechzigjährigen stünde nichts im Wege, wenn nicht der Bonner Stadtrat in Anbetracht ihrer NS-Verstrickungen seiner Ehrenbürgerin inzwischen verboten hätte, dort aufzutreten. Der von einem internationalen Medienecho begleitete Skandal ist perfekt. Erst, als sich Bundespräsident Theodor Heuss für sie einsetzt und sich bei offiziellen Feierstunden und Ehrungen zu ihrem 70. Geburtstag mit ihr zeigt, wendet sich das Blatt und das symbolische Auftrittsverbot wird 1952 zurückgenommen.

Dass sie weiterhin eine politisch denkende Künstlerin ist, zeigen Stellungnahmen und Verteidigungen, mit denen Ney regelmäßig auf Presseartikel über ihre NS-Verstrickungen reagiert und auch unaufgefordert an die Öffentlichkeit tritt, um ihre Hitler-Begeisterung mit einer kollektiven Verblendung des deutschen Volkes zu entschuldigen. Zugleich absolviert sie höchst erfolgreiche Tourneen, um Beethoven weiter zu popularisieren. Zwei Jahre nach ihrem Tod karikiert Mauricio Kagel sie in seinem für das Jubiläumsjahr 1970 produzierten bissigen Film *Ludwig van* als Sinnbild eines reaktionären Beethoven-Kults. Unstrittig zählen ihre Schallplatten heute aber zu den bedeutenden Beethoven-Interpretationen des 20. Jahrhunderts.

In besonderer Weise repräsentiert Herbert von Karajan eine Generation, deren Nachkriegskarriere ursächlich von ihrem Verhalten im NS-Staat abhing. Denn entgegen aller späteren Beteuerungen war eine Spitzenkarriere im Nationalsozialismus nicht gegen das System möglich, da auch diese Diktatur darum bemüht war, jegliche materiellen und personellen Ressourcen zu ihrem Vorteil zu verwenden. Dass man es bei dem 1908 in Salzburg geborenen Dirigenten und Mozarteum-Absolventen mit einem Ausnahmetalent zu tun hat, ahnen Publikum und Kritiker bereits, als er 1930 in Ulm als Theaterkapellmeister auf sich aufmerksam macht. Aus nationalistischer Überzeugung und taktischen Überlegungen tritt er 1933 in Salzburg und Ulm gleich zweimal der NSDAP bei und wird diesen Schritt später entweder leugnen oder durch unwahre Angaben beschönigen. Im folgenden Jahr beruft man Karajan im Alter von 26 Jahren zum Operndirektor und ersten Kapellmeister ans Stadttheater Aachen und er nutzt die kommende Zeit, um sich bei offiziellen Feierstunden, Parteitagen, propagandistischen Veranstaltungen im Aachener Grenzland oder bei ‚Kraft durch Freude'-Programmen unverzichtbar zu machen.

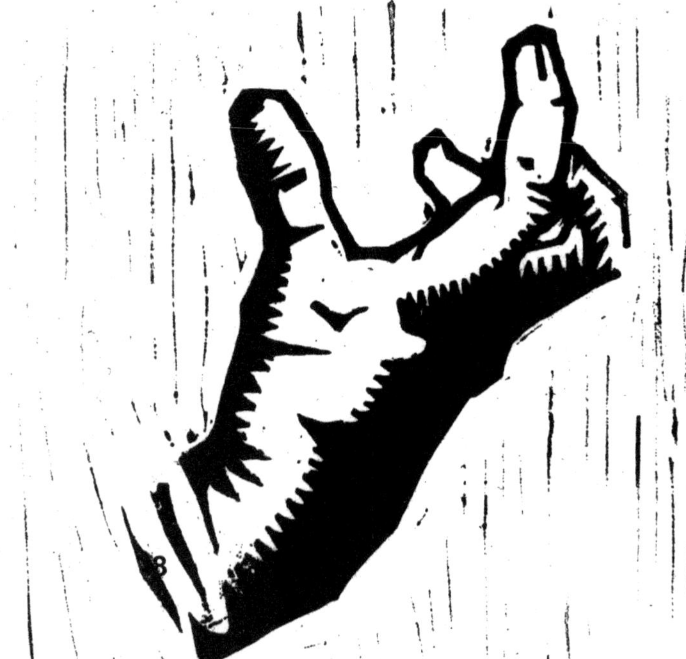

Die große Anerkennung lässt nicht lange auf sich warten; 1937 dirigiert er erstmals an der Wiener Staatsoper und als er ein Jahr später an der Berliner Staatsoper mit *Tristan und Isolde* brilliert, schwärmt die Presse vom „Wunder Karajan". Dies macht ihn zur unmittelbaren Gefahr für Wilhelm Furtwängler, der bis dato unangefochten als der beste Dirigent in Deutschland gilt. Bereitwillig lässt Karajan sich zum Gegenspieler des zwei Jahrzehnte älteren Kollegen aufbauen; an Hitlers 50. Geburtstag 1939 verleiht ihm dieser den Titel ‚Staatskapellmeister' und zwei Jahre später übernimmt er an der von Hermann Göring protegierten Staatsoper Unter den Linden die Leitung der Preußischen Staatskapelle. Zahllose Gastspiele führen ihn während des Zweiten Weltkriegs auch ins Ausland, sowohl zu befreundeten Nationen wie Spanien und Italien, als auch in NS-okkupierte Länder West- und Osteuropas. Er fühlt sich lange Zeit noch so sicher, dass er mit Erlaubnis von Joseph Goebbels im Oktober 1942 sogar seine als ‚Vierteljüdin' klassifizierte Verlobte Anita Gütermann heiratet.

Nachdem Herbert von Karajan sich im März 1945 per Flugzeug von Berlin nach Mailand abgesetzt hat und dort das Kriegsende erlebt, beginnt er von Wien aus einen Wiederaufstieg, der das bisherige Erfolgsniveau bald weit übersteigt. Auch er profitiert von einem wohlwollenden Spruchkammerverfahren und ein kurzzeitiges Auftrittsverbot der russischen Militärbehörde in Wien, wo er ab Frühjahr 1946 Fuß zu fassen versucht, ist bald vergessen. 1948 gelingt ihm als Chefdirigent der Sprung ans Pult der Wiener Philharmoniker, drei Jahre später debütiert er in Bayreuth, übernimmt 1955 als Nachfolger Furtwänglers die Berliner Philharmoniker, leitet ab der Saison 1956/57 für acht Jahre als Chefdirigent die Wiener Staatsoper, engagiert sich intensiv bei den Festspielen in seiner Geburtsstadt Salzburg und begründet dort eigene Osterfestspiele mit jährlichen Operninszenierungen. Zu seinem Geschick, der klassischen Musik ein modernes und schickes Image zu verpassen, trägt nicht zuletzt sein Gespür bei, technische Innovationen der Musikproduktion sofort zu nutzen. Mit der Japan-Reise der Berliner Philharmoniker 1957 und immer lukrativeren Tonträgereinspielungen baut Karajan sich dank seiner charismatischen Erscheinung, seiner künstlerischen Brillanz und seines einmaligen Geschäftssinns eine treue weltweite Anhängerschaft auf, die ihn jahrzehntelang unangefochten als Klassikstar des internationalen Jetset verehrt.

Literatur

Michael Custodis: *Elly Ney als Kunstikone in der jungen BRD*, in: *Archiv für Musikwissenschaft* 75 (2018), Heft 2, S. 117–134

Martin Elste: *Artikel ‚Herbert von Karajan'*, in: *MGG Online* (2016), https://www.mgg-online.com/mgg/stable/27831

Friedrich Geiger und Michael Custodis: *Netzwerke der Entnazifizierung. Kontinuitäten im deutschen Musikleben am Beispiel von Werner Egk, Hilde und Heinrich Strobel*, Münster 2013

Fred K. Prieberg: *Handbuch Deutsche Musiker 1933–1945*, CD-R, Kiel 2004

Oliver Rathkolb: *Carl Orff und der Nationalsozialismus*, Mainz et al. 2021

Albrecht Riethmüller und Gregor Herzfeld (Hg.): *Furtwänglers Sendung. Essays zum Ethos des deutschen Kapellmeisters*, Stuttgart 2020

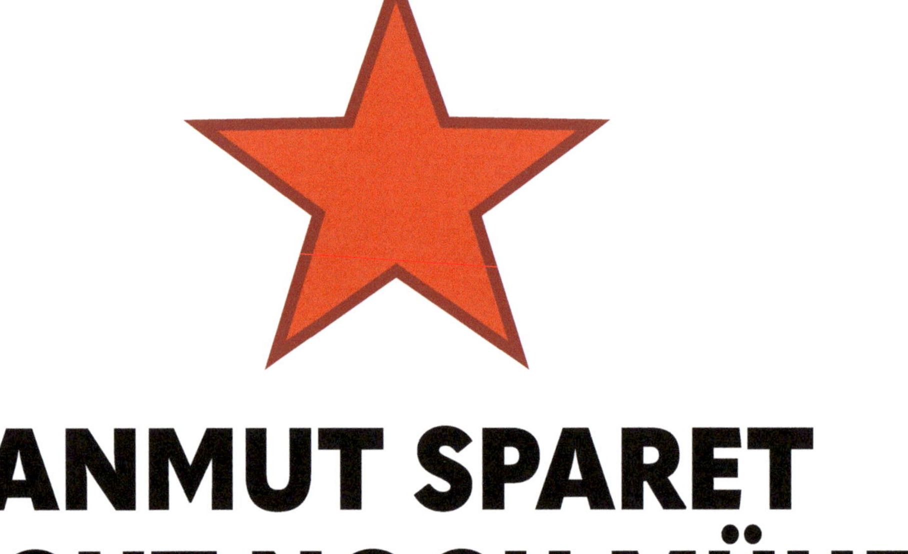

ANMUT SPARET NICHT NOCH MÜHE

HANNS EISLER UND PAUL DESSAU BEGRÜSSEN DIE DDR

Als mit dem Zusammenbruch des Nationalsozialismus Deutschland in vier Besatzungszonen aufgeteilt wird, hat Josef Stalin die Zukunft der sowjetischen Einflusssphäre längst vorbestimmt: Angestrebt wird ein ungeteilter, neutraler deutscher Staat, von dem zukünftig keinerlei Bedrohung mehr ausgehen soll und der die Sowjetunion mit Rohstoffen zu versorgen hat. Um zugleich mit dem eigenen sozialistischen Herrschaftsanspruch bürgerliche Kreise nicht zu verschrecken, entsteht eine große Unübersichtlichkeit zwischen propagandistischen Initiativen, vermeintlich unpolitischer Kulturarbeit und rücksichtsloser Machtsicherung. Daher überrascht es nicht, dass auch Musiker wie Hermann Abendroth und Werner Egk, die sich bis 1945 intensiv an nationalsozialistischer Propaganda beteiligt hatten, von der Ostberliner Nachkriegspresse gewürdigt werden.

Mit der Westbindung der drei übrigen Zonen ist eine gesamtdeutsche Lösung bald vom Tisch und wird 1949 mit den Staatsgründungen in Bonn und Ost-Berlin zementiert. In der Konkurrenz der Bruderstaaten um die Deutungshoheit über deutsche Geschichte und eine zukunftsweisende Musik verfolgt die junge DDR weiter ihre Doppelstrategie: Einerseits erhalten 1949 der Münchner Carl Orff und der neue Dirigent des Leipziger Gewandhausorchesters Abendroth Nationalpreise, andererseits auch Hanns Eisler, die Ikone der politischen Musik der 1920er-Jahre. Gleiches gilt für seinen Kollegen Paul Dessau. Insbesondere ihr gemeinsames Schicksal als verfolgte jüdische Emigranten prägt den musikalischen Neubeginn in der DDR.

Bis Hanns Eisler im Juni 1949 unter großer Anteilnahme der Presse in Berlin eintrifft, wo er bis zu Hitlers Machtergreifung im Januar 1933 entscheidende Jahre seiner künstlerischen und politischen Entwicklung verbrachte, hat er einen wechselvollen Weg zu absolvieren. Drei Jahre nach seiner Geburt im Jahr 1898 verschlägt es Eislers Familie nach Wien, wo sein Vater, der Philosoph und Privatgelehrte Rudolf Eisler, die Familie nur schwer ernähren kann. In der Schule beginnen die drei Geschwister Ruth, Gerhart und Hanns bald, sich politisch zu betätigen und schließen sich sozialistischen Jugendgruppen an. Auch wenn die Familie nicht genügend Geld für regelmäßigen Musikunterricht hat, sind bereits vom zehnjährigen Hanns kleinere Kompositionsversuche erhalten und die Musik nimmt immer größeren Raum in seinem Leben ein.

Nach über zwei Jahren als Frontsoldat im Ersten Weltkrieg und unter den Eindrücken der Oktoberrevolution in Russland nimmt Hanns Eisler 1919 ein Kompositionsstudium am Wiener Konservatorium auf und wird von Arnold Schönberg als Privatschüler angenommen. Während er sich politisch mit seinem Lehrer herzlich uneins ist, werden die Musik und die Persönlichkeit Schönbergs sein eigenes Denken als Komponist und Lehrer nachhaltig prägen. Zur Mitte der 1920er-Jahre geht Eisler nach Berlin, wo Schönberg ab 1924 als Professor für Komposition wirkt und mit dem geballten antisemitischen Hass der konservativen Presse konfrontiert wird. Eisler zieht es auf die Straße, um mit Agitprop-Liedern wie *Roter Wedding* den kommunistischen Kampf für bessere Arbeitsbedingungen und gegen den heraufziehenden Nationalsozialismus zu unterstützen. Hier beginnt seine Zusammenarbeit mit Bertolt Brecht, nicht nur für Theaterproduktionen wie die Lehrstücke *Die Maßnahme* und *Die Mutter*, sondern auch im jungen Medium des Tonfilms mit der Produktion *Kuhle Wampe oder: Wem gehört die Welt?* von 1931.

Als unmittelbar nach der Machtergreifung Adolf Hitlers am 30. Januar 1933 die erste Verhaftungswelle gegen oppositionelle Sozialdemokraten, Kommunisten und andere missliebige Menschen beginnt, rettet der Zufall Eisler. Er befindet sich gerade auf Konzert- und Vortragsreise in seiner alten Heimatstadt Wien und kehrt nur noch kurz nach Deutschland zurück, um seine Berliner Wohnung aufzulösen und seine Habseligkeiten nach Wien schicken zu lassen. Die folgenden Jahre verbringt er an ständig wechselnden Orten in Europa, zunächst in Paris und bei Brecht in Dänemark, bis er im Frühjahr 1935 eine Vortrags- und Konzertreise durch die USA unternimmt. Bei der gewerkschaftlich gut organisierten Arbeiterschaft findet er ein großes Publikum, zudem knüpft er Kontakte zur New School for Social Research in New York, die ihn einlädt, für eine Gastprofessur zurückzukehren. Nachdem ihn die nächsten drei Jahre durch zahlreiche europäische Länder und Metropolen wie London, Moskau sowie im Januar 1938 in das von faschistischen Franco-Truppen belagerte Madrid führen, kehrt Eisler wenige Monate später mit seiner Frau Lou in die USA zurück.

Die folgenden Jahre, als der Zweite Weltkrieg ausbricht, erweisen sich für Eisler höchst widersprüchlich: Als überzeugter Kommunist bieten ihm das Mutterland des Kapitalismus Schutz und die amerikanische Filmindustrie in Hollywood gute Arbeitsmöglichkeiten. Im Unterschied zu anderen deutschen Exilanten, denen der Alltag in einer fremden Sprache und Kultur schwerfällt, findet Eisler schnell Anschluss und erhält zahlreiche z. T. gut bezahlte Kompositionsaufträge. Für Fritz Langs Film *Hangmen Also Die!*, der das Attentat auf den stellvertretenden Reichsprotektor von Böhmen und Mähren und Leiter des SS-Reichssicherheitshauptamtes Reinhard Heydrich im Mai 1942 in Prag schildert, erhält Eislers Filmmusik sogar eine Oscarnominierung. Seine intensive Auseinandersetzung

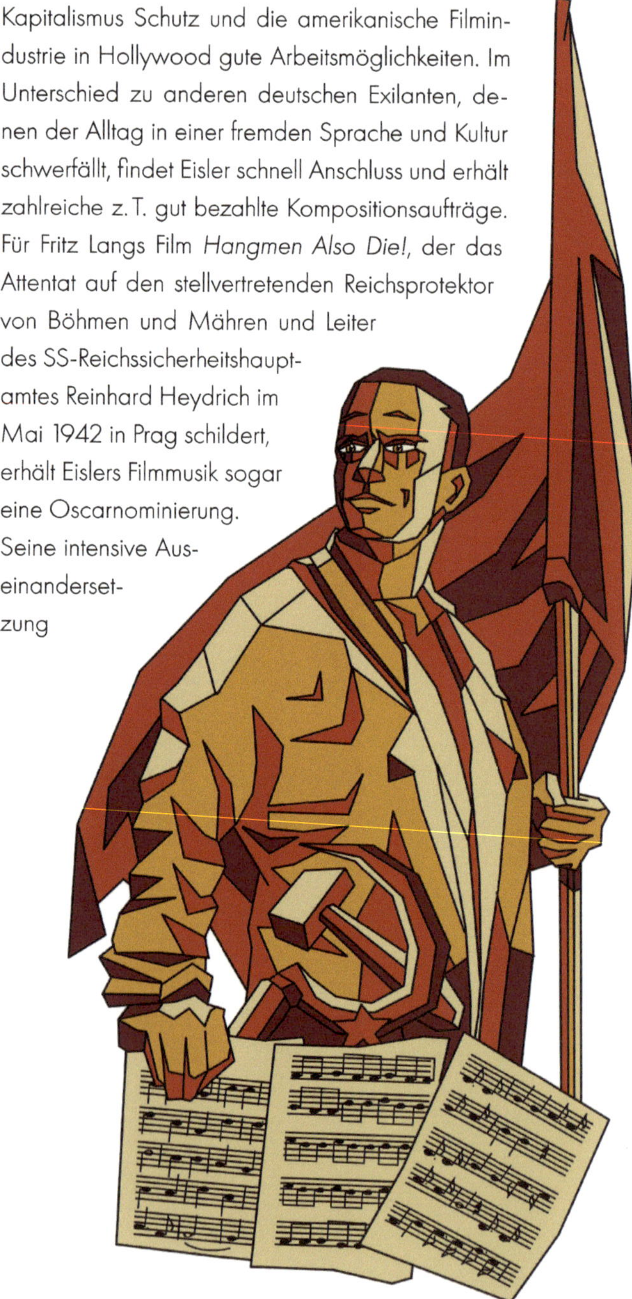

mit der deutschen Musik- und Kulturgeschichte verewigt er in sehr berührender Musik, insbesondere seinem *Hollywooder Liederbuch* und seiner 1937 begonnenen *Deutschen Sinfonie*.

Anders als vielleicht zu vermuten bringt das Ende des Zweiten Weltkriegs für Eisler keine Erleichterung seiner Lebensumstände. Die unmittelbar nach Kriegsende offen ausbrechende amerikanische Rivalität zur Sowjetunion steigert die Paranoia vor einer kommunistischen Unterwanderung der USA, die insbesondere Senator Joseph McCarthy anheizt. Wie Brecht und andere Exilanten muss auch Eisler vor einem Senatskomitee Auskunft geben über seine Verbindungen zur kommunistischen Internationalen und selbst die Unterstützung zahlreicher Prominenter wie Charles Chaplin, Albert Einstein, Thomas Mann und Pablo Picasso kann nicht verhindern, dass Hanns Eisler im Februar 1948 aus den USA ausgewiesen wird. Und wieder ist er heimatlos, vertrieben aus einer sicheren Umgebung in eine ungewisse Zukunft.

Der Fortgang dieser dramatischen Ereignisse wird von der Ost-Berliner Presse intensiv verfolgt. Als Eisler in seinem ersten Zufluchtsort Wien nicht Fuß fassen kann, erreicht ihn die von Bert Brecht vorbereitete Einladung, nach Berlin zurückzukehren, das sich jetzt als Hauptstadt eines neuen, antifaschistischen Deutschlands inszeniert. Dort wird er von Intellektuellen und einer musikhungrigen Nachwuchsgeneration sehnsüchtig erwartet. Beflügelt von den Möglichkeiten, sich als Künstler für den Aufbau eines besseren, sozialistischen Deutschland einzusetzen, engagiert sich Eisler nach Kräften mit Vorträgen, neuen Kompositionen und als Professor am Staatlichen Konservatorium. Zum Text von Kulturminister Johannes R. Becher schreibt er die Nationalhymne der DDR *Auferstanden aus Ruinen*, nimmt die Arbeit mit Brecht wieder auf und komponiert eine Vielzahl neuer, politischer Volkslieder. Doch bald holt ihn auch hier die Realität wieder ein, als die vom Moskauer Funktionär Andrei Schdanow gegen Dmitri Schostakowitsch angestrengte Formalismuskampagne der Entwicklung einer modernen, künstlerisch anspruchsvollen Klangsprache rigoros Einhalt gebietet.

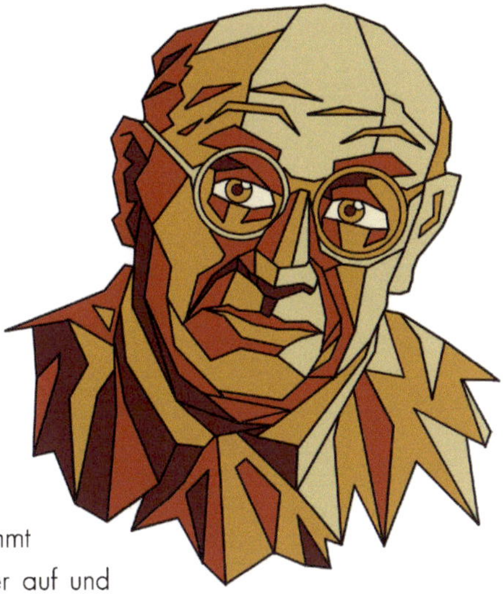

Obgleich Eisler die anhaltenden Fluchtbewegungen junger und gut ausgebildeter Menschen aus der DDR gen Westen öffentlich nicht kommentiert und zum Arbeiteraufstand am 17. Juni 1953 keine Stellung bezieht, entkommt auch seine Musik der ideologischen Unterordnung unter die machtpolitischen Ziele der SED nicht. Eine öffentliche Kampagne gegen das von ihm selbst verfasste Libretto zu seiner Fragment gebliebenen Oper *Johann Faustus* steigert seine innere Zerrissenheit: Der im Herbst 1952 fertiggestellte Text erscheint zunächst als Manuskript. Da die SED sich intensiv um das Weimarer Erbe Goethes bemüht und kritische Debatten über deutsche Nationalgeschichte vermeiden will, weicht Eislers alternativer Faustus zu weit von der der herrschenden Partei-

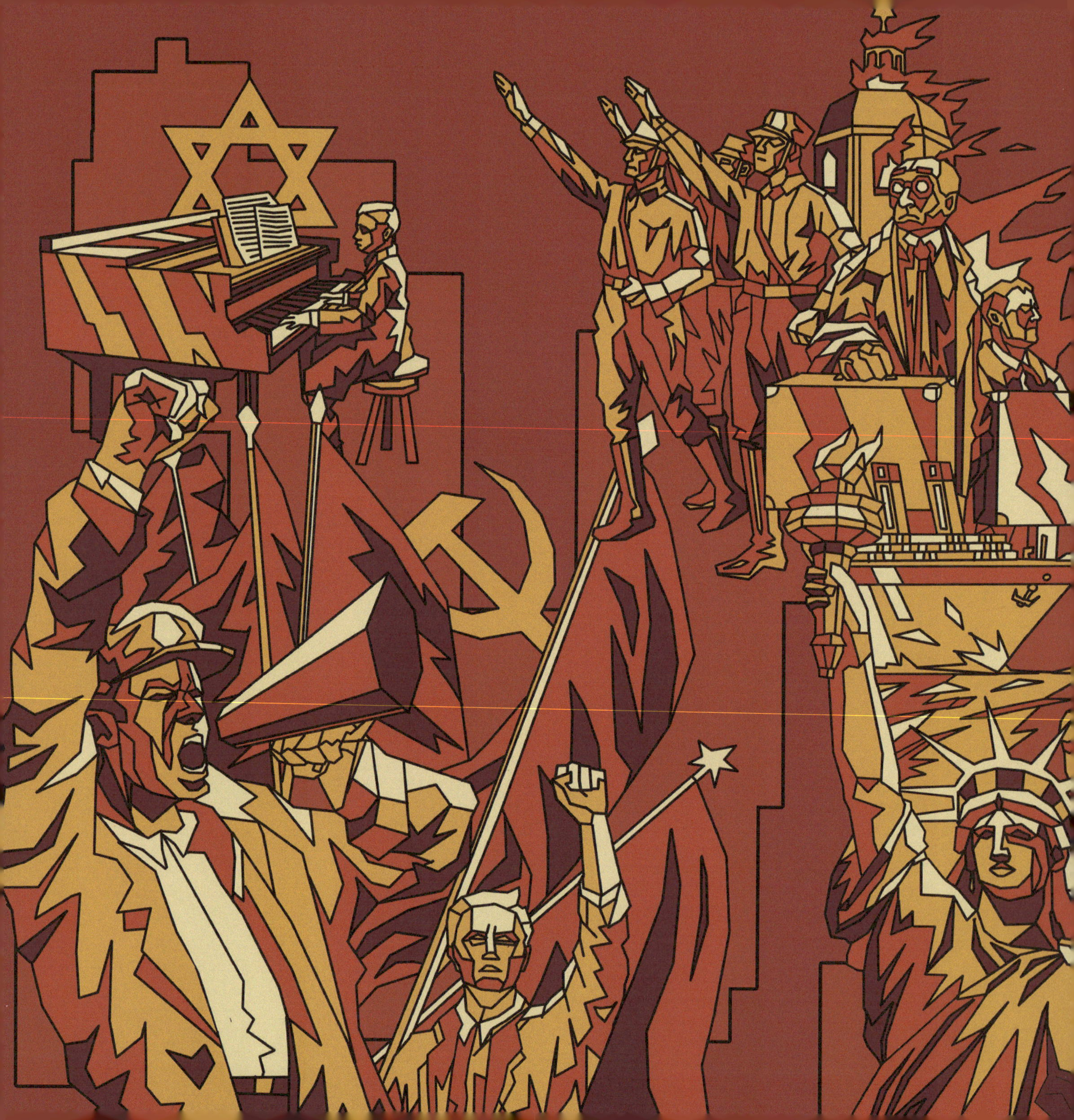

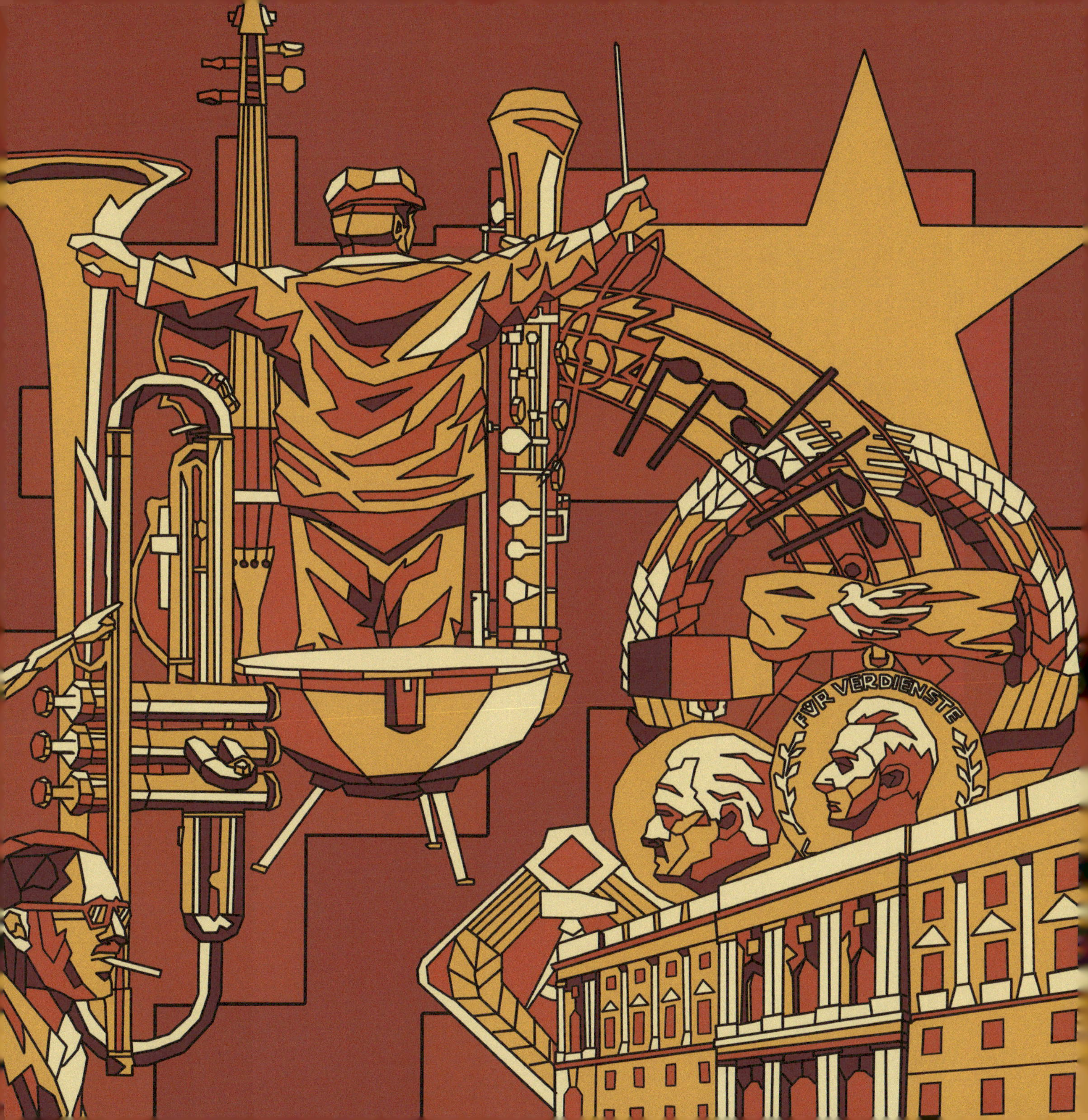
FÜR VERDIENSTE

linie ab. Mindestens so heikel ist Eislers seit der gemeinsamen amerikanischen Exilzeit gepflegter Kontakt zu Thomas Mann, der 1947 seinen vielbeachteten Musikerroman *Doktor Faustus. Das Leben des deutschen Tonsetzers Adrian Leverkühn* veröffentlicht. Dort spielt die von Eislers verehrtem Lehrer Arnold Schönberg entwickelte Zwölftontechnik eine Schlüsselrolle, die ebenso wie ihr Erfinder als Inbegriff der bürgerlich-formalistischen Ästhetik gilt. Dieser Widerspruch zwischen dem Anspruch an eine sozialistisch motivierte moderne Musik und den Realitäten ideologischer Kunstzensur prägt Eislers verbleibenden Jahre bis zu seinem Tod 1962. Wesentliche Bestandteile seines künstlerischen Erbes können daher erst nach dem Zusammenbruch der DDR im Jahr 1989 in neuem Licht betrachtet werden.

Wenige Monate vor Eisler kommt 1948 mit Paul Dessau ein Musiker nach Ost-Berlin, dessen Biografie zahlreiche Parallelen zeigt: Auch er hatte in den USA Zuflucht vor nationalsozialistischer Verfolgung suchen müssen und zählt zum Kreis von Komponisten um Bert Brecht. Geboren 1894 in Hamburg als Sohn einer Kantorenfamilie ziehen sich die Beschäftigung mit jüdischen Themen, eine Leidenschaft für Musiktheater und das Bekenntnis zum Kommunismus als rote Fäden durch Dessaus künstlerisches Schaffen. Zunächst lernt er als Korrepetitor und Dirigent in Hamburg, Köln, Mainz und Berlin die praktischen Seiten des Musikbetriebs kennen, geprägt von so einflussreichen Künstlerpersönlichkeiten wie Arthur Nikisch, Felix Weingartner und Bruno Walter. In der zweiten Hälfte der 1920er-Jahre etabliert er sich als Komponist und erkundet begeistert das junge Medium des Tonfilms.

Nach der Machtergreifung Hitlers flieht Dessau mit seiner Familie nach Paris und verstärkt sein politisches Engagement. Sein Lied *Die Thälmannkolonne*, entstanden 1936 für die spanischen Brigaden im Kampf gegen General Francos Truppen, macht ihn sogar international bekannt. Daneben beschäftigt er sich intensiv mit den musikalischen Wurzeln der jüdischen Kultur, arrangiert jiddische und hebräische Lieder und schreibt 1936 sein Oratorium *Hagadah* auf ein Libretto Max Brods. Auf Initiative von René Leibowitz und Erich Itor Kahn studiert er Arnold Schönbergs Zwölftontechnik. Kurz nach dem Ausbruch des Zweiten Weltkriegs kann Dessau aus Paris in die USA entkommen, wo er sich zunächst von einer lebensgefährlichen Krankheit erholen muss.

Die ersten Jahre des Krieges schlägt sich Dessau in New York mühsam mit Aushilfsarbeiten, Schreibarbeiten bei Verlagen sowie als Musiklehrer durch, bis eine Begegnung mit Brecht 1942 sein Leben verändert. Er folgt diesem nach Los Angeles, wird Teil der Community exilierter deutscher Künstler:innen und trifft auf seinen alten Freund, den Dirigenten Otto Klemperer. Die ersten Resultate seiner neuen Zusammenarbeit mit Brecht sind das 1943 begonnene *Deutsche Miserere* sowie die Bühnenmusik zum epischen Lehrtheater *Der gute Mensch von Sezuan*, das im Februar 1943 am Schauspielhaus Zürich uraufgeführt wird.

Nach einer Anhörung vor McCarthys Tribunal im Oktober 1948 kehrt Brecht nach Berlin zurück. Nun zieht es Dessau ebenfalls nach Europa, um sich am Aufbau eines sozialistischen Deutschland zu beteiligen. Die noch in den USA begonnene Schauspielmusik zu Brechts *Mutter Courage* beschert ihm große künstlerische Aufmerksamkeit, als das Stück am 11. Januar 1949 am Berliner Theater Premiere feiert. Mit Liedern für die FDJ, die Jugendorganisation der SED, und anderen Gelegenheitsarbeiten entstehen zahlreiche Musiken für tagesaktuelle und propagandistische Anlässe.

Biografische Portraits zu seinem sechzigsten Geburtstag 1954 würdigen Dessau zwar als herausragende Stimme der DDR-Kultur und NS-verfolgten Kommunisten, nicht aber als jüdischen Musiker. Zu dieser Zeit hat er gerade einen Skandal zu seiner ursprünglich *Das Verhör des Lukullus* betitelten Oper überstanden, als ihn 1951 (ein Jahr vor Eislers *Faustus*-Debatte) der Vorwurf bürgerlich-formalistischen Komponierens trifft. Musikalisch ist diese Anschuldigung nicht stichhaltig, da Dessau sich stets der Anforderung bewusst ist, politisch eindeutige Musik zu schreiben, ohne seinen Anspruch auf künstlerisch ambitioniertes, modernes Komponieren preiszugeben. Als Kompromissvorschlag entwickelt er eine ausgefeilte Zitattechnik und reduziert die musikalischen Mittel im Tonsatz, um die politische Botschaft der Texte hervorzuheben.

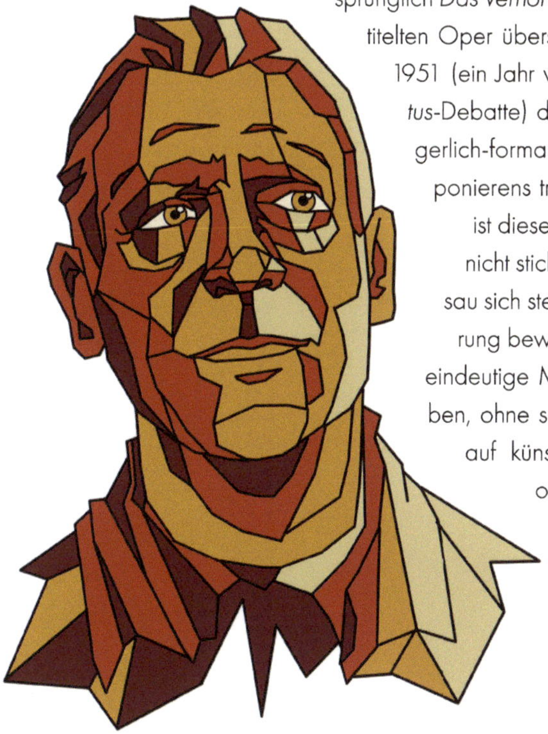

Auch wenn Dessau als Komponist der *Lukullus*-Oper einen Großteil der Kritik an diesem „misslungenen Experiment" ertragen muss, da seine Musik nicht volkstümlich und einfach genug sei, entzündet sich der Streit eigentlich an Brechts Libretto: Ursprünglich im Herbst 1939 im schwedischen Exil entstanden und 1948 als Hörspiel für den Nordwestdeutschen Rundfunk von Dessau musikalisch bearbeitet, beginnt eine intensive Umarbeitungsphase, bis die fünfte Fassung am 12. Oktober 1951 unter der Leitung von Hermann Scherchen an der Berliner Staatsoper probehalber aufgeführt wird. Die Geschichte vom römischen Feldherrn Lukullus, dessen militärische Heldentaten vor Gericht nicht ausreichen, um dem Hades zu entgehen, ist politisch aber zu brisant. Zwar bieten die erst zwei Jahre zuvor zu Ende gegangenen Nürnberger NS-Kriegsverbrecherprozesse ausreichende Parallelen in der Gegenwart, um den Gerichtsprozess eines Heerführers auf die Opernbühne zu bringen. Aber auch eine Änderung des Titels in *Die Verurteilung des Lukullus* kann den Vorwurf des Pazifismus nicht entkräften. Zu deutlich sind die Ähnlichkeiten zum Terror Josef Stalins, den Schauprozessen gegen Regimegegner und ihren Deportationen in den Gulag, die berüchtigten Straf- und Arbeitslager der Sowjets.

Als Konsequenz dieser öffentlichen Maßregelung legt Dessau in den kommenden Jahren weiterhin anspruchsvolle Musik vor und intensiviert vor allem aber seine Leidenschaft für das Unterrichten. Als Mitglied der Akademie der Künste und Kompositionslehrer wird er zum Mentor mehrerer Generationen von DDR-Künstler:innen, unter ihnen Reiner Bredemeyer, Friedrich Schenker, Friedrich Goldmann und Paul-Heinz Dittrich. Vor allem aber zieht es ihn in die Schulen, um dort mit neukomponierten Liedern musikpädagogische Basisarbeit zu leisten. Die DDR-Kulturpolitik dankt es ihm mit zahlreichen Ehrungen wie drei Nationalpreisen 1953, 1956 und 1965 sowie dem Karl-Marx-Orden 1969.

Paul Dessau überlebt den vier Jahre jüngeren Hanns Eisler um siebzehn Jahre und stirbt 1979 in einer Zeit, als in der DDR die Euphorie der Anfangsjahre längst einem pragmatischen, dramatischen und resigniertem Alltag gewichen ist: Nicht nur hat der Bau der Berliner Mauer 1961 die internationale Isolation des Landes zementiert. Ausgelöst durch Willy Brandts Kniefall am Ehrenmal für die Opfer des jüdischen Ghettos in Warschau 1970 und der Entmachtung des greisen Walter Ulbricht durch Erich Honecker im folgenden Jahr ist auch die Annäherung der beiden deutschen Staaten nun längst Realität.

Literatur

Klaus Angermann (Hg.): *Paul Dessau: Von Geschichte gezeichnet. Symposium ‚Paul Dessau' Hamburg 1994*, Hofheim 1994

Sally Bick: *Political Ironies. Hanns Eisler in Hollywood and behind the Iron Curtain*, in: *Acta Musicologica 75* (2003), Heft 1, S. 63–84

Nina Ermlich-Lehmann, Sophie Fetthauer, Mathias Lehmann, Jörg Rothkamm, Silke Wenzel und Kristina Wille (Hg.): *Fokus ‚Deutsches Miserere' von Paul Dessau und Bertolt Brecht. Festschrift Peter Petersen zum 65. Geburtstag*, Hamburg 2005

Hanns-Werner Heister, Claudia Maurer-Zenck und Peter Petersen (Hg.): *Musik im Exil. Folgen des Nazismus für die internationale Musikkultur*, Frankfurt am Main 1993

Joachim Lucchesi: *Das Verhör in der Oper. Die Debatte um die Aufführung ‚Das Verhör des Lukullus' von Bertolt Brecht und Paul Dessau*, Berlin 1993

Thomas Phleps: *Hanns Eislers Deutsche Sinfonie. Ein Beitrag zur Ästhetik des Widerstands*, Kassel 1988

Albrecht Riethmüller (Hg.): *Brecht und seine Komponisten*, Laaber 2000

Jürgen Schebera: *Hanns Eisler. Eine Biographie in Texten, Bildern und Dokumenten*, Mainz und London 1998

Ulrich Tadday (Hg.): *Hanns Eisler. Angewandte Musik* (*Musik-Konzepte* Sonderband), München 2012

Matthias Tischer: *Komponieren für und wider den Staat. Paul Dessau in der DDR*, Köln u. a. 2009

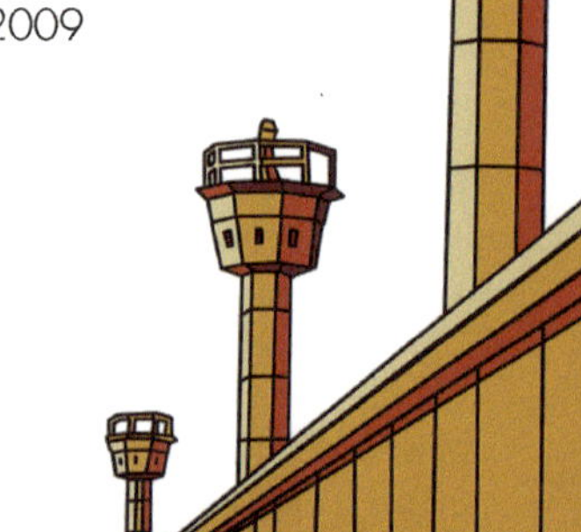

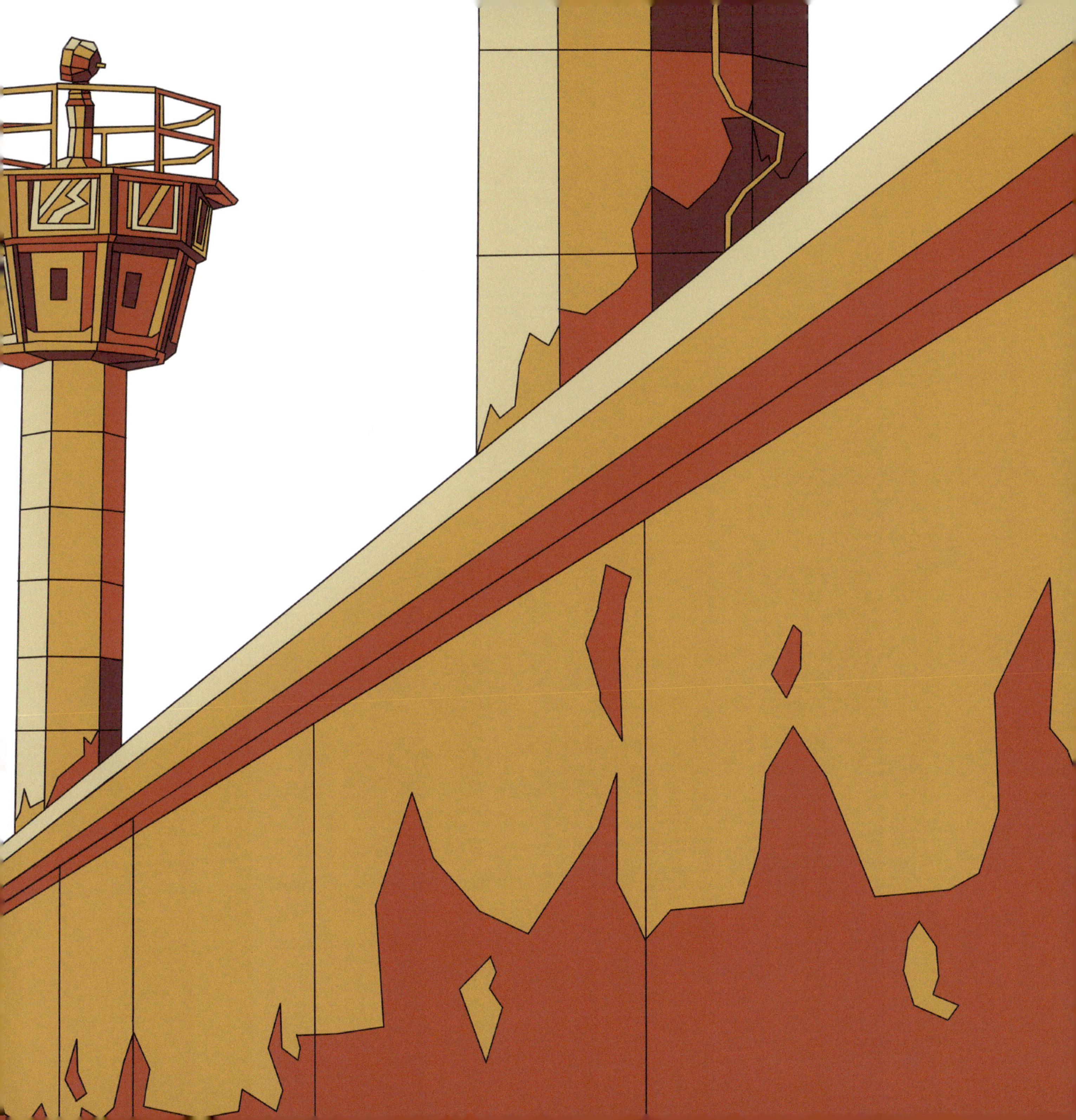

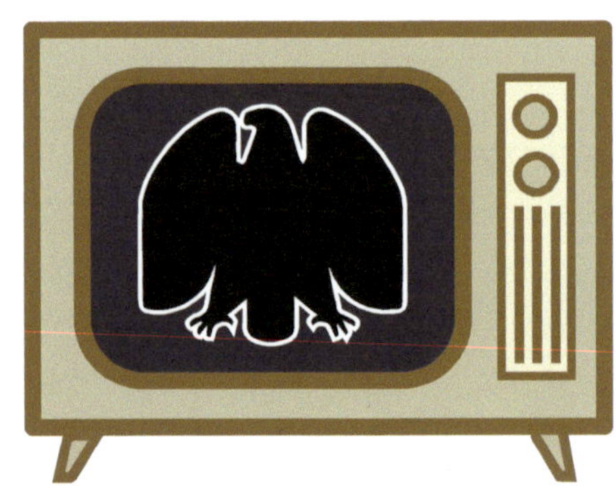

KATHRIN, PETER UND EINE GRÜNE HEIDE MIT GITARREN DER LIEBE

MUSIKFILME FÜR DAS WIRTSCHAFTSWUNDERLAND

Als schillernder Ausdruck des Wirtschaftswunders entstehen in den frühen 1950er-Jahren zahlreiche Musikfilme, die erfolgreich das Bedürfnis eines großen Publikums nach Unterhaltung und Zerstreuung bedienen. Im Rückblick fügen sie sich zu einem erstaunlichen Bild westdeutscher Befindlichkeiten und verdrängter Erinnerungen an die Jahre des Nationalsozialismus zusammen: 1) Die Vergangenheit der Filmfiguren wird in den allermeisten Fällen tabuisiert. 2) Themen der deutschen Lebenswirklichkeit (wie Armut, Reichtum, Liebe, Sehnsucht, Fleiß, Arbeitsmigration, Macht und Obrigkeit) und die Lebensgefühle unterschiedlicher Generationen werden häufig auf das Ausland projiziert. 3) Musik wird gerne dafür verwendet, nationale Stereotypen ‚der' Portugiesen, Spanier, Italiener und Amerikaner über ‚ihre' Sounds darzustellen. 4) Stellvertretend für die Generationen der Veteranen, der ehemaligen Soldatenmütter und Kriegsheimkehrer sowie ihres jugendlich-aufbegehrenden Nachwuchses verhandeln holzschnittartige Charaktere (‚der alte Mann', ‚die alleinstehende ältere Frau', ‚der junge, orientierungslose Mann' oder ‚die beruflich erfolgreiche junge Frau') divergierende Vorstellungen zu traditionellen Geschlechterrollen und neuen sozialen Identitäten.

Deutschland-Diagnosen

Als Ausnahme zum Regelfall, dass die jüngste Vergangenheit von Krieg und Diktatur in Filmen höchstens dezent angedeutet, meistens aber verschwiegen wird, bedient der Film *Grün ist die Heide* (1951) unverfroren die Legende vom deutschen Volk als Kriegsopfer. Drehbuchautor Bobby E. Lüthge adaptierte den Stoff für einen bereits 1932 realisierten Film nach Motiven des völkischen Heimatdichters Hermann Löns und behielt auch bei Drehbüchern für NS-Propaganda- und Unterhaltungsfilme wie *Hitlerjunge Quex* (1933) und *Die Csardas-Fürstin* (1934) den Zeitgeist im Blick. Nach Kriegsende schwenkt er rasch auf Heimatfilme wie das *Schwarzwaldmädel* (1950) um.

Von der ursprünglichen Fassung übernimmt Regisseur Hans Deppe für seine Neuverfilmung die Begeisterung der 1920er- und 1930er-Jahre für Pfadfinder, den Wandervogel sowie die Jugendmusikbewegung und ergänzt einen Konflikt von brisanter Aktualität: die Vertreibung deutscher Landsmannschaften aus Schlesien. Den Konnex zwischen den unterschiedlichen Zeitebenen leistet die Musik, als gleich zu Beginn des Films ein munteres Trio gealterter Wandervögel mit Löns-Liedern im Gepäck durch die blühende Heide zieht und die Leichtigkeit einer freiwilligen Heimatlosigkeit vorführt.

Im Verlauf der Handlung stellt sich heraus, dass der ehemalige Rittergutsbesitzer Lüder Lüdersen ein von Jungförster Walter Rainer gesuchter Wilderer ist. Den heimatvertriebenen Lüdersen spielt dabei Hans Stüwe, den das deutsche Kinopublikum noch in der Rolle von Peter I. Tschaikowsky als Filmpartner von Zarah Leander kennt und der Marika Rökk im Ufa-Schlager *Es war eine rauschende Ballnacht* (1939) zur Seite stand. Förster Rainer wiederum knüpft zarte Bande mit Lüdersens Tochter

Helga und zunächst sind Enttäuschungen und Missverständnisse vorprogrammiert. Auch für diese beiden Rollen bietet der Film mit Rudolf Prack und Sonja Ziemann eine Starbesetzung, deren Namen kurz zuvor noch auf Joseph Goebbels' Liste ‚gottbegnadeter', für den Fortbestand Deutschlands unverzichtbarer Künstler zu finden gewesen waren.

Schließlich gelingt es dem jungen Förster, Helga zu einem Ausflug in die Heide zu überreden, um endlich einmal alleine mit ihr zu sein. Während die Kamera Bilder eines züchtigen Spaziergangs zeigt, folgt das Gesangstrio heimlich den Turtelnden und liefert mit dem Titellied des Films einen eindeutig zweideutigen Soundtrack, der die strengen sozialen und moralischen Normen für eine unverheiratete Frau klarstellt:

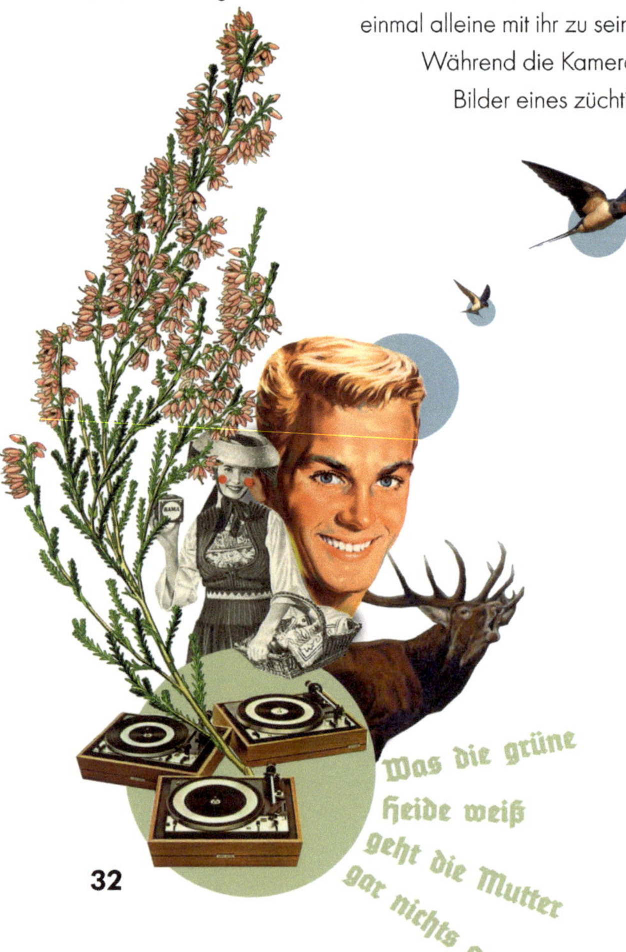

„Als sie dann nach Hause kam, hat die Mutter sie gefragt, wo sie war die ganze Zeit? Und sie hat es nicht gesagt. Was die grüne Heide weiß, geht die Mutter gar nichts an. Niemand weiß es außer ihr und der grüne Jägersmann. Ja, grün ist die Heide, die Heide ist grün. Aber rot sind die Rosen, wenn sie erblühn."

Nachdem sich Walter und Helga endlich ihrer Liebe versichert haben, findet sich auch für den wildernden Lüdersen eine gütliche Lösung. Die verständnisvolle Dorfgemeinschaft respektiert ihn als bemitleidenswertes Opfer, kurz bevor er von einem kaltblütigen zweiten Wilderer (einem Nebenstrang der Handlung) lebensgefährlich verletzt wird. Den Schlüssel für seine Exkulpation lieferte Lüdersen selbst, als er sich bei einem Heidefest von seinen neuen Freunden verabschieden möchte und von seinem Schicksal als Heimatvertriebener berichtet, während die Filmmusik die Melodie des Heide-Liedes im Hintergrund spielt:

„Ich spreche nicht nur für mich allein, sondern für die vielen anderen, die hier bei Ihnen eine zweite Heimat gefunden haben. Nie werde ich die Tage vergessen, die ich bei Ihnen in der Heide sein durfte, in der Heide, die auch meine zweite Heimat geworden ist. Macht es den Menschen, die zu euch geflüchtet sind, nicht schwer. Wer nicht von der Heimat weg musste, der kann es nicht ermessen, was es bedeutet, heimatlos zu sein. Ich weiß, wir sind manchmal nicht auch so gewesen, wie wir hätten sein sollen. Aber, wir sind ja am härtesten bestraft. Wenn ich hier im Walde war, habe ich mich oft wie zu Hause gefühlt: Die schöne Natur, sie hat mich hinweggetröstet über das, was ich verloren habe."

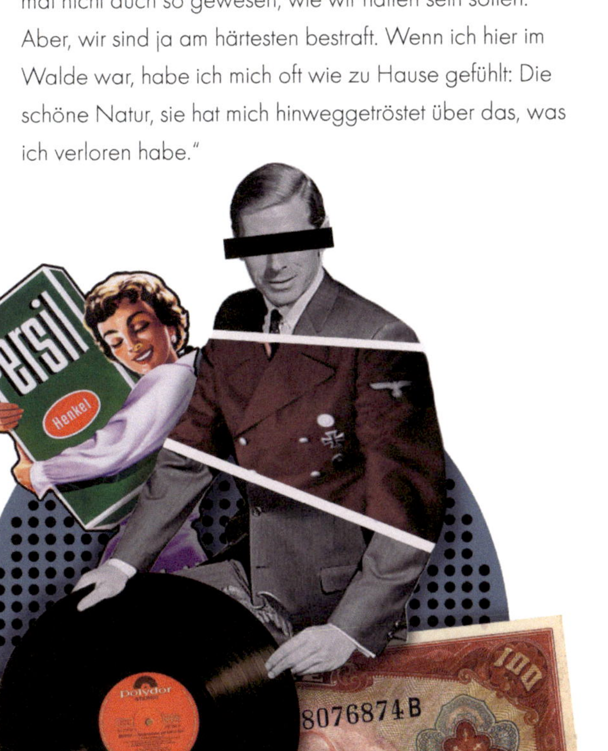

Die Szene schließt mit dem Sänger des Musikanten-Trios, der für die in voller Tracht erschienene schlesische Landsmannschaft das traditionelle *Lied vom Riesengebirge* singt. In klassischer Opfer-Täter-Umkehr beklagt man die Folgen des Zweiten Weltkriegs und widerspricht der faktischen Anerkennung der polnischen Oder-Neiße-Grenze durch die junge DDR unmissverständlich: „Riesengebirge, deutsches Gebirge!".

Ein etwas kurioses Filmbeispiel, bei dem die Musik des italienischen Renaissancekomponisten Giovanni Pierluigi da Palestrina eine besondere Rolle spielt, ist die deutsche Produktion *Die Trapp-Familie in Amerika* (1958). Auch in dessen Team finden sich mehrere ungebrochene NS-Karrieren: Regie führt Wolfgang Liebeneiner, der ab 1939 die Leitung der Fachschaft Film in Joseph Goebbels' Reichsfilmkammer übernahm und während der Kriegszeit zahlreiche Propagandastreifen drehte. Das Drehbuch stammt von Herbert Reinecker, der sich ab 1936 als Hauptschriftleiter der HJ-Zeitschriften *Der Pimpf* und *Junge Welt*, als Autor propagandistischer Jugendbücher und Theaterstücke sowie als Berichterstatter in einer SS-Propagandakompanie in Rumänien, Russland, Flandern und Pommern hervortat. Die Filmmusik steuert Franz Grothe bei, der nach einem missglückten Versuch, 1936 in Hollywoods Filmindustrie Fuß zu fassen, im NS-Staat Karriere machte. Die Kamera führt Werner Krien, der bis

1945 bei mehr als einem Dutzend erfolgreicher Unterhaltungs- und Propagandafilme für die Bildgestaltung zuständig war, u. a. für die beiden Produktionen mit Hans Albers *Münchhausen* von 1943 und *Große Freiheit Nr. 7* von 1944.

Im ersten, ungemein erfolgreichen Teil der *Trapp-Familie* (1956) war zu erleben, wie die zunächst als Gouvernante eingestellte ehemalige Nonne Maria (gespielt von Ruth Leuwerik) das Herz eines verwitweten österreichischen Barons gewann, als sie mit seinen acht Kindern einen Familienchor gründete. Die zwei Jahre später produzierte Fortsetzung zeigt die Familie nun in den USA, wohin der Vater sich aus unbestimmten Gründen vor den Nationalsozialisten in Sicherheit hatte bringen müssen. Ironischerweise begegnet man in der Rolle des gütigen und leicht überforderten Barons von Trapp dabei Hans Holt, der dem damaligen Kinopublikum aus zahlreichen NS-Propagandastreifen wohlbekannt ist. Ohne weiteren Kommentar wird der Familienchor nun von einem katholischen Priester dirigiert, der die Trapp-Familie durch die USA begleitet. Diese Rolle verkörpert Josef Meinrad, Mitglied des Wiener Burgtheaters und der Salzburger Festspiele und während der Kriegszeit als Theaterschauspieler unter anderem zur Truppenbetreuung in Metz eingesetzt. Kurz vor dem ersten *Trapp*-Film erlebte er in der Rolle des tollpatschigen Gendarmeriemajors Böckl in der ersten *Sissi*-Verfilmung mit Romy Schneider und Karl Böhm 1955 seinen Durchbruch bei einem Millionenpublikum.

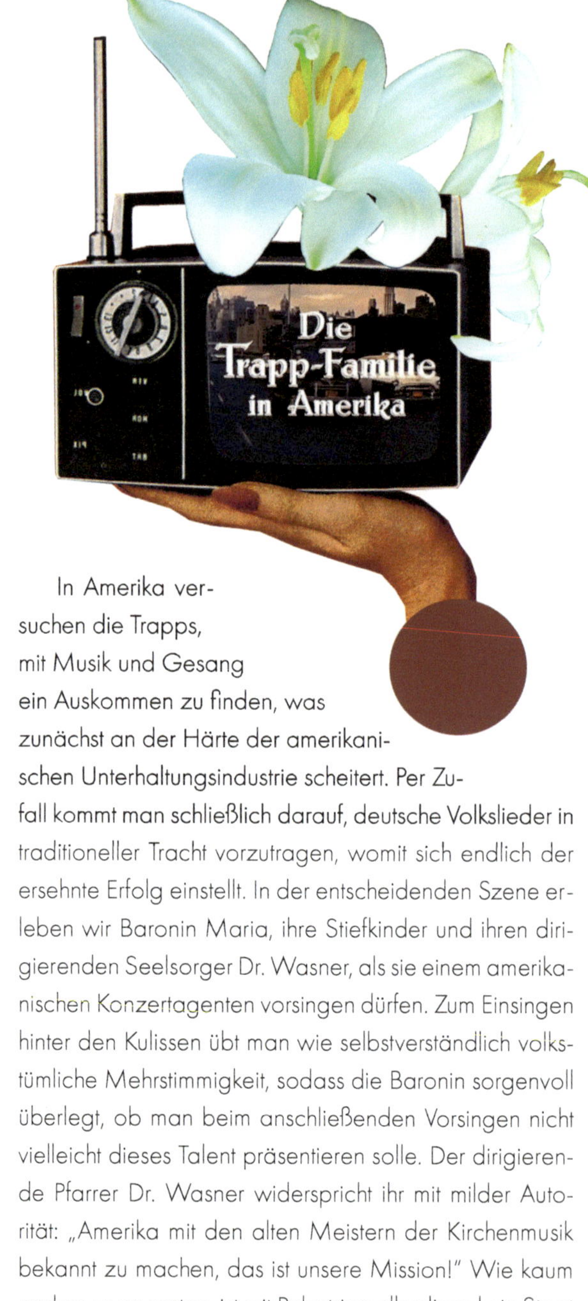

In Amerika versuchen die Trapps, mit Musik und Gesang ein Auskommen zu finden, was zunächst an der Härte der amerikanischen Unterhaltungsindustrie scheitert. Per Zufall kommt man schließlich darauf, deutsche Volkslieder in traditioneller Tracht vorzutragen, womit sich endlich der ersehnte Erfolg einstellt. In der entscheidenden Szene erleben wir Baronin Maria, ihre Stiefkinder und ihren dirigierenden Seelsorger Dr. Wasner, als sie einem amerikanischen Konzertagenten vorsingen dürfen. Zum Einsingen hinter den Kulissen übt man wie selbstverständlich volkstümliche Mehrstimmigkeit, sodass die Baronin sorgenvoll überlegt, ob man beim anschließenden Vorsingen nicht vielleicht dieses Talent präsentieren solle. Der dirigierende Pfarrer Dr. Wasner widerspricht ihr mit milder Autorität: „Amerika mit den alten Meistern der Kirchenmusik bekannt zu machen, das ist unsere Mission!" Wie kaum anders zu erwarten, ist mit Palestrina allerdings kein Staat zu machen. Nur die zufällig in das Vorsingen hereinplatzende Gattin des reichen Industriellen John D. Hammerfield lässt sich begeistern, da sie selbst ursprünglich aus Wien stammt und der musikalische Gruß aus der alten Heimat sie sentimental rührt.

Als Regisseur Wolfgang Schleif 1959 den Seemannsfilm *Freddy, die Gitarre und das Meer* in die Kinos bringt, weiß er nicht nur dank Heimatfilmen wie *Die Mädels vom Immenhof* (1955), welche Stoffe sich für Publikumserfolge eignen. Auch aus eigenem Erleben ist zu vermuten, dass er einzuschätzen wusste, wie sich die Vergangenheit einer Figur besser verschleiern lässt, als sie offen zu erzählen: Obgleich er in Goebbels' Propagandamaschinerie gut integriert war und unter anderem den Schnitt für den antisemitischen Hetzfilm *Jud Süß* (1940) sowie den Durchhaltestreifen *Kolberg* (1945) übernahm, gelingt ihm bald nach Kriegsende der Wechsel zur sowjetisch lizensierten ostdeutschen Filmproduktion DEFA, wo er gleichfalls wieder an politischen Projekten mitwirkt, nun aber als Regisseur. Unter dem Eindruck der Arbeiteraufstände vom 17. Juni 1953 geht Schleif in den Westen und etabliert sich rasch in der blühenden Filmlandschaft. Gleich für das erste in einer Reihe gemeinsamer Filmprojekte, die den Namen des Protagonisten Freddy im Titel tragen, steht ihm Kameramann Heinz Pehlke zur Seite, den er spätestens von der gemeinsamen Arbeit an Veit Harlans 1943/44 produziertem Propagandastreifen *Kolberg* kennt. Die Hintergrundmusik sowie die Lieder zum Film steuert Lotar Olias bei, dem es ebenfalls gelungen war, bald nach dem Krieg wieder im Filmgeschäft Fuß zu fassen, obgleich er als NSDAP-Mitglied von 1932 dem Kreis überzeugter Nationalsozialisten der ersten Stunde zuzurechnen war.

Im Zentrum der Filme steht Freddy Quinn, der 1959 zum Zeitpunkt der ersten Produktion 28 Jahre alt ist und bereits auf außergewöhnliche Erfahrungen zurückschauen kann, die er in seinen Filmcharakter einfließen lässt: Zeitweise mit seinem irischstämmigen Vater in den USA aufgewachsen (sodass Englisch zu seiner zweiten Muttersprache wird), zieht er nach der Scheidung der Eltern zu seiner Mutter nach Wien. Das Ende des Zweiten Weltkriegs erlebt er in Ungarn, wo er nach einer Kinderlandverschickung gestrandet war. Die amerikanischen Soldaten vor Ort halten den Vierzehnjährigen aufgrund seines akzentfreien Englischs für einen Landsmann und verschaffen ihm einen Platz auf einem Militärtransporter in die USA. Da sein Vater aber, wie er erst vor Ort erfährt, inzwischen verstorben ist, schickt man ihn zurück nach Europa und er gelangt schließlich wieder nach Wien. Dort bricht er als Sechzehnjähriger die Schule ab, schließt sich einem Zirkus an, arbeitet als Musiker und Akrobat und tingelt alleine durch Europa und Algerien. Zurück in Deutschland etabliert er sich mit einem gemischten Repertoire aus Seemannsliedern und Countrysongs und wird dort Mitte der 1950er-Jahre für den Film entdeckt.

Üblicherweise sind autobiografische Züge bei Filmfiguren mit Vorsicht zu genießen, doch es sind genau jene persönlichen Erlebnisse Freddy Quinns, die sein stetig wachsendes Publikum vor allem in seinen Liedern sucht.

Invasione tedesca

Der Titel *Freddy, die Gitarre und das Meer* ist daher Programm, als der Film 1959 seinen Titelhelden über Nacht zu einem Superstar macht, der es sowohl in die Jugendzeitschrift Bravo schafft, als auch die kriegsgeprägte Elterngeneration für sich einnimmt. Denn sein filmisches Alter Ego lässt sich nicht nur als Musiker verklären, den seine Sehnsucht stetig in die Ferne zieht, sondern auch als Heimkehrer, der in einer nicht näher bestimmten Nachkriegszeit nicht Fuß fassen kann: Als blinder Passagier aus Genua in Hamburg gelandet, möchte er über seine Vergangenheit nicht sprechen und versteckt sich aufgrund falscher Verdächtigungen vor der Polizei. Die Filmmusik bündelt diese Motive in einem Lied, das sich leitmotivisch durch die Handlung zieht und auch als Parabel auf Kriegsheimkehrer gelesen werden könnte, die im neuen Wirtschaftswunder keinen Platz mehr haben: „Jimmy Brown, das war ein Seemann, und das Herz war ihm so schwer. Doch es blieben ihm zwei Freunde: die Gitarre und das Meer. Jimmy wollt' ein Mädchen lieben, doch ein andrer kam daher. Und als Trost sind ihm geblieben: die Gitarre und das Meer."

Ein zweiter Handlungsstrang beginnt ebenfalls in der Eröffnungsszene, in der Freddy sich als blinder Passagier zu erkennen geben muss, als er einem kleinen Jungen das Leben rettet, kurz bevor diesen ein Schiffsladekran erfasst. Als sich herausstellt, dass der etwa elfjährige Stefan ein Waisenkind ist, teilt er mit seinem neuen Freund Freddy fortan das Schicksal des Heimatlosen. Umgehend singt Freddy das entsprechende Lied, das als zweites Leitmotiv die Handlung begleiten wird: „Du brauchst doch immer wieder einen guten Freund, der's immer ehrlich mit dir meint und mit dir lacht und mit dir weint. Wenn's dir gut geht hast du immer viele Freunde auf der Welt. Wenn's dir schlecht geht brauchst du einen, der trotz allem zu dir hält."

Urlaubsfantasien

Während westdeutsche Unterhaltungsfilme es vermeiden, eigene Gesellschaftskonflikte allzu offen zu thematisieren, projizieren sie ungeniert deutsche Sichtweisen auf ‚exotische' Szenerien. Aus heutiger Sicht wirken die entsprechenden Filmhandlungen mitunter unfreiwillig komisch, anmaßend oder rassistisch. Wie selbstverständlich fließen Meinungen über Armut, Reichtum, Liebe, Sehnsucht, Fleiß, Lebensgefühl, Machtverhältnisse und Obrigkeitshörigkeit mit Nationalklischees ineinander, beispielsweise zu Portugal, Spanien, Italien und den USA. Häufig werden diese Ansichten in Dialogen nur angedeutet und stattdessen symbolisiert über die jeweils ‚typische' Musik, die sehr häufig eine biedere deutsche Imitation international gerade erfolgreicher Tänze und Stile ist.

Ein eindrucksvolles erstes Beispiel ist der Film *Gitarren der Liebe*, der unter der Regie von Werner Jacobs 1954 in die Kinos kommt. Die Hauptrolle des immer gut gelaunten Italieners Roberto Trenti übernimmt der Schweizer Vico Torriani, der in der jungen Bundesrepublik eine erfolgreiche Parallelkarriere als Schlagersänger absolviert. Aufgrund seiner schwarzen Haare und seines dunklen Teints wird er häufig verpflichtet, auch andere Nationalitäten zu spielen, beispielsweise einen Portugiesen in *Der Fremdenführer von Lissabon* (1956). Bereits die Eröffnungsszene ist prall gefüllt mit Italienklischees, als Roberto fröhlich summend auf dem kärglichen Bauernhof seiner fülligen und warmherzigen Großmutter geschickt ein betagtes Fahrrad mit Hilfsmotor repariert. Zunächst ist die Melodie des Liedes *1000 Mandolinen* zu hören, das später im Film die deutsch-italienische Verbrüderung besiegeln wird. Die Handlung setzt mit einem Brief ein, der allerdings nicht den erhofften Vertrag eines Musikagenten, sondern eine Nachricht seiner angehimmelten Isabella bringt. Sie aber zieht die Hochzeit mit dem alten, dicken, reichen Ortsbürgermeister einer ungewissen Zukunft an seiner Seite vor. Roberto stimmt daraufhin kein Klagelied an, sondern eine Ode auf „Frau Musica" und das ersehnte Schicksal als erfolgreicher Musiker: „Eine Frau liebt jeder Sänger, noch viel heißer, noch viel enger als die Schönsten, die er sah: la signora musica!"

Anschließend erscheinen vier junge deutsche Musikstudierende. Als ihr übergroßer alter Wagen ohne Verdeck auf der Landstraße liegen bleibt, kann der zufällig vorbeikommende Roberto die Panne natürlich beheben und schließt sich der Truppe als Sänger an. Die Spannweite des gemeinsamen Musikgeschmacks beschreibt das Quartett zwischen Beethoven und Louis Armstrong und ohne daran zu erinnern, dass nur wenige Jahre zuvor die sogenannte ‚Achse Berlin-Rom' die verbündeten Diktaturen von Hitler und Mussolini hatte zusammenschweißen sollen. Ironiefrei verfolgt man daher die Mission, den ‚provinziellen' Italienern mit deutscher Gründlichkeit die Segnungen des amerikanischen Jazz zu predigen.

Dass diese Intention von vornherein zum Scheitern verurteilt ist, zeigt sich in einer von dicken deutschen Urlaubern frequentierten ‚typischen' Taverne. Dort spielt das deutsche Quartett heißen Jazz. Die Kontrabassistin (verkörpert von Topsy Küpers, der späteren Frau der Ka-

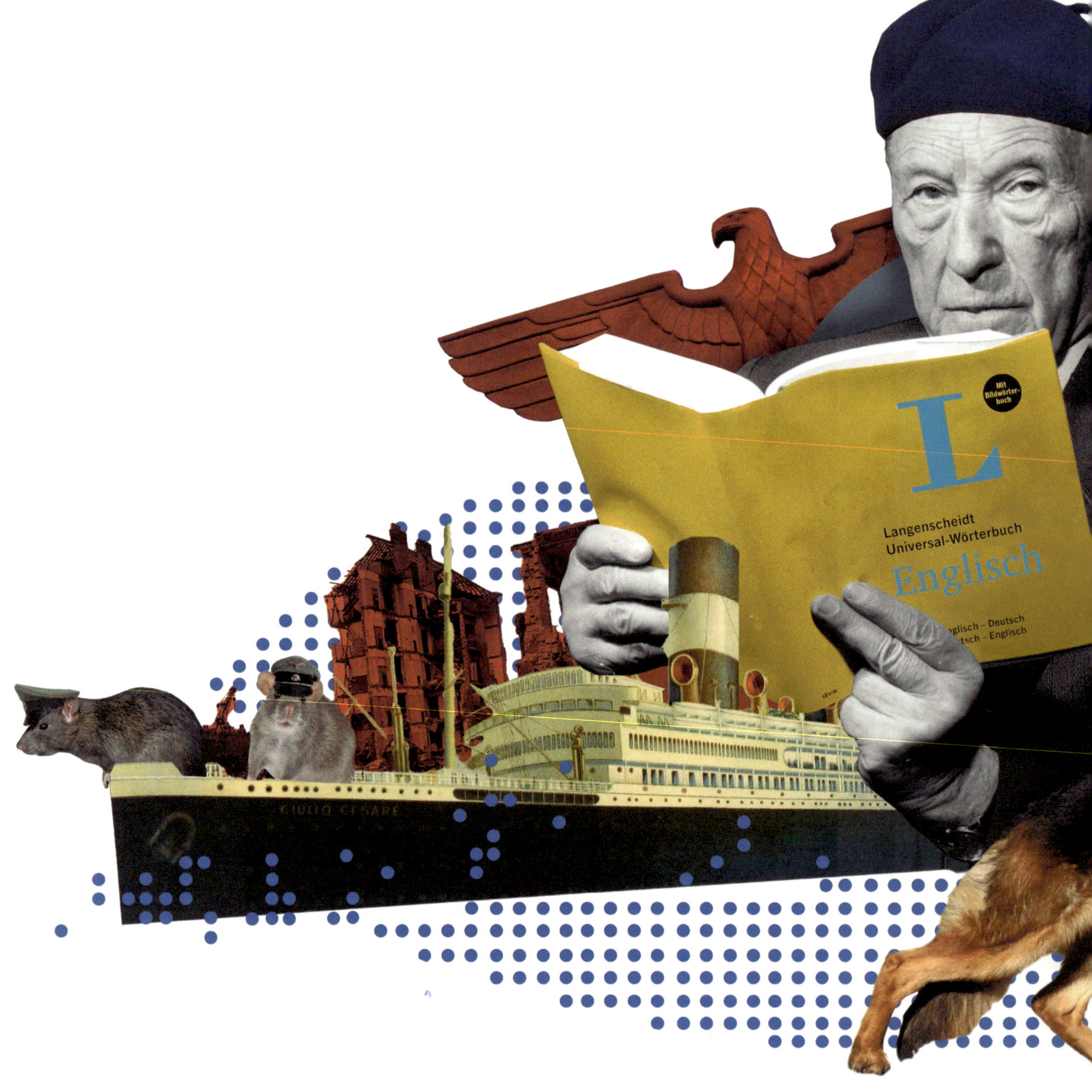
Mit Bildwörterbuch
L
Langenscheidt
Universal-Wörterbuch
Englisch

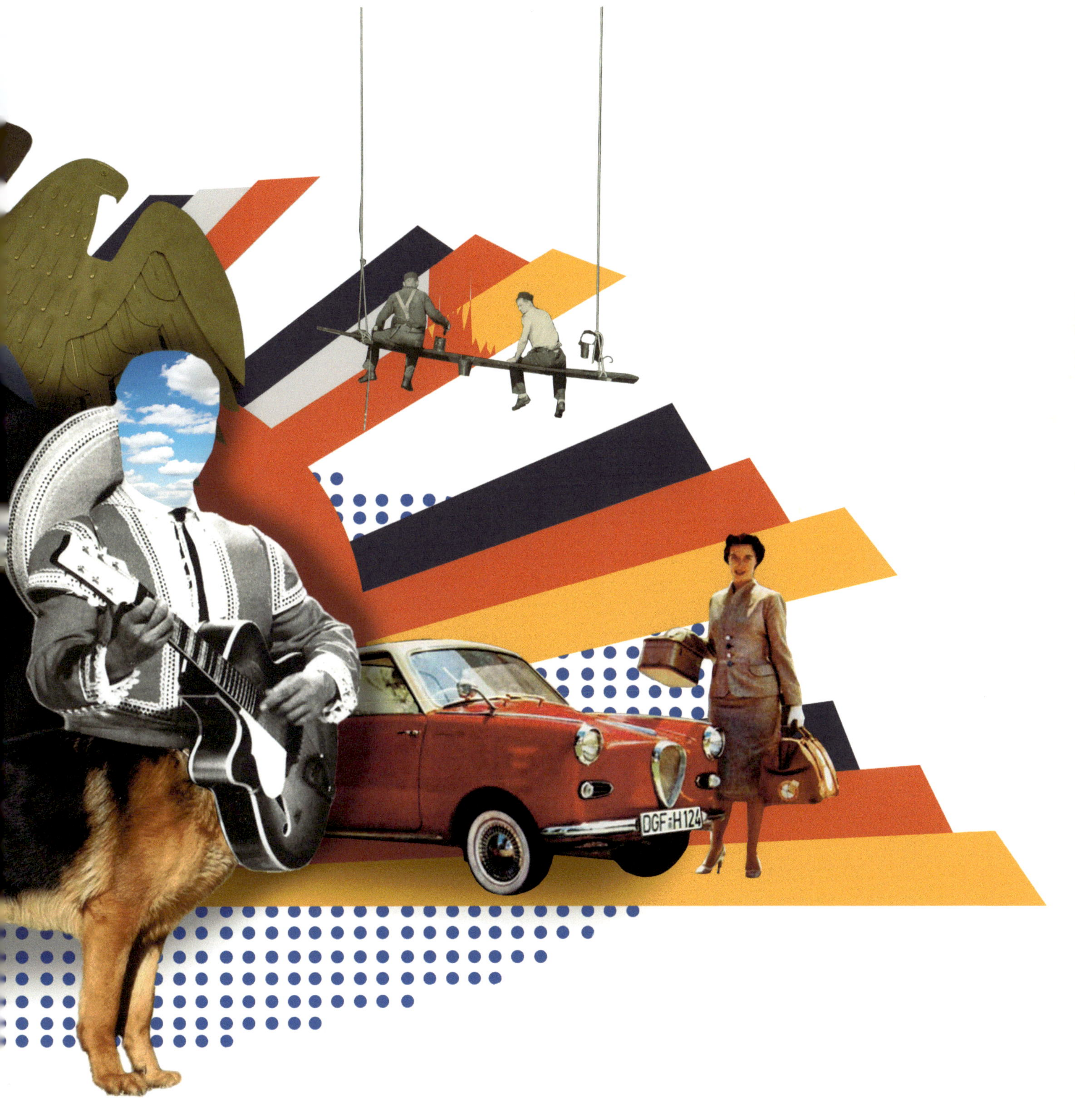
DGF·H124

barettlegende Georg Kreisler) trägt nicht nur ein schulterfreies Kleid, sondern ist auch mit schwarz angemaltem Gesicht und Ohrringen zu sehen, die an ‚typische' Karikaturen von Kannibalen erinnern, während sie eine kurze Tanzeinlage im Stil eines Charlestons absolviert. So kritisch heute solches ‚Blackfacing' als rassistische Herabwürdigung gesehen wird, so entgegengesetzt war es in dieser Szene gemeint: Intendiert war eine Hommage an Louis Armstrong, um dem verehrten Vorbild nicht nur musikalisch, sondern auch optisch so nah wie möglich zu kommen. In jedem Fall geht der beabsichtigte musikalische Brückenschlag gründlich schief, als die feisten deutschen Urlauber angesichts dieses ‚Klamauks' empört das Lokal verlassen und den ‚Untergang des Abendlands' heraufziehen sehen. Die Lösung dieses musikalischen Dilemmas, mit einem zeitgemäßen Sound dennoch den musikalischen Bogen nicht zu überspannen, gelingt wieder Roberto, diesmal mit einem kitschigen Schlager. Da bekanntlich ‚alle' italienischen Musiker ‚immer' und in Rudeln zur Mandoline greifen, um ihren Liebsten ein Ständchen zu bringen, gewinnt der autodidaktische Heldentenor das Herz des deutschen und einheimischen Publikums nicht mit Jazz, sondern mit einer Schnulze: „Tausend Mandolinen sollen heut' erklingen, alle Mandolinen auf der ganzen Welt. Eine Serenade sollen sie dir bringen, eine Serenade unter'm Himmelszelt. Nie zuvor im Leben war das große Glück mir so nah. Dass die Welt so schön ist, weiß ich erst, seit ich dich heut' sah."

Besetzung und Handlung des 1956 produzierten Films *Bonjour Kathrin* sind aus mehreren Gründen bemerkenswert: Einigen der beteiligten Schauspielern gelingt es, wie Dietmar Schönherr eine über Jahrzehnte währende Karriere aufzubauen, wie Hans-Joachim Kulenkampff als TV-Moderator zu reüssieren oder wie Peter Alexander alle diese Professionen in sich zu vereinen und zusätzlich auch zu singen. Aber selbst aus einem so exklusiven Kreis sticht das Talent von Caterina Valente heraus, die zum Zeitpunkt der Filmpremiere als 25-Jährige nicht nur bereits einen beachtlichen Erfolg als Schlagersängerin in Deutschland zu verzeichnen hat, sondern sich über Kollaborationen mit Kurt Edelhagen und Chet Baker auch im internationalen Jazz einen Namen macht. Als Kind einer italienischen Artistenfamilie und geboren in Paris, hat sie zum Ende des Zweiten Weltkriegs bereits Flucht und Vertreibung mit Stationen u. a. in Italien, Breslau und der Sowjetunion erlebt. Ihre Mehrsprachigkeit und Zirkusroutine kommen ihr beim Film sehr zugute, der – wie am Titel zu erkennen und als Ausnahme unter den Musikfilmen jener Zeit – den von ihr verkörperten weiblichen Charakter ins Zentrum stellt.

Im revuehaften Vorspann tanzt Caterina Valente (in ihrer Rolle als Kathrin mit leichtem französischen Akzent) in Begleitung ihres Bruders Silvio Francesco und des angehenden Superstars der bundesdeutschen Unterhaltungswelt, Peter Alexander, zum Titelsong des Films durch die Kulissen. Als Trio arbeitsloser Musiker erleben sie auf der Suche nach Engagements eine Reihe von Abenteuern, die – mal in Kulissen, mal vor Ort beim Schlagerfest in San Remo – in damals tagesaktuelle Musikstile übersetzt werden. Obgleich Kathrin mit Hosen und großem Selbstbewusstsein als moderne junge Frau gezeigt wird, ist es doch selbstverständlich, dass sie die beiden Kollegen bekocht und umsorgt. Nach einigen Verwicklungen begegnen sie dem Revuekomponisten René Duval (gespielt von Dietmar Schönherr), dem ein großer Erfolg unmittelbar bevorzustehen scheint und für den Kathrin zu schwärmen beginnt. Ihr gemeinsamer Gegenspieler ist der reiche Unternehmer Kolumbus (verkörpert von Hans-Joachim Kulenkampff), der mit Plänen droht, das bislang von ihm finanzierte Theater abzureißen und mit einem Parkplatz nebst Tankstelle zu überbauen, wenn die nächste Revue kein sensationeller Erfolg werden sollte.

Der alternde Revuestar Denise muss daraufhin alle ihr zur Verfügung stehenden Fähigkeiten einsetzen, um Kolumbus vorerst zu besänftigen. Gespielt wird Denise von Helen Vita, die im tatsächlichen Leben kaum drei Jahre älter als Caterina Valente und sogar zwei Jahre jünger als Peter Alexander war, im Film aber die ältere Konkurrentin Kathrins verkörpert. Der von ihr präsentierte Cha-Cha-Cha vereint eine Fülle misogyner und rassistischer Anspielungen: In figurbetontem Kleid singt und tanzt Denise, umringt von jungen schwarzen Tänzerinnen und Tänzern. Um das exotische Flair des südamerikanischen Modetanzes zu unterstreichen, verstärkt die Eleganz der Profitänzer den Kontrast zur etwas unbeholfenen Performance der weißen Diva. Dabei gestattet die Kamera der schwarzen Tanzgruppe in ihren folkloristischen Kostümen nur eine dekorative Rolle und hält sie auch in der Lichtführung unmissverständlich auf Distanz. Die nächsten Szenen ersparen es Denise nicht,

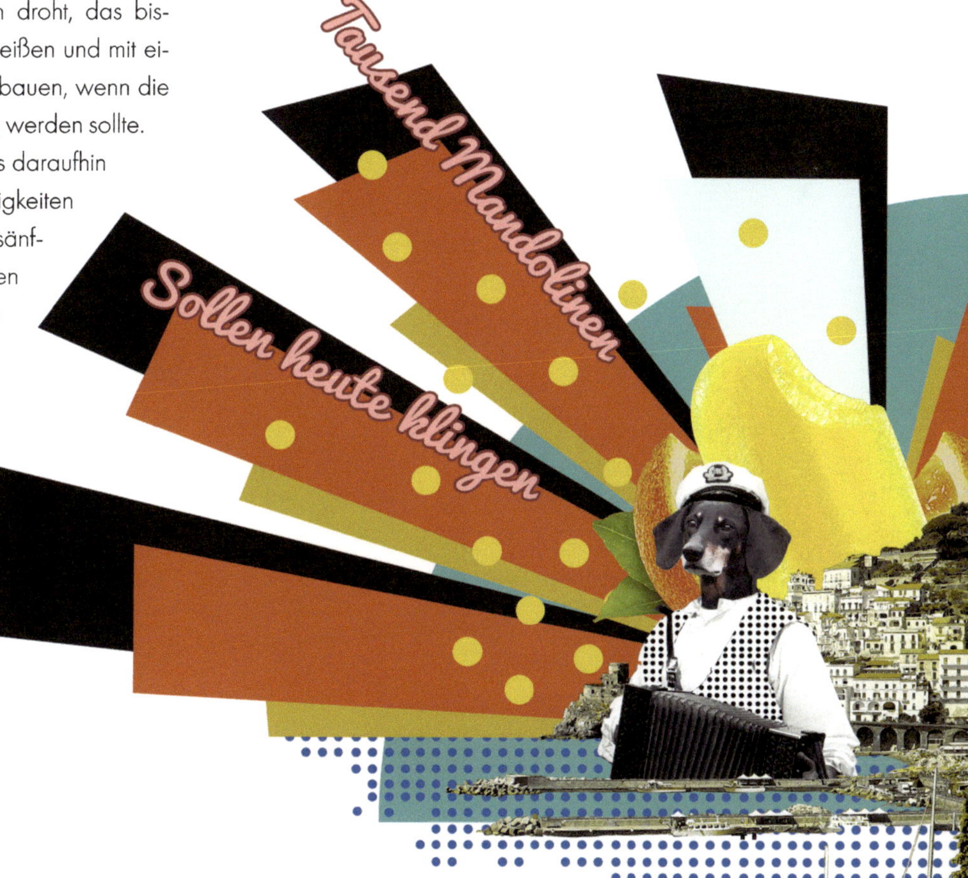

mit zweideutigen Anspielungen und Primadonnengehabe ihren Mäzen Kolumbus auch sexuell gewogen halten zu müssen, damit er ihr und der Revue nicht den Geldhahn zudreht.

Um Kolumbus zur Finanzierung der neuen Revue zu bewegen, präsentiert Kathrin die entscheidenden Lieder in wechselnden Kostümen und Bühnendekorationen, die wie ein Fotoalbum ‚exotische' Sehnsuchtsorte des deutschen Publikums mit ‚typischen' Szenerien bebildern. Entsprechend der Disposition ihrer Figur, trotz aller künstlerischen Talente auf die Rolle der Verführerin und der Geliebten festgelegt zu sein, besingt Kathrin das *Traumboot der Liebe*, um mit einem imaginären „Du" nach Hawaii zu reisen. Denn auf dieser „Insel der Schönheit wartet das Glück auf uns zwei." Anschließend muss sie zu schluchzenden Geigen gestehen, dass eine *Frau aus Paris* für die Liebe geboren ist, und dabei ihr instinktgesteuertes Handeln besingen: „Heimliches locken und fragen. Zärtliches Spiel ohne Ziel. Ewiges wegen und wagen: Das schenkt uns Frauen so viel."

Abgesehen von allem Klamauk lebt der Film vom Hit *Komm ein bisschen mit nach Italien*, mit dem Kathrin und ihre beiden Triopartner den Grand Prix in San Remo überraschend gewinnen. Nun erkennt Mäzen Kolumbus endgültig das Potenzial der gesamten Revue und sichert Kathrin die Hauptrolle zu, die – neben der Bühne – ihr Glück beim Komponisten Duval findet. Auch dieses Lied verlässt sich auf den ‚typischen' Sound italienischer Mandolinen und reiht zu einer schmissigen Melodie mit Knittelversen gängige Italienklischees aneinander: „Komm ein bisschen mit nach Italien, komm ein bisschen mit ans blaue Meer und wir tun als ob das Leben eine schöne Reise wär. Komm ein bisschen mit nach Italien, komm ein bisschen, weil sich das lohnt. Denn am Tage scheint dort die Sonne und am Abend scheint der Mond. Aber dann, aber dann, zeigt ein richt'ger Italiener, was er kann. Aber dann, aber dann, fängt beim Sternenschein die Serenade an."

Einen merklich anderen Akzent als die bisher besprochenen Filme setzt die Musikkomödie *Wenn die Conny mit dem Peter*, die im Jahr 1958 dazu beiträgt, Conny Froboess und Peter Kraus zu Idolen einer ganzen Generation zu machen. Beide sind zu dieser Zeit im Musikleben längst aktiv: Bereits im Alter von 8 Jahren landete Froboess mit Berliner Schnauze den Evergreen *Pack die Badehose ein*, sodass sie bei den Dreharbeiten als 15-Jährige bereits entsprechend routiniert ist. Krauss wiederum erarbeitet sich seit mehreren Jahren mit deutschen Versionen US-amerikanischer Rock'n'Roll-Hits einen Ruf als talentierter Nachwuchssänger, sodass er als 19-Jähriger im Film besonders authentisch wirkt.

Als flotter Teenager-Streifen dreht sich alles um Tanz, Rock'n'Roll und das Lebensgefühl einer Generation, die gerade noch als Kriegsjahrgänge geboren wurde und ihre Eltern kaum mehr als Vorbilder und Autoritäten akzeptieren kann. Die Sprache der deutschen Lieder ist immer wieder von englischen Phrasen, Namen und Modeworten durchsetzt und bereits der Vorspann, als Conny und Peter mit anderen jungen Rock'n'Roll-Fans um eine

Musicbox herumtanzen, bringt die Stimmung gemäß des Filmtitels *Wenn die Conny mit dem Peter* auf den Punkt: ausgelassener Musikgenuss pubertierender Teenager, ohne dass aber die Grenzen von Sittlichkeit und Moral in Gefahr geraten.

Der Plot des Films kontrastiert unterschiedliche Charaktere aus drei Generationen, die im Verlauf der Handlung zueinander finden oder für das erwartbare Happy End zumindest bestehende Vorurteile relativieren. Verhandelt wird dieser Generationendialog vor allem entlang der Musik: Zunächst begibt sich ein Großindustrieller in ein von ihm finanziertes Schullandheim und nimmt inkognito eine Stelle als Hausmeister an, um sich selbst ein Bild vom Sittenverfall der Schülerschaft zu machen, über den er zuvor brieflich informiert wurde.

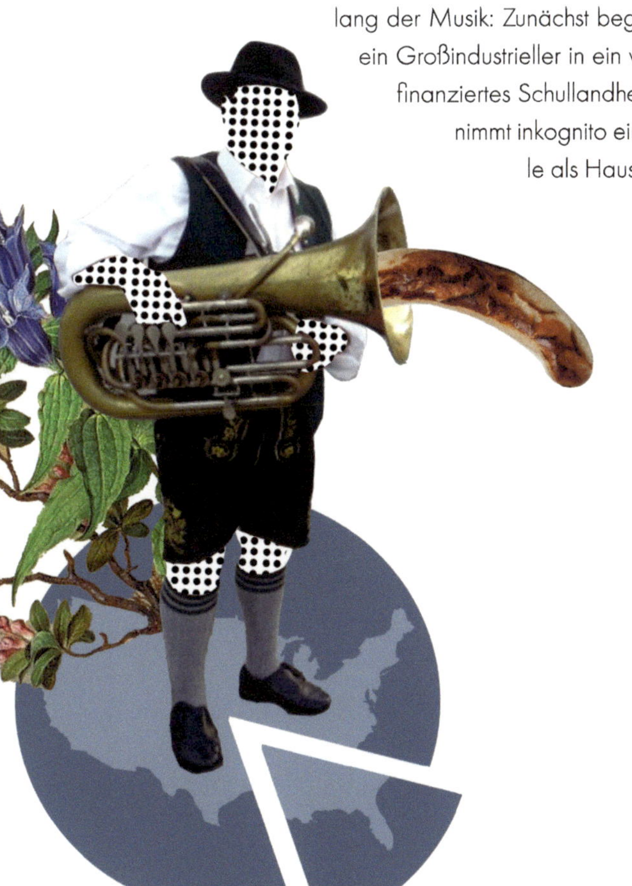

Im Internat spielen sich tatsächlich Konflikte mit Lehrerinnen und Lehrern alten Schlags ab, die – in Andeutung der Erziehungsideale von HJ und BDM – sportlichen Drill an der frischen Luft und Gehorsam einfordern und neue Sitten wie eine Schüler-Jazzband und tolerantes Miteinander zwischen Lehrkräften und Schülerschaft strikt ablehnen. Entsprechend hört man vom verknöcherten Lateinlehrer, Studienrat Dr. Schumann, Meinungen über Jazz als „Urwaldmusik". Nicht nur aus der heutigen Distanz ist eine solche Äußerung rassistisch, auch im Film bleibt sie nicht unwidersprochen: Der Sportlehrer ist ein zugänglicher, junger Mädchenschwarm und so modern, dass er in den Turnstunden Musik abspielen lässt. Auch der Schuldirektor zeigt sich tolerant und erlaubt trotz mancher Bedenken des Kollegiums einen Musikwettbewerb an der Schule.

Die musikalische Spannweite der jugendlichen Sounds ist typisch für die Zeit im konsensfähigen Spannungsfeld von Schlager und Rock'n'Roll. So hört man Peter bei einem bluesigem Schlager zu, wenn er sehnsüchtig von Conny schwärmt: „Ich denk an dich, immer an dich, fühlst du nicht auch so wie ich? Ich träume schon heut, vielleicht träumst auch du? Vom ersten Rendezvous." Auch gemeinsam sind die beiden schmachtend zu erleben, wenn in einer klassischen Balkonszene Peter (quasi als Romeo) und Conny (als Julia) Luftschlösser bauen:

P: „Ich möcht' mit dir träumen vom silbernen Meer. Unter blühenden Bäumen, wie herrlich das wär'.
C: Ja, ich möcht' dir träumen im Mondlicht zu geh'n. So ganz im Geheimen, sag, wär das nicht schön?
P: Dann nehm' ich zärtlich deine Hand
C: und schaust so lieb mich an.
P: Dann führ' ich dich ins Zauberland,
C: wo man so froh sein kann.
P: Und aus der Ferne klingt so süß
P&C: leise Musik nur für uns zwei."

Wie häufig bei Songs aus der jungen Bundesrepublik, die mit deutschen Texten den Sound der englischen Vorbilder imitieren, muss keine sinnvolle Aussage zu erwarten sein, solange Melodie und Beat stimmen. Ein entsprechendes Beispiel ist die Geschichte vom „Jolly Joker", die Conny mehrfach als Hit im Film präsentiert und die als solider Rock'n'Roll den gewünschten Zweck eingängiger Tanzmusik erfüllt. Dafür müssen die Lyrics weder tiefschürfend sein noch Sinn ergeben:

„Der Jolly Jo-o-o-ker bringt Glück und Traurigkeit, schenkt dir Freud' und Leid, wie er will. Der Jolly Jo-o-o-ker lässt dich die Sonne sehn und im Regen steh'n, wie er will. Heute verliebt, morgen betrübt, wer kennt von uns denn schon das Leben? Viel wird erträumt, viel wird versäumt, was wird uns wohl das Schicksal geben?"

Auch die Solonummer von Peter Kraus, die ihm einen der größten Hits seiner Karriere beschert, kommt ohne tieferen Sinn aus und überzeugt rein musikalisch mit einer Mischung aus Schlagertext, Rock'n'Roll-Beat und Country-Einlagen mit einer Blue-Grass-Fidel. Entsprechend konsequent spielt diese Szene in einer Kneipe und verwandelt sie für einen Augenblick in einen Saloon, als Peters Freunde zum Tanz aufspielen, um Geld für eine bevorstehende Operation seiner Mutter zu sammeln: „Sugar Sugar Baby, sei doch lieb zu mir. Sugar Sugar Baby, dann bleib ich bei dir. Ich kenn Susi und Marleen, kenn' die Mary und die Jane. Auch Diana ist bezaubernd und nett. Und das eine ist mir klar, ich käm dauernd in Gefahr, wenn ich dich nicht hätt', Sugar Baby."

Emanzipationen

Neben der Möglichkeit von Musikfilmen, ein tabuisiertes Verhältnis zur deutschen Vergangenheit emotional anzudeuten und innerdeutsche Fragen auf das Ausland zu projizieren, bieten sie weiten Raum für Gesellschaftsdebatten. Auch hier eröffnet die Musik ein neutrales Feld, um Themen zu verhandeln, die in den Dialogen nicht direkt ausgesprochen werden können. Alternative Geschlechtsidentitäten, die vom traditionellen Männer- und Frauenbild abweichen, finden sich allenfalls im Künstlermilieu und hier auch nur mit Übertreibungen oder Andeutungen: Beispielsweise trägt ein Musikanimateur in *Freddy, die Gitarre und das Meer* deutliche Züge eines Homosexuellen, der aber nur in der Überzeichnung seines Charakters als Alkoholiker ‚leinwandtauglich' ist.

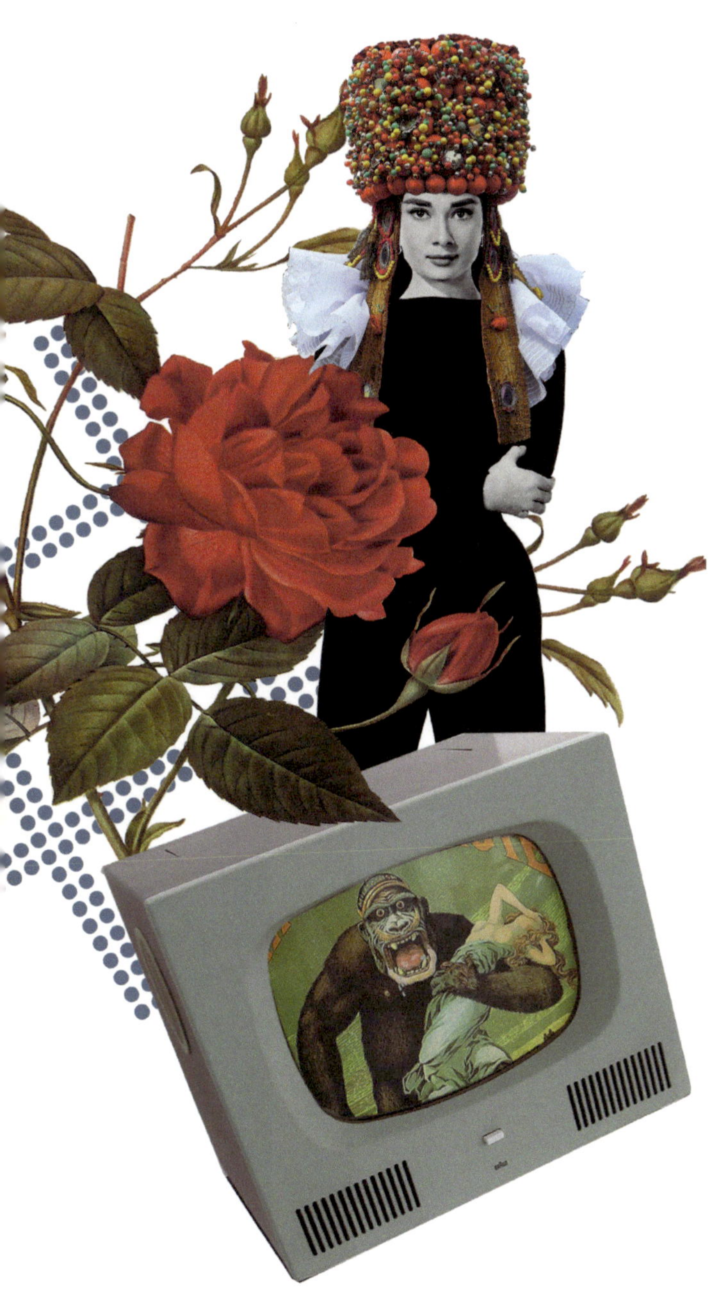

Abgesehen von einer Varieté-Szene, in der eine schwarze singende Tänzerin in Anlehnung an Josephine Baker als halbnackte ‚exotische Schönheit' den voyeuristischen Blicken älterer dicker Männer ausgesetzt ist, stellt der Film zwei Rollenmodelle junger Frauen gegenüber: die moderne, kunstbeflissene und emanzipierte Journalistin Katja und die stille, freundlich-brave Kellnerin Susi. Während die Journalistin von Freddys Stimme so beeindruckt ist, dass sie dank ihrer Kontakte in die Oberschicht seine Gesangskarriere in Gang bringen möchte, ist Susi innerhalb kürzester Zeit bereit, ihre bisherige Umgebung zu verlassen, um mit Freddy nach Kanada auszuwandern und dort ein entbehrungsreiches Leben auf einer einsamen Farm zu führen. Bei aller beruflichen Libertinage, die der Film Katja einräumt, definiert er zugleich die Grenzen ihrer Emanzipation in Person ihres Verlobten Lothar, sobald ihre sexuelle Selbstbestimmung zur Sprache kommt. Wie selbstverständlich geht Lothar eifersüchtig davon aus, dass Katja von Freddys Stimme verführt worden sei, und in ihrem Dialog muss sie sich wie selbstverständlich rechtfertigen:

L: Du hast mir doch erzählt, dass du nur seine Stimme entdecken wolltest.
K: Mehr war es auch nicht, Lothar. Wenn ich dir nichts davon gesagt habe, dann nur deswegen, weil du mir Schwierigkeiten gemacht hättest.
L: Mit Recht. Ist doch klar, dass ein Mann nicht begeistert davon ist, wenn er merkt, dass seine zukünftige Frau sich derartig für andere Männer interessiert.

K: Was heißt interessiert … Ich bin zwar ein modernes, junges Mädchen, wie man so hübsch sagt. Aber in gewisser Beziehung genau so altmodisch wie meine Großmutter.

Wesentlich drastischer noch als diese patriarchale Unterordnung schildert ein Handlungsstrang in *Gitarren der Liebe* die Verzweiflung der jungen Sängerin Ilona Mirko, die dem übergriffigen Verhalten des Tourneeleiters Fred Jacques zu entkommen versucht. Diese Form sexueller Ausbeutung von Machtverhältnissen im Kunstbetrieb wird erst seit einigen Jahren unter dem Hashtag ‚MeToo' als problematisch diskutiert und als strafbar angesehen. Im Film bildet er die scheinbar unausweichliche Normalität des Musikgeschäfts ab: Zunächst aus dem Hintergrund agierend, verschleiert Jacques seine Rolle als Vertragspartner und der väterliche Konzertmanager Bernardo übernimmt es, Ilona dem Dirigenten und Orchesterleiter Enrico Mantovani vorzustellen. Als unbekannte Sängerin ist Ilona entsprechend nervös, als sie dem berühmten Dirigenten entgegentritt, der mit einem öligen Kompliment ihr stimmliches Können nach ihrem Aussehen beurteilt, während er ihr kurz und deutlich auf den Busen schaut: „Wenn Sie so singen, wie Sie aussehen, dann kann uns gar nichts passieren."

Als Ilona anschließend im Büro des Tourneeleiters Fred Jacques als den eigentlichen Strippenzieher erkennt, dessen Nachstellungen sie bereits einmal nur durch Flucht hatte entkommen können, wahrt sie vorerst die Form. Er dagegen wird sofort übergriffig und fordert wie selbstverständlich von ihr Dankbarkeit, dass er dem Orchester Mantovani eine unbekannte Sängerin „eingeredet habe". Trotz der Defensive, in der die Kamera sie bei Freds Forderung zeigt, „die alten Geschichten" nach über zwei Jahren nun doch endlich zu vergessen, verlässt sie standhaft das Büro. Im weiteren Verlauf der Handlung setzt sie sich für Roberto Trenti ein, damit dieser ihren Vertrag übernehmen kann. Um seine Verbundenheit gegenüber dem deutschen Jazzquartett nicht zu verraten, sträubt sich Trenti aber zunächst, bevor es vor typisch ‚italienischer' Kulisse schließlich zum Happy End mit Kuss und traditionellen Rollenbildern kommt: Während der Amateur Roberto Trenti zu singen beginnt, wird er von der professionellen Sängerin Ilona angehimmelt, die zunächst in seine Arme sinkt, bevor sie endlich auch einmal die Stimme erheben darf, gemeinsam mit Roberto zu schmachtenden Geigen:

R: Du bist ein Traum, ein schöner Traum in Wirklichkeit, ein Märchen ist Wahrheit nach langer Zeit.
I: Was wir so oft und still erhofft, erfüllt sich heut'. Zwei Herzen in Liebe bereit.
Und wenn vom Himmelszelt ein kleines Sternlein fällt, dann wünschen wir zu zweit ein Glück zu sein.
R: Vergiss mich nie, die Melodie soll bei dir sein. Für immer, bei dir nur allein.

In der Zusammenschau der verschiedenen Filme zeigt sich, welche gesellschaftlichen Erwartungen im westdeutschen Wirtschaftswunderland zu erfüllen waren, wollte man mit einem Kassenschlager ein großes Publikum unterschiedlicher Generationen erreichen. Damit werden diese Streifen zu einem Spiegel ihrer Zeit, in der widersprüchliche Erwartungen und Konvention auszubalancieren sind: Während die Jugend mit frechem Humor und amerikanischen Sounds ansprechbar ist, wollen ihre Eltern konventionell, züchtig und nicht zu frivol unterhalten werden, ohne liebgewonnene Erinnerungen an die eigene Jugend auszublenden, die aufgrund des zeitlichen Kontextes im NS-Staat allerdings nur unverbindlich angedeutet werden können. Als dramaturgisch cleverer Schachzug wird die internationale Rolle Deutschlands aus der Vergangenheit herausgelöst und mit den Mitteln der Musik in die Gegenwart einer neuen westeuropäischen Allianz verlagert. Denn die politischen Zeitumstände des Kalten Krieges erfordern ein Zweckbündnis der ehemaligen Kriegsparteien und Musik bietet als Mittel der völkerverbindenden Kulturdiplomatie hierfür einen vermeintlich unbelasteten Raum, um sich wieder aneinander zu gewöhnen.

Literatur

Irene Kletschke: ‚*Quintessentially German'? Der deutsche Musik- und Schlagerfilm nach 1945*, in: *Kieler Beiträge zur Filmmusikforschung* (10) 2013, S. 128–143

Daniela Schulze: *Wenn die Musik spielt … Der deutsche Schlagerfilm der 1950er bis 1970er Jahre*, Bielefeld 2012

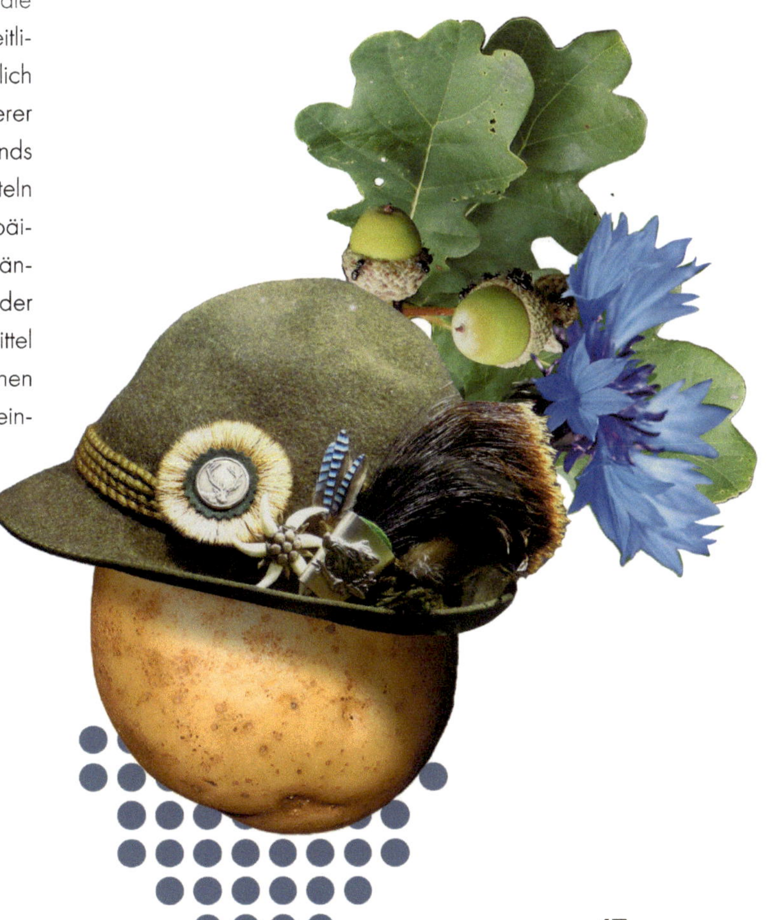

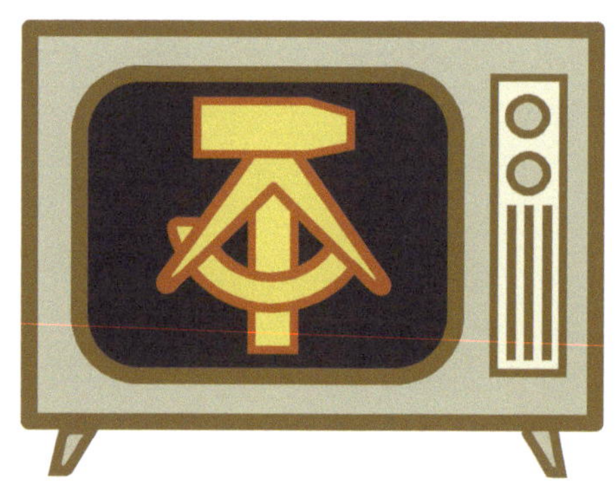

GERDA, FRED UND EIN ESEL MACHEN MUSIK

SOZIALISTISCHER ALLTAG IN DEFA-UNTERHALTUNGSFILMEN

Als in der Sowjetischen Besatzungszone die Kommunistische Partei Deutschlands (KPD) 1946 mit der Sozialdemokratischen Partei Deutschlands (SPD) zwangsvereinigt wird, fehlt der neuen Sozialistischen Einheitspartei Deutschlands (SED) trotz ihrer zahlenmäßigen Dominanz die Legitimität einer demokratisch gewählten Mehrheit. Nach der Gründung der beiden deutschen Staaten 1949 wirbt die neue Partei daher stets um Anerkennung und bemüht sich besonders um die bürgerliche und nicht-kommunistische Bevölkerung, um auch die stetige Abwanderung der jungen und gut ausgebildeten Arbeitskräfte in den Westen zu stoppen.

Um mit einer Mischung aus Erziehung, Volksbildung und Indoktrination die Ziele der SED zu verbreiten, ist die Mitwirkung von Künstler:innen, Intellektuellen und heimkehrenden Exilant:innen besonders wichtig. Eigentlich sind Filme aufgrund ihrer Popularität hierfür ein ideales und bewährtes Mittel. Allerdings haben Organisationen wie die Freie Deutsche Jugend (der Jugendverband der SED), der Freie Deutsche Gewerkschaftsbund (die staatlich gelenkte Arbeiterorganisation) und die beim Ministerium für Kultur angesiedelte Hauptverwaltung Film unterschiedliche Ansichten und Zielsetzungen, wobei alle Meinungen sich den höchsten Stellen beim Zentralkomitee der SED und dem Staatsrat zu beugen haben.

In der Praxis wechseln die kulturpolitischen Leitlinien häufig und es kommt nicht selten vor, dass zum Ende von Dreharbeiten die ursprünglichen Vorgaben plötzlich ins Gegenteil verkehrt sind, sodass ein fertiger Film nicht durch die Zensur geht. Viele der etwas mehr als fünfzig Musikfilm-Produktionen gehen daher lieber mit Opern- und Operettenverfilmungen kein Risiko ein oder portraitieren historische Persönlichkeiten wie Ludwig van Beethoven, Johann Sebastian Bach und Johann Strauß, bis das DDR-Fernsehen ab den 1970er-Jahren mit Unterhaltungssendungen und Musikshows das Angebot deutlich vergrößert.

Dennoch nehmen einige außergewöhnliche Produktionen der Deutschen Film AG (DEFA), die auf dem ehemaligen Ufa-Gelände in Potsdam-Babelsberg den Großteil ihrer Studios betreibt, die Herausforderung an, den populären musikalischen Zeitgeist abzubilden, was sie heute zu höchst eigenwilligen und aussagekräftigen Zeitdokumenten macht.

Energisch, weiblich, solidarisch: *Der Kahn der fröhlichen Leute* (1949/50)

Entstanden im Jahr der Republikgründung 1949 und im Folgejahr uraufgeführt, vereint die Handlung mehrere drängende Probleme der Zeit: Frauen in Männerberufen, die als gleichberechtigte Arbeitskräfte den Wiederaufbau von Industrie und Wirtschaft voranbringen sollen, der bestehende Mangel an Material und Infrastruktur sowie das labile Verhältnis der Ostzone zu den Westsektoren. Übersetzt in Konflikte mehrerer Generationen, unterschiedlicher sozialer Milieus und ehrenwerter Handwerksberufe contra unsteter Musikerexistenzen portraitiert der Film die 19-jährige Vollwaise Marianne Butenschön (gespielt von Petra Peters), die von ihrem alkoholkranken Vater den altersschwachen Kahn *Eintracht* geerbt hat. Statt ihn aber zu verkaufen, will sie allen Widrigkeiten trotzen und die Familientradition der Elbschifferei fortsetzen. Ihr Onkel August (gespielt von Alfred Maack) kehrt plötzlich heim (ob von einer Seereise oder aus Gefangenschaft bleibt unklar) und übernimmt formell ihre Vormundschaft, da Marianne noch nicht voll geschäftsfähig ist. Als alter Matrose verrichtet er die alltäglichen Dienste an Bord, Marianne steuert und kocht, während Maschinist Michel Staude (gespielt von Fritz Wagner) den Motor wieder flott macht.

Zu Filmbeginn schildert die Musik Marianne als zupackende und heimatverbundene junge Frau. Statt dem unmissverständlichen Werben Michels nachzugeben, sitzt sie auf Deck und singt zur Gitarre „auf der Elbe bin ich zu Haus". Diese Szene ist für die junge DDR hoch symbolisch: Einerseits ist der Heimatbegriff von der NS-Ideologie kontaminiert und andererseits von strategischer Bedeutung, um aus heterogenen kommunistischen, christlichen, bürgerlichen und liberalen Milieus sowie Hunderttausenden von Heimatvertriebenen eine neue sozialistische Volksgemeinschaft wachsen zu lassen.

Als Marianne sich weiterhin Michels Avancen verweigert, verlässt er im Streit das mit Motorschaden festliegende Boot und bevor sie plötzlich ohne Mannschaft dasteht, wendet die Musik das Schicksal: Drei fröhliche Wandermusiker heuern auf der *Eintracht* an, um flussabwärts ein neues Engagement zu finden. Nicht nur die nebenbei erwähnte Schiffbarkeit der Elbe von Dresden bis Hamburg erinnert an die damals virulente Frage der deutschen Einheit. Auch die berliner, sächsischen und rheinischen Zungenschläge von Hans (Joachim Brennecke), Heinrich (Paul Esser) und Hugo (Werner Peters) versinnbildlichen das einvernehmliche Miteinander unterschiedlicher Abstammungen im neuen, besseren Deutschland.

Da ein Talent für die leichte Muse auf Dauer keinen Schiffsdiesel am Laufen halten kann, fliegt Hans' mangelhafte Erfahrung als Maschinenschlosser bald auf. Dank Michels erneu-

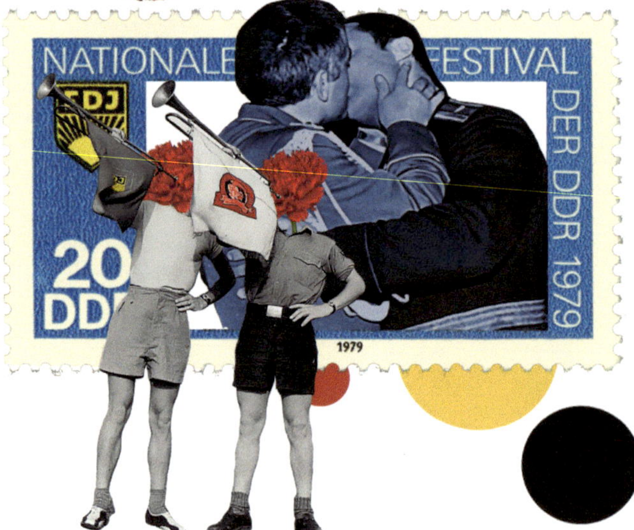

tem beherzten Einsatz ist die *Eintracht* schnell wieder flott und Marianne kann sich um ihre erste Fracht bemühen. Ihr finsterer Gegner Paul Zinke (Albert Venohr) handelt allerdings mit Schiffsmakler Matthes Werner (Herbert Richter) aus, die genossenschaftliche Preisabsprache zu unterbieten und die Ladung unter Tarif zu befördern. Marianne wiederum kennt ihre Rechte, droht mit einem Streik aller übrigen Schiffer, die sich mit ihr solidarisieren, und verhandelt direkt mit dem Reeder. So viel Tatkraft und Courage wird belohnt und die *Eintracht* bekommt den Zuschlag. Bei der anschließenden Prügelei in einer Kneipe zwischen Zinkes wütenden Gefolgsleuten und Mariannes Unterstützern retten die drei Musiker die Situation und verdienen sich mit ihren flotten Tönen eine Festanstellung. Als dann noch Michel die Autorität Mariannes als Kapitänin anerkennt, werden auch sie ein Paar.

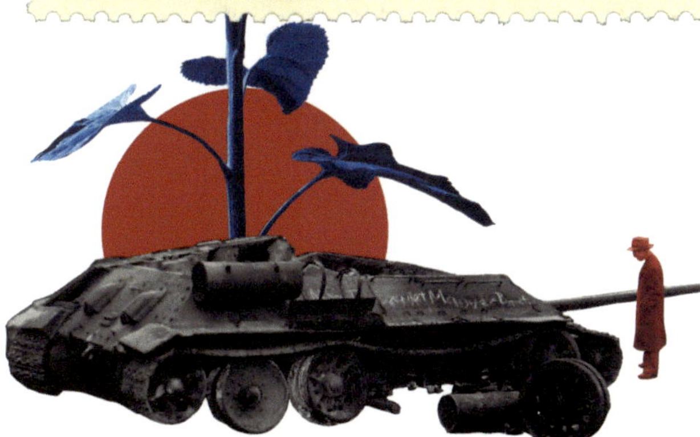

Zwar wirft die DEFA-Kommission der Regiearbeit des Westberliners Hans Heinrich zur Premiere „Kleinbürgerlichkeit" vor, da der Film in der jungen stalinistischen DDR nicht linientreu genug für die Arbeiterbewegung, die SED und die Einheitsgewerkschaft FDGB agitiert habe. Beim Publikum aber ist er ein großer Erfolg, was sicherlich der Figur von Marianne Butenschön zuzuschreiben ist: Als das fröhliche und energische Gesicht der Arbeiterklasse behauptet sie sich im rauen Alltag, bekämpft unnachgiebig Ungerechtigkeiten und bricht das Monopol der kapitalistischen Reeder, ohne darüber ihre Rolle als zukünftige Ehefrau zu vergessen. In Gestalt einer vermeintlich unpolitischen Musikkomödie entspricht der Film damit einer wesentlichen Maxime des sozialistischen Realismus, proletarische Vorbilder für eine ideale Zukunft zu liefern.

Glamour und Faltenrock: *Meine Frau macht Musik* (1958)

Als 1958 der letzte von Hans Heinrich für die DEFA gedrehte Film in die Kinos kommt, hat die DDR dramatische Ereignisse und einschneidende Entwicklungen erlebt: Nach dem Abriegeln der Interzonengrenze 1952, dem blutig niedergeschlagenen Arbeiteraufstand 1953 und dem 1956 von den Sowjets brutal beendeten Aufstand im Bruderstaat Ungarn ist die Abwanderung junger und gut ausgebildeter Menschen über die Berliner Sektorengrenze weiterhin dramatisch. Die heitere Musikrevue *Meine Frau macht Musik* bemüht sich um einen gänzlich anderen Eindruck: Im Zentrum steht das glückliche Ehepaar Gustl und Gerda Wagner (gespielt von Günther Simon und Lore Frisch) mit ihren zwei Jungs im Alter von schätzungsweise vier und sechs Jahren. Finanziell sorgenfrei lebt man in einem gemütlichen, gediegen-modern eingerichteten Reihenhaus. Während der Mann die Musikabteilung eines Kaufhauses leitet, versorgt die Frau die beiden Kinder und hält das Heim in Schuss. Nebenbei singt sie ein sentimentales Liebeslied und man erfährt, dass sie ursprünglich Sängerin war, die zum Wohl ihrer Familie auf ihren eigenen Beruf verzichtete, als die beiden Kinder geboren wurden. Durch einen Zufall bietet sich Gerda die Gelegenheit, auf die Bühne zurückzukehren, was Gustl vehement ablehnt. Der sich daraus entspinnende Streit katapultiert den Film in die DDR-Realität, als Gustl die Familienidylle bedroht sieht: „Wenn ich dann nach Hause komme, ist die Frau weg, Gemütlichkeit weg, Familienleben in Trümmern, Kinder verwahrlosen." Seine patente Frau kennt ihre Pflichten und Rechte allerdings genau: „Über die Frage Arbeit oder nicht kann ich selbstständig entscheiden. Sogar laut Gesetz."

Anders als in der Bundesrepublik, wo Frauen zu dieser Zeit ohne die Einwilligung ihres Ehemannes nicht berufstätig sein, einen Führerschein erwerben oder ein Bankkonto eröffnen dürfen, sind in der DDR Frauen der Verfassung nach vollständig gleichberechtigt. Damit erfüllt sich eine alte Forderung von Kommunistinnen wie Clara Zetkin und man reagiert auf den permanenten Arbeitskräftemangel. Dennoch tragen Frauen die Mehrfachbelastung, ihre Erwerbstätigkeit (häufig in Vollzeit) mit der Kindererziehung und der Haushaltsführung zu vereinbaren. Zwar bietet der Staat ein umfangreiches System zur Kinderbetreuung, was den Behörden zusätzliche Gelegenheiten zur systemkonformen Sozialisation gibt. Da Frauen aber fast ausschließlich in niedrigen und mittleren Angestelltenberufen und der industriellen Produktion tätig sind, sodass es in der DDR faktisch kaum weibliche Führungskräfte gibt, ist bei einer hohen Scheidungsquote die Zahl der Abtreibungen fast vergleichbar zur Geburtenrate.

Diese Hierarchie von männlichen Leitfiguren und weiblichen Nebenrollen reproduziert *Meine Frau macht Musik*, insbesondere da zu dieser Zeit nur Männer für die DEFA Regie führen. Zugleich wirkt Gustls Beharren auf einem naturgegebenen Status als pater familias für das DDR-Kinopublikum umso hilfloser, da Schauspieler Günther Simon in zwei Filmen zuvor Ernst Thälmann als kommunistische Heldenfigur verkörpert und dort die uneingeschränkte Autorität besessen hat, die ihm nun seine Ehefrau auf Augenhöhe mit einem liebevollen Lächeln verweigert.

Es entspinnt sich eine turbulente Handlung, die das solide Ehepaar Wagner den frivolen Verlockungen der Bühnenwelt aussetzt. Im Berliner Tivoli-Theater exponiert sich der alternde italienische Playboy Fabiano und singt für seine überwiegend weiblichen Fans Schlager, die im Filmdialog als „längst veraltet" belächelt werden. Als Gustl eifersüchtig und betrunken im Theater erscheint und unfreiwillig seine Frau auf offener Bühne blamiert (was sich zum Glück noch als improvisierte Parodie kaschieren lässt), begegnet ihm hinter der Bühne die laszive Sängerin Daisy (gespielt von Evelyn Künneke, der Tochter von Operettenlegende Eduard Künneke). Die leicht frivole Theaterfrau verkörpert hier den Typus des Sex-Symbols im Stil von Ava Gardner, Rita Hayworth und Jane Russell und sie darf in einer Szene eine erotische Tanzeinlage als Calypso-Parodie vorführen. Doch auch diese Prüfung meistert das Ehepaar Wagner, als Gerda das zu Beginn des Films vorgestellte Liebeslied für ihren Mann singt und sich als das neue Gesicht einer sauberen, familienfreundlichen Revue empfiehlt. Auch wenn die öffentlichen Stellen Hans Heinrich nach der Premiere heftige Vorwürfe machen, in *Meine Frau macht Musik* eine falsche, kleinbürgerlich-verzerrte Darstellung des DDR-Alltags abgeliefert zu haben, ist das Kinopublikum begeistert.

Selbstportrait und Persiflage: *Revue um Mitternacht* (1962)

Zum Ende der 1950er-Jahre initiiert die DDR-Kulturpolitik bei einer Konferenz den sogenannten Bitterfelder Weg, benannt nach den dortigen riesigen Industrieanlagen, um die Distanz von Kunstschaffenden und Werktätigen zu verringern, die Kunst mit lebensnahen Themen zu durchdringen und Arbeiter zu eigenen Werken zu ermutigen. Die daraufhin entstehende Laienkunst kann sich im Alltag allerdings nicht durchsetzen und bald nach einer zweiten Konferenz im Jahr 1964 ist das Programm bereits am Ende. Vergleichbar erfolglos bleibt der Versuch, eine DDR-eigene Unterhaltungskultur zu begründen. Der 1959 vorgestellte Tanz ‚Lipsi' fällt bei der Jugend als Alternative zu lateinamerikanischen Modetänzen durch. Im Bereich der Popularmusik bleibt der Sound der Beatles und Rolling Stones das Maß aller Dinge, woraufhin eine in der Praxis schwer zu kontrollierende Quote von 40:60 bei Live-Programmen und Tanzveranstaltungen den Anteil westlicher Musik im Verhältnis zu Produktionen aus sozialistischen Ländern festlegt.

Auch der Umgang mit Jazz ist in der DDR widersprüchlich. Einerseits leiten sich Blues und Jazz aus der schwarzen Kultur der entrechteten Sklaven her, deren Nachfahren in den USA gegen die anhaltende Rassentrennung aufbegehren. Aus ideologischer Sicht bieten sich daher durchaus Anknüpfungspunkte, solange die Solidarität mit den Unterdrückten unmissverständlich erkennbar ist. Andererseits ist die meiste Musik aus dem westlichen Ausland pauschal verdächtig als Symptom der kapitalistischen Kulturindustrie. Als sich am 31. Oktober 1965 mehr als 2.000 Jugendliche in der Leipziger Innenstadt treffen, um gegen das staatliche Verbot von mehr als 50 Beatgruppen zu demonstrieren, kommt es zu heftigen Auseinandersetzungen mit der Polizei und mehr als zweihundert Verhaftungen. Fast einhundert Jugendliche müssen anschließend ohne Gerichtsurteil mehrere

Wochen Zwangsarbeit im Leipziger Braunkohletagebau leisten und das Strafgesetzbuch wird um einen Paragrafen zu ‚Rowdytum' erweitert.

Der Bau der Berliner Mauer am 13. August 1961 liegt zeitlich genau zwischen dem Bitterfelder Weg und den Leipziger Beat-Krawallen. Während mit der endgültigen brachialen Abriegelung der DDR-Grenze die Teilung Europas über Jahrzehnte zementiert wird, bemüht sich die Staatsführung um eine Stabilisierung der Lage und gewährt den Künsten etwas mehr Spielraum. Ein sehr anschauliches Beispiel ist der Film *Revue um Mitternacht*, der 1962 in die Kinos kommt. Als ironische Selbstbespiegelung zeigt er die Schwierigkeiten, in der DDR einen für das Publikum unterhaltsamen Musikfilm zu produzieren, der zugleich allen ideologischen Anforderungen genügt.

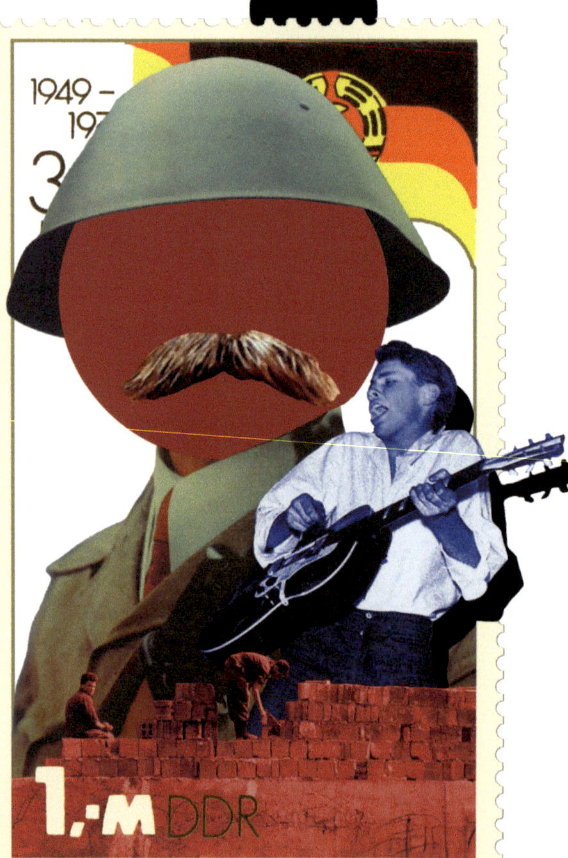

Revue um Mitternacht beginnt als Gaunerkomödie im damals populären Stil der westdeutschen Edgar Wallace-Filme. Eine Gruppe von Filmschaffenden (Drehbuchautor, Komponist, Dramaturg und Architekt) soll aus ihren luxuriösen Wohnungen entführt werden, um in einer feudalen Babelsberger Villa eine Musikrevue zu entwerfen. Nach einigen Pannen und Verwechslungen findet sich tatsächlich ein kreatives Quartett zusammen, darunter der von Manfred Krug gespielte Komponist Alexander Ritter, nebst einer Produktionsassistentin des Filmstudios namens Claudia Glück (gespielt von Christel Bodenstein).

Im ersten Lied schmettern die verantwortlichen Köpfe der DEFA alle Ideen des Kreativteams mit dem wiederkehrenden Einwand „zu heiß" ab. Mit knappen sarkastischen Bemerkungen machen sie sich über eine Darstellung von Limousinen vor der Kamera lustig, indem sie auf den tatsächlichen Mangel an Trabants und anderen Autos aus DDR-Produktion anspielen. Deutlicher können die

Dialoge kaum werden. Ein kalauernder Kommentar zu realistischer versus formalistischer Ästhetik muss als Hinweis auf die tatsächlichen Maßgaben genügen, während die Kamera einen Telefontisch mit einem Mosaik im Stil des sozialistischen Realismus zeigt.

Der weitere Verlauf des Films vermittelt Grundkonflikte zwischen Jung und Alt einerseits sowie zwischen Arbeit und Intelligenzija andererseits, symbolträchtig angelegt in der Gegenüberstellung der Hauptfiguren: Alexander Ritter ist Klempner und ein musikalisches Multitalent, er komponiert, improvisiert, spielt Saxofon und Klavier, ist kreativ, motiviert und liebt den Blues. Die weibliche Hauptfigur, Claudia Glück, ist Produktionsassistentin und hält die Entwicklung des Filmstoffs am Laufen. Sie ist intelligent, erfinderisch, pragmatisch, sehr sportlich und wird mit Schlagermelodien assoziiert. Diesen beiden jungen Kreativen steht die Riege der Alten gegenüber, die als Funktionäre weiterhin die Entscheidungen über Projekte, Ressourcen und Planerfüllung treffen. Inzwischen sind sie aber so weit von der Lebenswelt im Arbeiter- und Bauernstaat entfernt, dass sie für einen

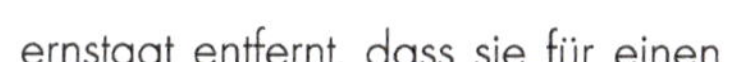

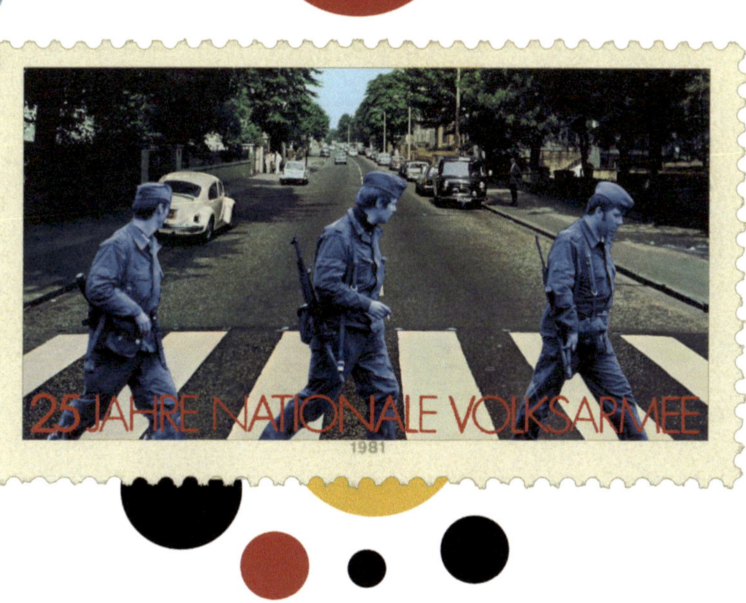

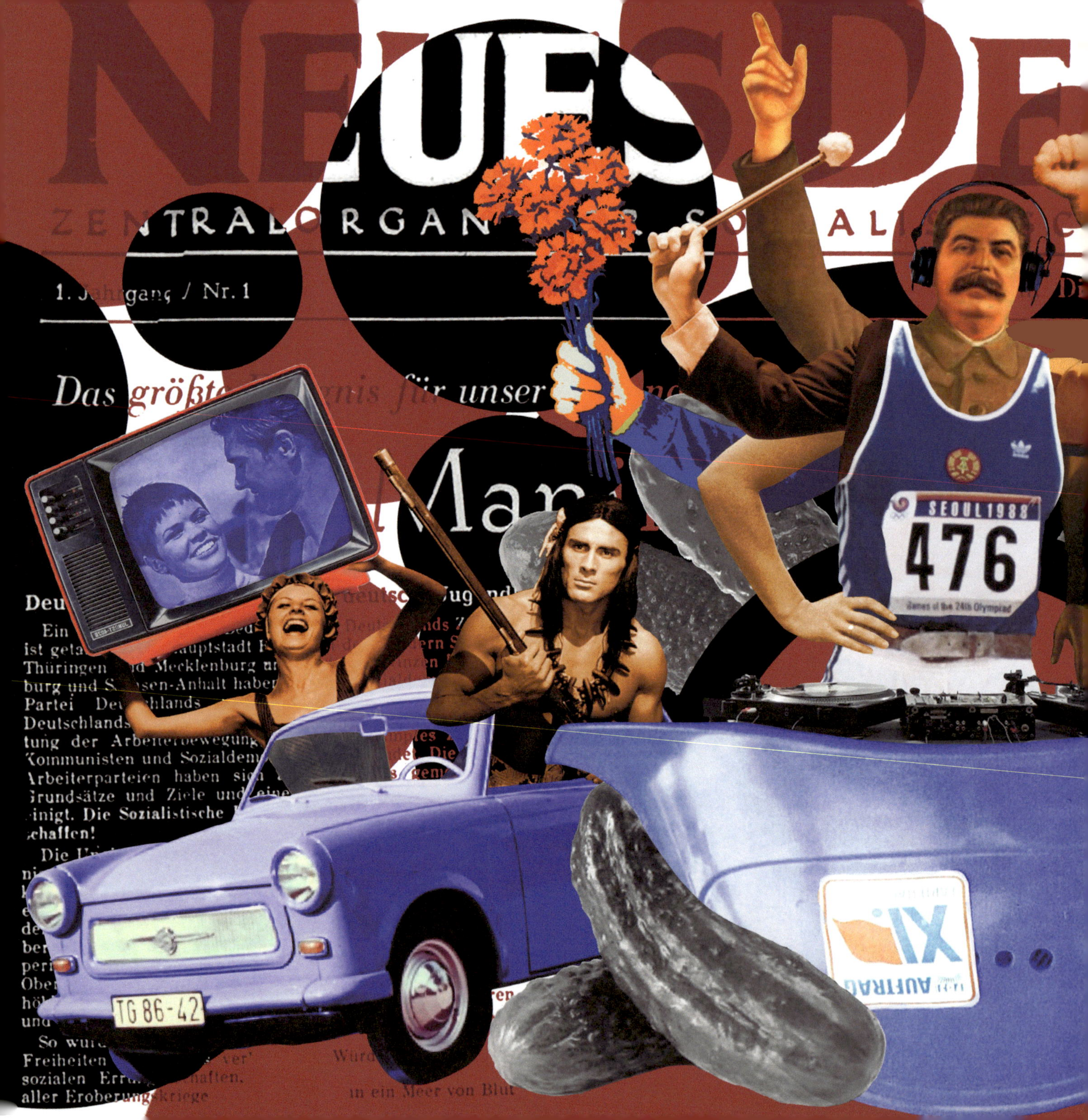

NEUES
ZENTRALORGAN
1. Jahrgang / Nr. 1
Das größte
für unser
SEOUL 1988
476
Thüringen
Partei
Deutschlands
Kommunisten und Sozialdem
Arbeiterparteien haben sich
Grundsätze und Ziele und
einigt. Die Sozialistische
schaffen!
Freiheiten
sozialen
aller Eroberungskriege
in ein Meer von Blut
TG 86-42

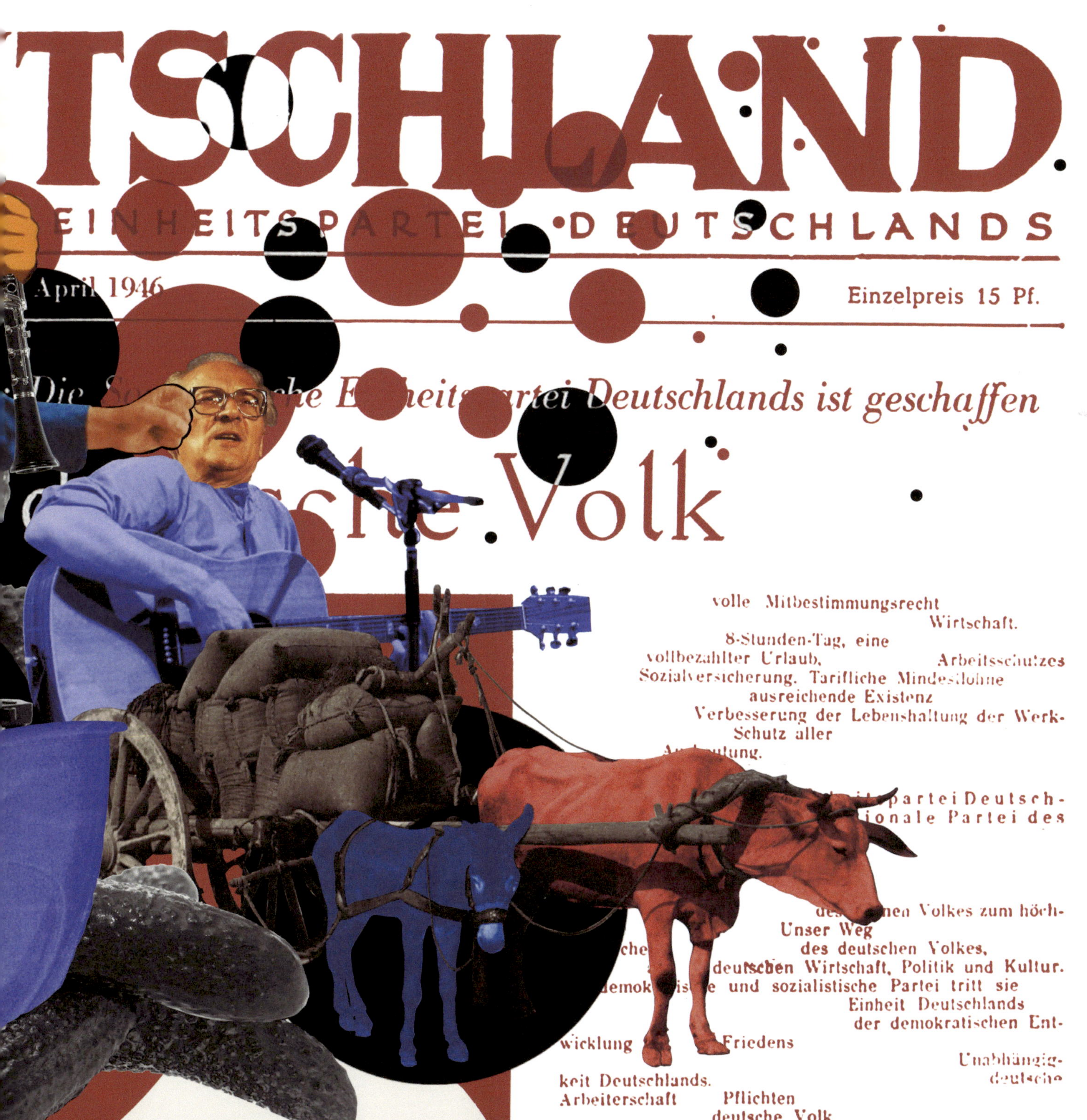

TSCHLAND
EINHEITSPARTEI DEUTSCHLANDS
April 1946
Einzelpreis 15 Pf.
Deutschlands ist geschaffen
Volk
volle Mitbestimmungsrecht
Wirtschaft.
8-Stunden-Tag, eine
vollbezahlter Urlaub,
Arbeitsschutzes
Sozialversicherung. Tarifliche Mindestlohne
ausreichende Existenz
Verbesserung der Lebenshaltung der Werk-
Schutz aller
parteiDeutsch-
ionale Partei des
nen Volkes zum höch-
Unser Weg
des deutschen Volkes,
deutschen Wirtschaft, Politik und Kultur.
und sozialistische Partei tritt sie
Einheit Deutschlands
der demokratischen Ent-
wicklung
Friedens
Unabhängig-
deutsche
keit Deutschlands.
Arbeiterschaft
Pflichten
deutsche Volk

politisch zeitgemäßen und zugleich ansprechend modernen Unterhaltungsfilm auf die Ideen der jüngeren Generation angewiesen sind.

Wie bei allen Produktionen, die ihr Making-of erzählen, bieten sich zahlreiche Möglichkeiten für Stilcollagen und Potpourris, beispielsweise in einer langen Traumsequenz, bei der altbackene Fantasien mit zeitgemäßen Sounds konkurrieren: Während dem Produzenten zunächst ein schmissiger Can-can und eine weinselige Gesangsszene im Wiener Schmäh vorschweben, denkt Alexander Ritter an Stepptanz nach dem Vorbild eines US-Musicals. Es folgt eine Hawaii-Tanzeinlage inklusive Blackfacing der Darstellenden und anderer ‚tropisch-exotischer' Klischees, abgelöst von ‚typischen' Bildern aus Berlin um 1900. Daran schließt sich eine choreografierte Instrumentalversion von *La Paloma* an, die plötzlich in einen Swing und dann in einen Charleston übergeht und als Big Band-Jazz endet. Sogar vor einem direkten Zitat des Filmmusicals *Singing in the Rain* (1952), wenn Gene Kelly in einem legendären Solo um Laternen tanzt, scheut man nicht zurück.

Abgesehen von einer mit aufwändigen Bildmontagen gestalteten Szene, die den Erfolg von DDR-Athletinnen im Bereich der rhythmischen Sportgymnastik ins rechte Bild rückt, werden mit einer langen Einstellung aktuelle Schlagerplatten beworben. Auch wenn Alexander Ritter im Dialog diese „lauwarmen Konserven" als „zu banal" abqualifizieren darf, setzt sich die Studioleitung durch, reale Schlagerstars wie Julia Axen, Helga Brauer, Fanny Dahl, Hartmut Eichler, Fred Frohberg, Günther Hapke und das nach Fritz Hemmann benannte Quintett vorteilhaft in Szene zu setzen. Der in einer Kulisse des staatlichen Amiga-Schallplattenkonzerns gemeinsam beworbene Hit heißt *Alles dreht sich um Amore* und vereint Orte wie Kairo, Moskau, Rom und Kopenhagen, über die hinweg der erste Weltraumsatellit der Menschheit seine Kreise zieht, der 1957 von der Sowjetunion sensationell gestartete Sputnik. Zum Text seines langjährigen Kompagnons Jürgen Degenhardt stammt die Melodie von Gerd Natschinski, einem der DDR-Topstars im Bereich Unterhaltungsfilmmusik, Musical und Operette.

Wenn auch das Drehbuch eines so zusammengewürfelten Films kaum eine dramatische Handlung zulässt, zieht *Revue um Mitternacht* in der Schlusssequenz noch einmal alle Register für eine Leistungsschau der führenden DDR-Ensembles, einschließlich des Balletts der Deutschen Staatsoper Berlin und des Friedrichstadt-Palasts, des Tanzorchesters des Berliner Rundfunks unter Leitung von Günter Gollasch sowie des DEFA-Sinfonieorchester unter Leitung von Karl-Ernst Sasse. Das Ergebnis ist ein rasanter Wechsel von Kulissen und heiteren Menschen, die sich inmitten von Autos, Tankstellen, Motorrollern und Straßenszenen an der Pop-Version des sozialistischen Realismus erfreuen und die Segnungen von Wohlstand, Gleichberechtigung, Arbeitsteilung und Freizeitvergnügen genießen.

Sozialistische Teenager-Ekstase: *Heißer Sommer* (1967)

Die nach dem Mauerbau gewährten privaten und künstlerischen Freiräume finden mit dem elften Plenum des Zentralkomitees (ZK) der SED im Dezember 1965 ein jähes Ende. Erich Honecker, zu dieser Zeit Sekretär für Sicherheitsfragen im ZK, geißelt die schädlichen Tendenz von Filmen und Fernsehsendungen, Theaterstücken, Literatur und Musik (insbesondere nach den gerade erst niedergeschlagenen Leipziger Beat-Krawallen) und fordert eine konservative Kehrtwende. Vor dem Hintergrund zahlloser Verbote bereits fertiggestellter Filmproduktionen ist die Komödie *Heißer Sommer* von 1967 daher vor allem ein Versuch, mit harmlosen Gags und traditionellen Figurenkonstellationen ganz auf Nummer sicher zu gehen.

Der Plan geht auf und der Film etabliert mit Frank Schöbel (in der Rolle des Kai) und Chris Doerk (als Stupsi) zwei Teenie-Stars im DDR-Kino. Die Handlung ist rasch zusammengefasst: Zum Schlagersound von Gerd und Thomas Natschinski machen sich zwei Gruppen Jugendlicher getrennt voneinander auf den Weg, um ihre Sommerferien zeltend an der Ostsee zu verbringen. Während das Dutzend junger, selbstbewusster Frauen in der Bürger- und Universitätsmetropole Leipzig aufbricht, startet die Jungstruppe im fortschrittlichen Ambiente von Karl-Marx-Stadt (dem heutigen Chemnitz). Beim Autostopp treffen sie zufällig aufeinander und während die Mädchen dank ihrer weiblichen Reize bequem in privaten PKW mitreisen dürfen, ergattern die Jungs nur eine Fuhre auf der LKW-Pritsche einer Kraftfahrerin. Zum Dank legen sie einen unfreiwilligen Zwischenstopp als Erntehelfer ein und gehen gestandenen LPG-Arbeiterinnen im Alter ihrer Mütter zur Hand.

An der Ostsee erwartet sie alle ein einfaches Leben. Während die Jungs eine kleine Zeltstadt improvisieren, bekommen die Mädchen von der verständnisvollen Leiterin des örtlichen landwirtschaftlichen VEG (eines der staatlichen volkseigenen Güter) den Dachboden des Genossenschaftshauses zur Verfügung gestellt, wo

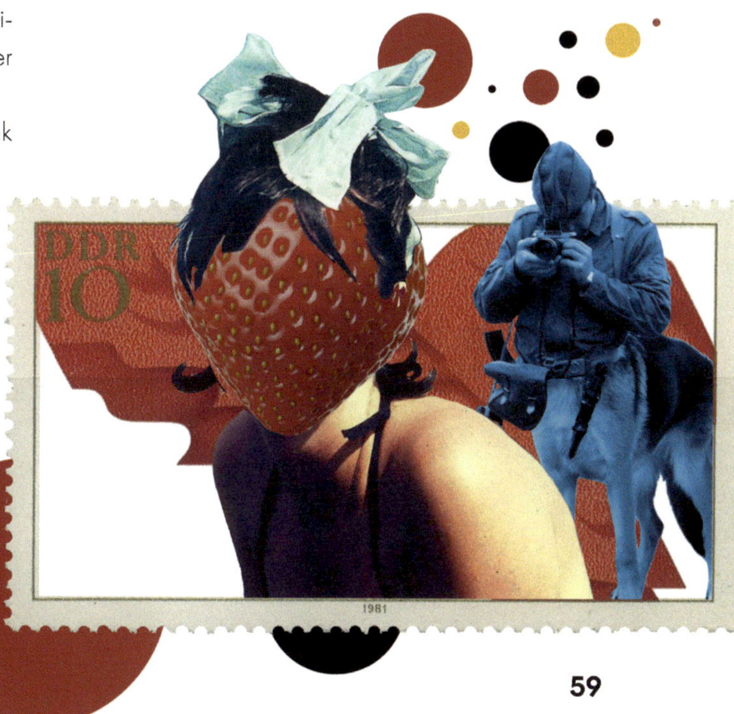

sie in einem großen Schlafsaal sogar in richtigen Betten nächtigen.

Wesentlicher als ‚was' erzählt wird, ist ‚wie' *Heißer Sommer* Themen zur Sprache bringt, die in der DDR brandaktuell sind: das Verhältnis von Individuum und Kollektiv, die Auseinandersetzung der Jugend mit ihrer Elterngeneration sowie das Selbstverständnis junger Frauen. Zur Charakterisierung einer zunächst übermütigen, letztlich aber sozialistisch verlässlichen Jugend sind flotte Unterhaltungsmusik und zahlreiche Tanzeinlagen das passende Ventil.

Wenn zu Beginn die Mädchen als bequem und gewitzt genug gezeigt wurden, um komfortabel zur Ostsee zu gelangen, packen sie vor Ort wie selbstverständlich mit an und putzen beispielsweise Autos. Einerseits geben sie sich selbstbestimmt und die von Wolf (Hanns-Michael Schmidt) und Kai (Frank Schöbel) umworbene Brit (Regine Albrecht) erklärt selbstbewusst „ich tue, was ich will, und was ich will, tue ich". Andererseits wollen sie alle „was erleben", so der Titel von Stupsis Erkennungsmelodie, und sind sich der möglichen Konsequenzen vollauf bewusst, wenn sie sich mit Jungs einlassen. Ganz beiläufig beginnt etwa ein Dialog, weshalb man sich bei handfester Arbeit keine Fingernägel lackieren sollte und auf Stöckelschuhe verzichtet, mit dem Gedanken „wenn ich ein Kind kriegen sollte".

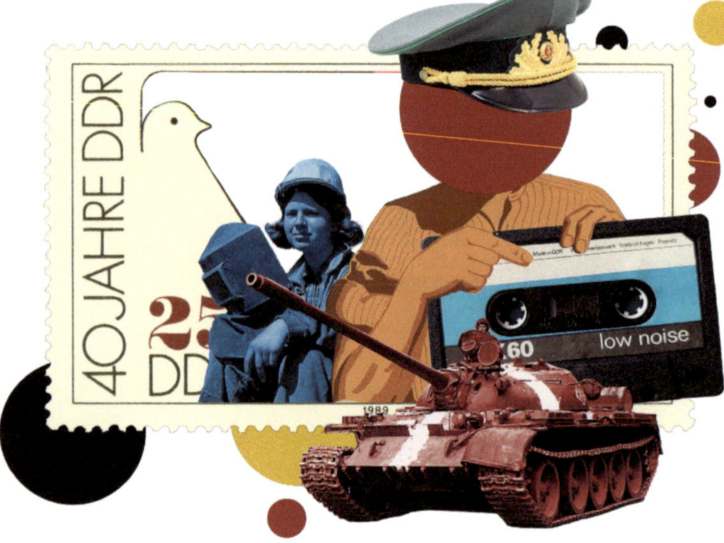

Dank der Figur eines angehenden Rechtsanwalts haben auch ironische Seitenhiebe auf die hölzerne Partei- und Behördensprache im Film ihren Platz. Als es aber ernst wird und Wolf vor der historischen Kulisse der Rügener Kreidefelsen auf Kai losgehen will, um den Hahnenkampf um Brit endlich zu entscheiden, droht ein erster Konflikt mit der Erwachsenenwelt. Nun agieren Jungs und Mädchen plötzlich als solidarisches Kollektiv. Dies wiederholt sich, nachdem die Jungs mit einem entwendeten Kutter stranden und erwischt werden. Jetzt tritt Stupsi als die Verantwortungsbewusste der Gruppe auf und überzeugt die jugendlichen Missetäter, für eigene Fehler einzustehen und gemeinsam die vom herbeigerufenen Volkspolizisten angedrohte Strafe zu akzeptieren. Da ein solches Schuldeingeständnis aber vor allem die Aussichten auf einen Studienplatz ernsthaft gefährden kann, will Wolf sich zunächst aus dem Staub machen, woraufhin sein namenloser Rechtsanwalts-Kommilitone ihm entgegenhält „abhauen ist leicht, aber zurückkommen ...".

Es ist im Rückblick kaum zu entscheiden, wie authentisch oder weltfremd das Kinopublikum die idealisierte Darstellung der DDR-Jugend tatsächlich empfunden hat. Auf jeden Fall wird *Heißer Sommer* ein überragender Erfolg. Kurz nach der Premiere im Juni 1968 hat die Zeitgeschichte den Film bereits überholt und die Träume vieler junger Menschen im Ostblock auf einen ‚Prager Frühling' werden martialisch beerdigt: Am 21. August 1968 beenden sowjetische Panzer den Versuch der tschechoslowakischen Kommunistischen Partei und ihres Vorsitzenden Alexander Dubčeks, mit demokratischen Reformen zu einem ‚Sozialismus mit menschlichem Antlitz' zu finden. Die DDR-Führung unter Walter Ulbricht steht fest an der Seite Moskaus und geht rigoros gegen alle Kritik am Handeln der Roten Armee vor.

Der widerspenstigen Funktionäre Zähmung: *Nicht schummeln, Liebling!* (1972)

Als 1972 der zweite Erfolgsfilm mit Frank Schöbel und Chris Doerk in die Kinos kommt, hat die DDR gerade einen gewaltigen Umbruch erlebt. Nach zwanzig Jahren an der Spitze des Zentralkomitees der SED war Walter Ulbricht ab 1969 immer häufiger von Mitgliedern des Politbüros herausgefordert worden und Erich Honecker hatte sich mit Kritik an der bisherigen Außen- und Wirtschaftspolitik als ernstzunehmender Rivale einen Namen gemacht. Dank guter Kontakte zu Leonid Breschnew, dem Generalsekretär der KPdSU, kann Honecker 1970 seine eigene Suspendierung im Politbüro verhindern und holt zum Gegenschlag aus: Er sichert sich eine Mehrheit im Politbüro, fordert in Moskau Ulbrichts Absetzung und fährt am 26. April 1971 mit bewaffneten Begleitern zu dessen Sommersitz. Dort unterschreibt Ulbricht unter Zwang sein Rücktrittsgesuch, offiziell aus Rücksicht auf seine Gesundheit. Zwei Wochen später wird Erich Honecker zum Ersten Sekretär des ZK der SED ernannt.

Unter der neuen Führung bemüht sich die DDR um eine Erhöhung des Lebensstandards, eine Verbesserung der Wohnungsknappheit und andere Sozial- und Wirtschaftsmaßnahmen, um die Zufriedenheit im eigenen Land zu steigern. Die daraus resultierenden rasant wachsenden Schulden im westlichen Ausland werden als Staatsgeheimnis gehütet und erst ein gutes Jahrzehnt später sichtbar, als die Fassade der DDR als aufstrebendes sozialistisches Industrieland nicht länger aufrechtzuerhalten ist.

Zunächst erfasst das Land nach Honeckers Machtergreifung für kurze Zeit aber eine enorme Aufbruchsstimmung, die sich unmittelbar auch auf Musik, Literatur, Film, Theater und Bildende Kunst auswirkt: Unter der Parole ‚Weite und Vielfalt' sind nun auch kontroversere Meinungen zulässig, die Regeln für Beat und Rockmusik sind plötzlich weniger streng und Projekte mit kritischerem Unterton lassen sich realisieren.

Bei einem Filmtitel wie *Nicht schummeln, Liebling!* ist zu ahnen, dass Betrug oder zumindest die kreativ-eigennützige Umdeutung von Regeln eine Rolle spielen. Zwar soll die amouröse Verniedlichungsform den Vorwurf etwas verharmlosen, aber im Kern handelt diese Komödie von Funktionärsversagen und weiblicher Courage, die den Missbrauch öffentlicher Ressourcen durch eine Männerseilschaft beendet. Die Geschichte spielt in der pittoresken fiktiven Kleinstadt Sonnethal und wurde überwiegend im berühmten Fachwerkambiente von Quedlinburg gedreht. Dort kreist alles um den lokalen Fußballverein, dem dank Stürmerstar Bernd (Frank Schöbel) der Aufstieg in die Bezirksliga gelingt. Um diesen Erfolg zu sichern, setzt der Ortsbürgermeister (gespielt von Karel Fiala) alle verfügbaren Mittel ein: Mal werden Kulturgelder zweckentfremdet, bei Bedarf wird ein Linienbus konfisziert oder Bernd von der Autoschlosserei ins Stadtarchiv versetzt, damit er permanent für den Fußball zur Verfügung stehen kann und keinen unnötigen Verletzungsrisiken ausgesetzt ist.

Diese eingespielten und unhinterfragten Verhaltensweisen ändern sich erst, als Dr. Barbara Schwalbe (gespielt von Dorit Gäbler) ihre neue Stelle als Direktorin der landwirtschaftlichen Fachschule antritt. Mit Schläue und juristischer Professionalität stellt sie sich dem Schlendrian und der Willkür des Stadtrats entgegen, der bisher widerspruchslos den Entscheidungen des Bürgermeisters folgte. Mit ihrer Abschlussklasse, die sich um die selbstbewusste Brigitte (Chris Doerk) versammelt, formiert Dr. Schwalbe selbst eine Mädchenfußballmannschaft und macht den Jungs in ihrer eigenen Domäne erfolgreich Konkurrenz.

Auf den ersten Blick doppeln die von Gerhard Siebholz, Gerd Natschinski und Frank Schöbel komponierten Schlager die Auseinandersetzung zwischen Jungs und Mädchen sowie zwischen Direktorin und Bürgermeister, häufig als Soundtrack für Balletteinlagen. Mal ist sich Brigitte sicher „Die Sonne kommt immer wieder", dann flucht die Schuldirektorin „Ich bring ihn um" und Bernd jubelt „An diesem Tag ist alles dran. Heut' hat die Sonne heiße Höschen an. An diesem Tag, ist alles drin. Er ist für uns ein Hauptgewinn." Auf den zweiten Blick entdeckt man in diversen Szenen Repräsentanten staatlicher Institutionen wie der Volkspolizei und der FDJ, um die Einheit und Verbundenheit von Behörden und Bevölkerung zu demonstrieren. Entsprechend harmonisch gestaltet sich das Happy End des Films, wenn Bernd und Brigitte ebenso ein Paar werden wie Bürgermeister und Schuldirektorin, so dass lebensnahe Behördenpraxis und regelkonforme Amtsführung harmonisch zueinanderfinden. Dank des Einsatzes von Dr. Schwalbe wird der Ort mit einer neuen Straßenbeleuchtung ausgestattet, sodass die überregionale Presse plötzlich nicht mehr nur über Fußballerfolge aus Sonnethal berichtet. Zusätzlich muss der Bürgermeister einen einjährigen Lehrgang in Sachen Gleichberechtigung und korrekter Amtsführung absolvieren, den er schließlich sogar als Bereicherung und Ausdruck gesellschaftlichen Fortschritts begrüßt.

Der Beat des Warschauer Pakts: *Wie füttert man einen Esel* (1973)

Auch im internationalen Maßstab zeigt sich die von Honeckers Amtsübernahme ausgelöste Aufbruchsstimmung: Immer mehr Länder nehmen diplomatische Beziehungen mit Ost-Berlin auf und die beiden deutschen Staaten schließen 1971 ein Abkommen zum Transitverkehr. Im folgenden Jahr tritt die DDR der UNESCO bei und mit den Bonner Ostverträgen normalisieren sich die diplomatischen Beziehungen zu den Ländern des Warschauer Pakts, nachdem Willy Brandts Kniefall an der Gedenkstätte des Aufstands im Warschauer Ghetto das Vertrauen in seine Ostpolitik begründete. 1973 unterzeichnen BRD und DDR einen Grundlagenvertrag zur Regelung ihrer zwischenstaatlichen Beziehungen und als Ausrichterin der Weltjugendfestspiele präsentiert sich die DDR als modernes, weltoffenes Land. Als Günter Guillaume, persönlicher Referent von Bundeskanzler Willy Brandt, als Spion der DDR-Staatssicherheit enttarnt und am 24. April 1974 verhaftet wird, woran die sozial-liberale Koalition von SPD und FDP zerbricht, liegt die deutsch-deutsche Annäherung für die nächsten Jahre allerdings auf Eis.

Trotz dieser ersten außenpolitischen Erfolge können DDR-Filme die Entspannung mit dem Westen kaum direkt ansprechen, da die eigene Bevölkerung diese Länder nie wird besuchen können. Bei dem Roadmovie *Wie füttert man einen Esel* geht der Blick daher gen Osten, um mit Fernfahrerromantik den Zusammenhalt der sozialistischen Bruderstaaten zu illustrieren. Die zentralen Gegensatzpaare des Films – Tradition und Fortschritt, Männer und Frauen als berufliche Konkurrenten – überträgt das Drehbuch auf die beiden Hauptfiguren, den DDR-Trucker Fred (Manfred Krug), der gerne mit seiner Erfahrung und Routine prahlt, sowie seine jun-

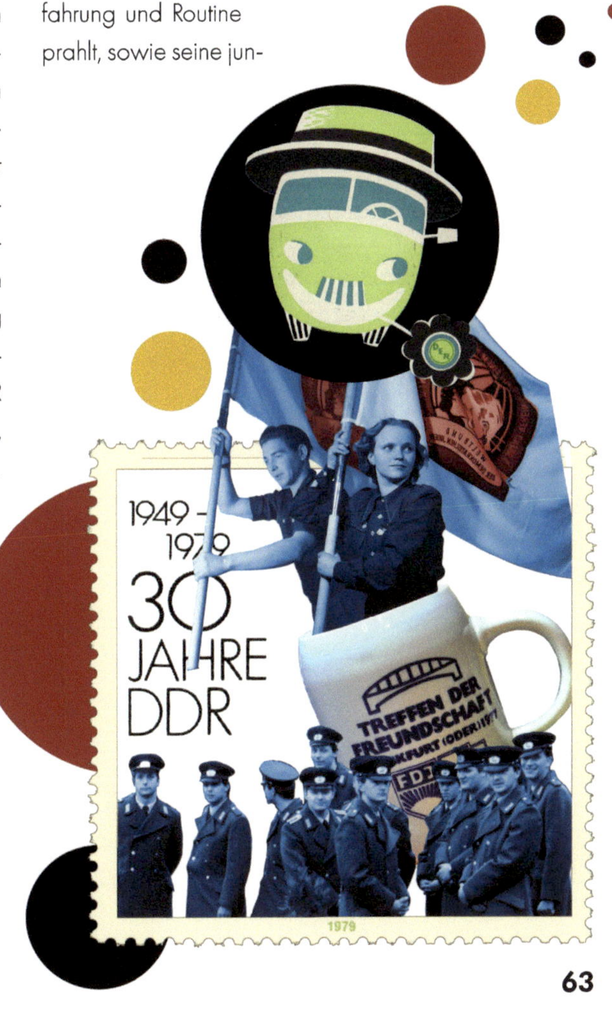

ge tschechische Kollegin Jana (Karla Chadimová), die ihm lernwillig, solidarisch und gutmütig zur Seite steht.

Der rote Faden des Films ist schnell zusammengefasst: Fred muss eine Turbine aus DDR-Produktion zur Modernisierung einer Industrieanlage nach Bulgarien bringen und Jana springt in Prag für seinen erkrankten Kollegen Orje ein. Die Route führt sie durch Ungarn und Rumänien und Jana, die sich in Fred verliebt, muss erkennen, dass dieser an vielen Stationen der Tour Liebschaften pflegt. Einerseits wächst ihre Eifersucht, andererseits treten Freds Verehrerinnen als moderne und sexuell selbstbestimmte Frauen auf. Einen Kommentar zu Frauen mit unangemessenem Verhalten hält der Film durchaus bereit, allerdings als Seitenhieb auf zwei reiche ältliche Damen aus Westdeutschland, die auf der Suche nach einem jugendlichen Lustknaben in einem tschechoslowakischen Hotel von Fred zurechtgewiesen werden.

Die im Film zentrale Spannung von Tradition und Fortschritt wird in jedem Land, das Fred und Jana passieren, auf unterschiedliche Weise durchgespielt. Mal sind es Szenen im Straßenverkehr von Innenstädten, wenn der neue und kraftvolle LKW neben klapprigen Autos steht oder Pferdefuhrwerke überholt. Mal ist es ein Freudenfest in Bulgarien mit Volkstanz und traditionellen Liedern, das man zu Ehren von Fred und Jana als Dank für die technische Aufbauhilfe der DDR veranstaltet.

Bemerkenswert sind auch die zusätzlichen Musikeinlagen, mit denen im Film die jeweiligen Länder wie in einem klingenden Bilderbogen vorgestellt werden. Dem Vorspann ist zu entnehmen, dass *Wie füttert man einen Esel* als Koproduktion der DEFA mit Filmstudios in der Tschechoslowakei, Ungarn, Rumänien und Bulgarien entstand und dass die Musikgruppen Renft, Viktor Sodoma und Shut Up, Phönix, Impuls 73 und Illes mitwirken. Die jeweiligen Auftritte kommen aber ohne jegliche Erklärung, Übersetzung oder Einbettung in die Handlung aus. Die Bands singen in ihren Muttersprachen und spielen in Kulissen, die ihr Heimatland repräsentieren sollen, die ungarische Rockband beispielsweise vor modernen Betonbauten, während die Rhythmik ihres Songs sehr deutliche Anleihen bei traditioneller Musik macht. Die bulgarische Band spielt vor einer Kapelle und wechselt von der Strophe zum Refrain zwischen Beatsound und Volksmusik.

Für die musikalische Vertretung der DDR holt Regisseur Roland Oehme die berühmt-berüchtigte Combo von Klaus Renft vor die Kamera, was die besonderen liberalen Zeitumstände während der Filmproduktion 1973 unterstreicht: Vier Jahre nach der Gründung 1958 wurde die als

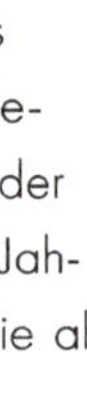

Rhythm'n'Blues-Band gestartete Gruppe erstmals verboten, woraufhin Teile der Renft-Combo die Butlers gründeten, die im Zuge der Leipziger Beatkrawalle 1965 mit einem Auftrittsverbot belegt wurden. Nach der Aufhebung dieser Sperre 1967 entstanden zwei erfolgreiche Studioalben, doch eckten einzelne Liedtexte bei der Zensur regelmäßig an. Zwei Jahre nach der Mitwirkung bei Manfred Krugs DDR-Roadmovie wird Renft (wie sich die Gruppe zu dieser Zeit nennt) endgültig verboten, denn das in der *Rockballade vom kleinen Otto* gebrochene Tabu der Republikflucht ist doch zu starker Tobak für die inzwischen wieder restaurative Honecker-Administration.

Literatur

https://www.defa-stiftung.de/

John Littlejohn: *Wenn eine Band lange Zeit lebt. Puhdys, Politics, and Popularity*, in: *German Politics and Society* 35 (2017), Nr. 123, S. 80–98

Dominik Orth und Heinz-Peter Preußer (Hg.): *Mauerschau – Die DDR als Film*, Berlin und Boston 2020

Michael Rauhut: *Ein Klang – zwei Welten. Blues im geteilten Deutschland, 1945 bis 1990*, Bielefeld 2016

Ralf Schenk (Hg.): *Das zweite Leben der Filmstadt Babelsberg. DEFA-Spielfilme 1946–1992*, Berlin 1994

Siegfried Schmidt-Joos: *Die Stasi swingt nicht. Ein Jazzfan im Kalten Krieg*, Bonn 2016

Hannelore Scholz: *Die DDR-Frau zwischen Mythos und Realität. Zum Umgang mit der Frauenfrage in der Sowjetischen Besatzungszone und der DDR von 1945–1989*, Schwerin 1997

Marc Silberman und Henning Wrage (Hg.): *DEFA at the Crossroads of East German and International Film Culture. A Companion*, Berlin und Boston 2014

Yvonne Weihrauch: *Leben in der DDR. Zur filmischen Darstellung des Alltags im Sozialismus*, Hamburg 2015

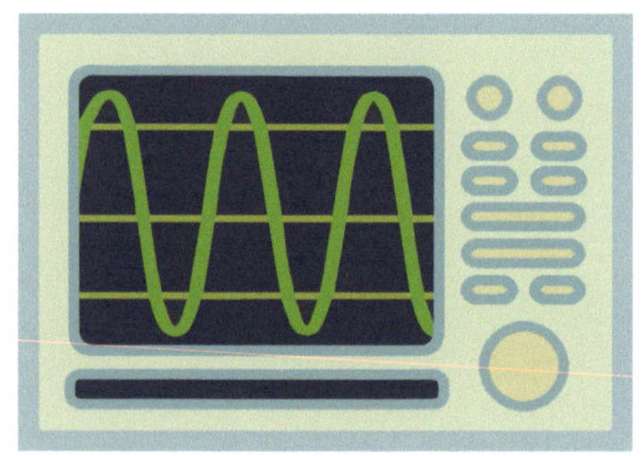

FUTURISTISCHE KLANGWELTEN

AVANTGARDEN NACH LIGETI UND STOCKHAUSEN

Im frühen zwanzigsten Jahrhundert ereignen sich Umbrüche im Denken über Musik, deren Auswirkungen bis heute spürbar sind. Die Kategorie des Klangs betrifft dies in besonderer Weise. Klang kann man sich hierbei wie eine plastische Außenfläche vorstellen, die als akustische Silhouette die strukturierenden Elemente eines Stücks umhüllt und das sinnliche Erleben der Musik bestimmt. Auch Künstler anderer Sparten begeben sich auf die Suche: James Joyce erprobt in seinem 1914 erschienenen *Portrait des Künstlers als junger Mann* erstmals lautmalerische Neologismen und Wassily Kandinsky skizziert 1912 eine Bühnenvision *Der gelbe Klang*, die ihn zur Kontaktaufnahme mit Arnold Schönberg ermutigt. Dieser wiederum beendet seine 1911 erstmals publizierte *Harmonielehre* mit berühmt gewordenen Gedanken über zukünftig zu verwirklichende Klangfarbenmelodien.

Zwei Jahre zuvor begründet der italienische Maler Filippo Tommaso Marinetti mit einem futuristischen Manifest die gleichnamige radikale Avantgardebewegung. Musik soll dabei von besonderer Bedeutung sein und Francesco Balilla Pratella und Luigi Russolo propagieren kurz vor dem Ausbruch des Ersten Weltkriegs die Emanzipation der Geräusche, um mit eigens entworfenen Maschinen den Lärm der Großstadt, den Klang von Maschinen und die reinigende Urgewalt des Krieges nachzuempfinden.

In New York entstehen ab den 1920er-Jahren zahlreiche Werke des ursprünglich aus Paris stammenden Komponisten Edgar Varèse, mit denen er das Schlagzeug aus seiner Nebenrolle im Orchester befreit und eine herkömmliche Melodik durch rhythmische Motive ersetzt. Ähnliche Wege erkundet der Ungar Béla Bártok beispielsweise in seiner 1938 uraufgeführten Sonate für zwei Klaviere und Schlagzeug. John Cage geht in seinem Manifest *Credo – The Future of Music* von 1937 noch einen Schritt weiter, um mit den Mitteln der elektronischen Musik zukünftig jede erdenkliche Form von Klängen und Geräuschen zu realisieren.

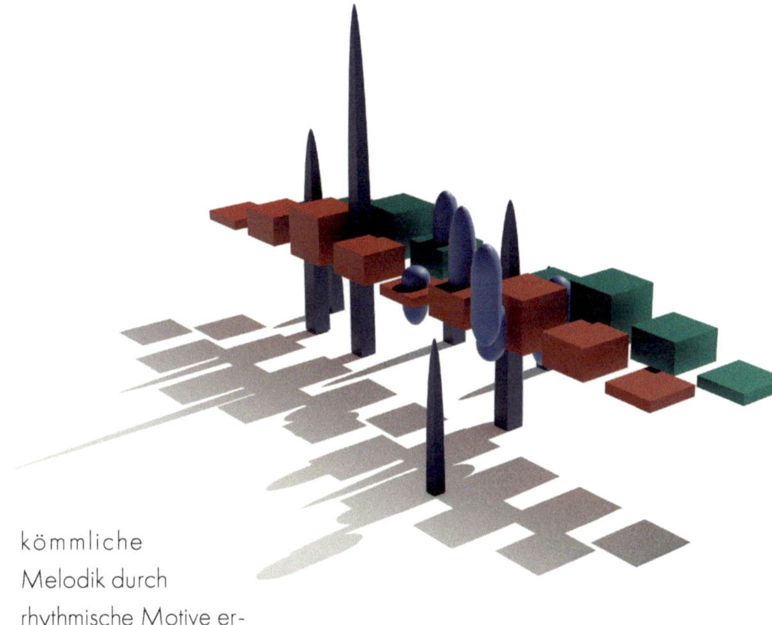

Als Preis für die immer komplexere Gestaltung von Klang wird die Notierbarkeit der Musik immer komplizierter, da viele Klänge nicht mehr in den fünf Notenlinien traditioneller Partituren zu erfassen sind. Erstaunlicherweise sind viele Ergebnisse aber sehr sinnlich und plastisch, wenn man bereit ist, das eigene Hörverständnis von Musik zu erweitern. Dieser scheinbare Widerspruch, dass bei zunehmender Abstraktion eine beinah selbstverständliche Zugänglichkeit der Musik entstehen kann, lässt sich in zwei Gedanken fassen:

1. Erst als man kompositorisch Klang als neues Zentrum der Musik entdeckt, indem man alle bisherigen Hauptbestandteile radikal reduziert, entstehen neue melodische, rhythmische und strukturelle Ideen.
2. Nach 1950 gelingt es einigen Komponisten, so charakteristische neue Klänge zu erfinden, dass sie mit ihrer avantgardistischen Musik sogar in der Popkultur berühmt werden.

Zeitsprung nach Wien zur Jahrhundertwende: Seit mehr als einem Jahrzehnt ringt Arnold Schönberg mit der Schwierigkeit, seine 1900 begonnenen *Gurre-Lieder* im spätromantischen, an Richard Wagner orientierten Stil zu beenden, da ihn inzwischen ganz andere kompositorische Fragen beschäftigen. Daraufhin beginnt er nach Alternativen zu suchen, wie sich emotional fassliche und zugleich logisch konzipierte Werke schreiben lassen, die nicht mehr der dur-moll-tonalen Funktionsharmonik folgen. Das Resultat wird die um 1921 entwickelte ‚Methode zur Komposition mit zwölf nur aufeinander bezogenen Tönen' sein, die mindestens als Schlagwort bekannt gewordene Zwölftontechnik.

Die erste Etappe seines Wegs zur Emanzipation des Klangs ist das mittlere der *Fünf Orchesterstücke* opus 16 (1909), das später den Namen *Farben* erhält. In nur 44 Takten lässt Schönberg rhythmisch sanft pulsierende fünfstimmige Akkorde durch die Klangfarben von Blechbläsern, Holzbläsern und Streichern wandern, bisweilen unterbrochen von kurzen eruptiven Motivsplittern. Zu Beginn sind diese beiden Element noch gut voneinander zu unterscheiden, verschwimmen aber zunehmend durch immer neu einsetzende oder pausierende Stimmen sowie die sich häufenden Motivsplitter. Das Ergebnis ist ein faszinierender, ruhig pulsierender und doch innerlich sehr bewegter Klangstrom, in Schönbergs Worten ein „bunter ununterbrochener Wechsel von Farben, Rhythmen und Stimmung."

Aus der Gruppe von Komponist:innen, die an Schönbergs expressionistische Klangerforschung anknüpfen, ragt ein Künstler heraus, der in den 1960er-Jahren vor allem mit spektakulären Orchesterwerken auf sich aufmerksam macht: György Ligeti. Geboren 1923 im rumänischen Teil Siebenbürgens in eine ungarisch-jüdische links-intellektuelle Familie, wird sein Leben früh von den politischen Zeitumständen diktiert. Zunächst will er Mathematik und Physik studieren, wird aufgrund antisemitischer Ressentiments allerdings nicht an der Universität angenommen, so dass er in Cluj und Budapest Musik studiert. Der Zweite Weltkrieg reißt seine Familie brutal auseinander: Er kann im Oktober aus einem sowjetischen Gefangenenlager während eines Bombenangriffs fliehen, sein Vater und sein jüngerer Bruder sterben dagegen im Konzentrationslager.

Als Spezialist für Musiktheorie, ungarische und rumänische Volksmusik, Harmonielehre und Musikanalyse beginnt er nach Kriegsende eine hoffnungsvolle Karriere als Dozent und erfährt als Komponist die zunehmende Verschärfung der Kunstpolitik nach Moskauer Vorbild am eigenen Leib. Als der Volksaufstand Ungarn 1956 ins Chaos stürzt und blutig niedergeschlagen wird, flieht Ligeti über Wien nach Köln. Dort bietet ihm Herbert Eimert, der legendäre Redakteur für Neue Musik beim Westdeutschen Rundfunk, ein Stipendium und Ligeti verbringt die Jahre 1957 und 1958 am weltberühmten Studio für elektronische Musik, wo er Gottfried Michael Koenig assistiert und im Umfeld von Karlheinz Stockhausen mit elektronischen Klängen experimentiert.

Zu diesem Zeitpunkt hat die moderne Musik in Europa bereits eine höchst eigenwillige Entwicklung absolviert. An Rückzugsorten wie den von Wolfgang Steinecke organisierten Internationalen Ferienkursen für Neue Musik in Darmstadt, unterstützt von Rundfunkredaktionen in Bremen, Hamburg, Baden-Baden, Köln, West-Berlin und München und im kritischen Dialog mit älteren Theoretikern und Künstlern wie René Leibowitz, Oliver Messiaen und Theodor W. Adorno widmet sich die junge Generation von Komponisten unter Führung von Karlheinz Stockhausen, Pierre Boulez und Luigi Nono ganz der Frage nach dem Fortschritt in der Musik. Vor allem steigert man unter Berufung auf Anton Webern die Komplexität von Schönbergs Dodekaphonie zum allumfassenden Reihendenken des Serialismus.

Ligeti allerdings ist skeptisch und dokumentiert mit brillanten Analysen, wie die totale Kontrolle der Serialität in eine Unbestimmbarkeit des Endergebnisses umschlägt und damit der von John Cage propagierten Unbestimmtheit gleichkommt, die die völlige Kontrolle der Musik durch den Komponisten ablehnt und mit Zufallsverfahren zu entkräften versucht. Mit seinen Werken *Apparitions* (1959), *Atmosphères* (1961), *Volumina* (1962), *Requiem* (1963–65), *Lux aeterna* (1966) und *Lontano* (1967) entwickelt Ligeti eigenständige musikalische Alternativkonzepte, die den Klang ins Zentrum stellen.

Zum Paradestück wird *Atmosphères*, bei dem der Höreindruck denkbar weit entfernt ist von den vielen Details, die der Partitur zu entnehmen sind: Während das Auge höchst differenzierte, eng aufeinander geschichtete Stimmen erkennt, nimmt das Ohr ein rhythmisch statisches, zugleich in sich irisierendes chromatisches Total wahr. Entsprechend schwierig ist es, die exakt geplante

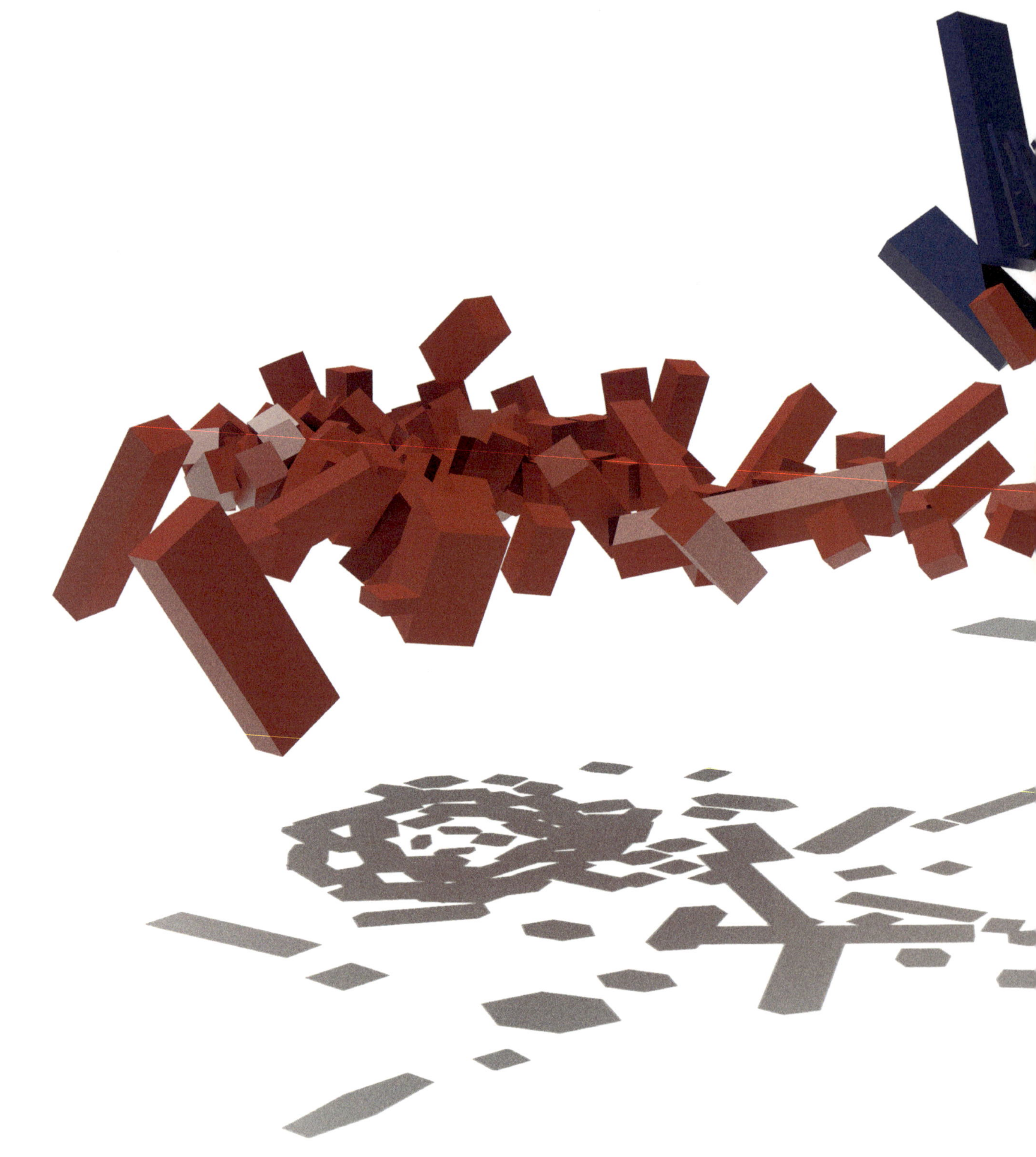

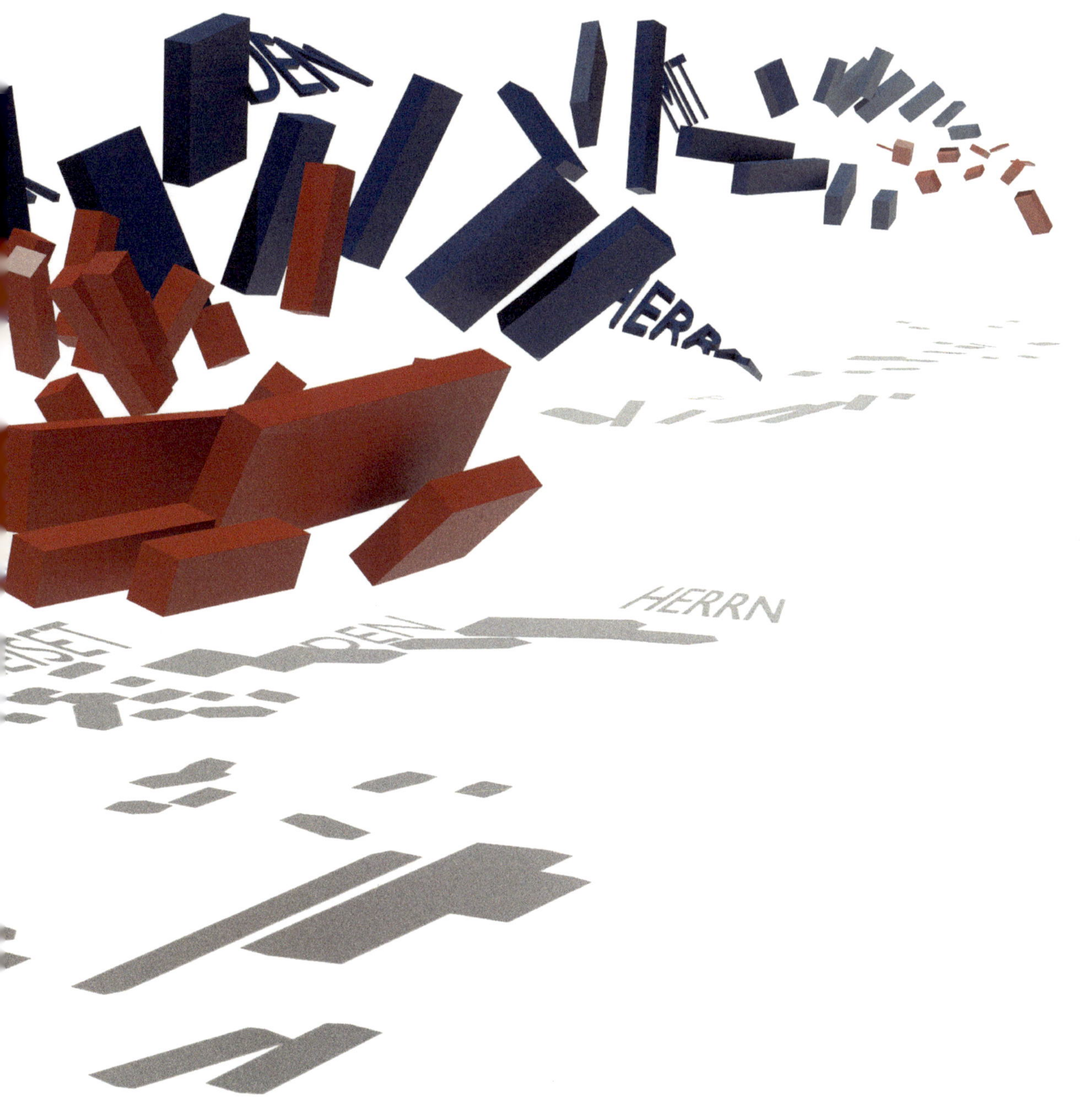

HERRN

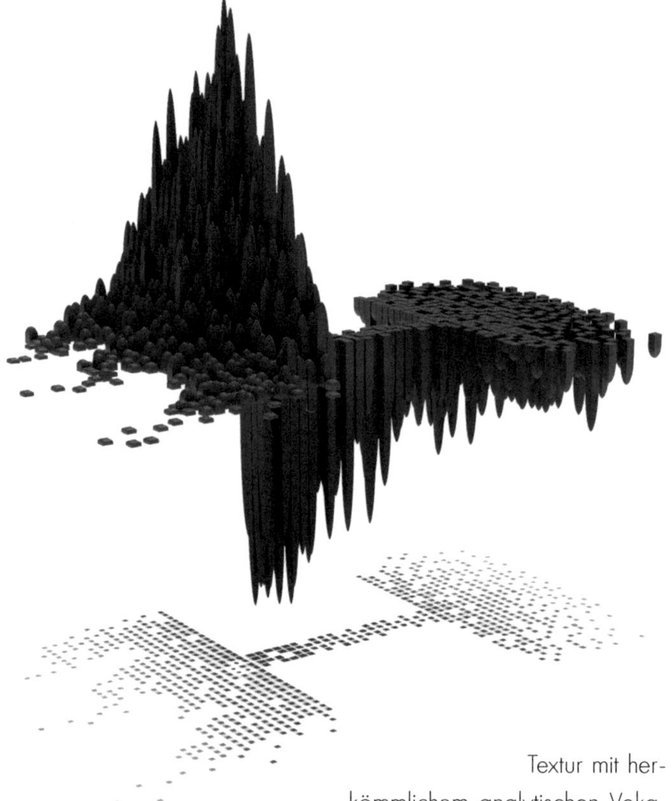

Textur mit herkömmlichem analytischen Vokabular zu fassen. Erstaunlicherweise bleiben diese sehr abstrakten Klänge, bei denen man weder eine Melodie nachsingen noch einen Rhythmus klopfen könnte, dennoch im Gedächtnis und erzeugen einen sehr starken Wiedererkennungswert.

Als Synästhet, der Musik mit Farben, Formen und Strukturen assoziiert, entwirft Ligeti *Atmosphères* in der klanglichen Vorstellung eines engmaschigen Netzes, vergleichbar einem Spinnennetz oder einem eng verwobenen Teppich. Hierfür löst er das Orchester in autarke, rhythmisch individuelle Einzelstimmen auf, differenziert mit mikropolyphonen Tönen den Raum der üblichen Halbtonschritte und schichtet sie ohne Konturen oder Gestalten in einem „unbevölkerten, imaginären musikalischen Raum" (wie er im Einführungstext zur Uraufführung schreibt): „Die Klangfarben, die eigentlichen Träger der Form, werden – von den musikalischen Gestalten losgelöst – zu Eigenwerten."

Bevor diese höchst eindrucksvollen Klangexperimente drohen zur Masche zu werden, wendet sich Ligeti ab den späten 1960er-Jahren anderen Ideen zu, um nun Kategorien wie ‚Rhythmus', ‚Harmonik' und ‚Motivik' für sich zu entdecken. Ähnlich wie Schönberg fünfzig Jahre zuvor gelingt ihm dies aber erst nach der künstlerischen Neuvermessung des Klangs. Innerhalb der Avantgardezirkel machen seine Klangfarben-Stücke Ligeti rasch zu einem Hauptvertreter des postseriellen Komponierens. Einige Jahre nach der Uraufführung lernt sogar ein Millionenpublikum seine Musik kennen, als Stanley Kubrick ohne Zustimmung des Komponisten Passagen aus *Atmosphères*, *Lux aeterna* und *Requiem* im Soundtrack seines Science-Fiction-Meilensteins *2001: A Space Odysee* (1968) sowie in den späteren Filmen *Shining* (1980) und *Eyes Wide Shut* (1997) verwendet.

In Nachrufen auf Karlheinz Stockhausen, die im Dezember 2007 auf den vorderen Seiten deutscher und internationaler Zeitungen abgedruckt werden, lässt sich das inzwischen seltene Ritual studieren, einer allgemeinen, nicht auf moderne Musik spezialisierten Leserschaft die Bedeutung eines Komponisten der Gegenwart nahezubringen. In der Summe der Beiträge liest man dort vom visionären Schöpfer eines Wagners *Ring*-Tetralogie überragenden Opernzyklus sowie vom Pionier der elektronischen Musik. Auch erinnert man an seine irritierenden Äußerungen zum 11. September 2001, als er die Terroranschläge auf das New Yorker World Trade Center als das ‚größte Kunstwerk aller Zeiten' bezeichnete.

Um zu verstehen, wie man mit hochkomplexen und sehr schwierig auszuführenden Stücken zu einem so populären Künstler werden konnte, führt eine Spurensuche nach Köln. Aufgewachsen im Bergischen Land vor den Toren der Domstadt hinterlässt der Zweite Weltkrieg den siebzehnjährigen Karlheinz Stockhausen als Vollwaisen: Als Opfer des nationalsozialistischen Euthanasie-Programms war seine Mutter 1941 in der Landesheilanstalt Hadamar gestorben und sein NS-überzeugter Vater nicht von der Ostfront zurückgekehrt. Nach einem Studium der Schulmusik in Köln ergreift er aber nicht den Lehrerberuf, sondern folgt seiner kompositorischen Neigung, als er den Musikredakteur beim Nordwestdeutschen Rundfunk Köln kennenlernt, den Komponisten, Musikwissenschaftler und Journalisten Herbert Eimert, der sich intensiv für die zeitgenössische Musik einsetzt. Parallel zu ersten Instrumentalstücken, mit denen Stockhausen ab 1952 auch bei den Darmstädter Ferienkursen reüssiert, entstehen im 1951 von Herbert Eimert gegründeten, berühmten Elektronischen Studio des WDR erste Tonbandstudien.

Die Parallelität von Instrumentalmusik und elektronischen Kompositionen ist dabei bestimmend für die Entwicklung von Stockhausens Klangvorstellungen: Denn im Unterschied zu anderen Komponisten, die mit elektronischen Mitteln reale Klänge beispielsweise von Glocken imitieren, sucht Stockhausen nach neuen, nie gehörten und auf keine andere Weise zu erzeugenden Sounds. Dies gelingt ihm mit obertonfreien Tönen aus Messinstrumenten, Generatoren für Sinus- und Rechteckwellen, Pulsgeneratoren, Band-Pass-Filtern, Oszillatoren und anderen elektronischen Hilfsmitteln. Der Preis für diese unbekannten Klanglandschaften ist ein zunächst sehr langsames Arbeitstempo, da jeder Ton einzeln erzeugt, auf Tonband eingespielt, kopiert, geschnitten und mit anderen Tönen gemischt werden muss.

Wie er in Begleittexten für seine Partituren, Moderationen für Eimerts Reihe *Das Musikalische Nachtprogramm* und Essays ausführlich erläutert, sind auch die kompositorischen Grundlagen seiner Musik denkbar komplex organisiert, um alle musikalischen Elemente von Tonhöhe, Tondauer, Klangfarbe, Rhythmus und Form aus einem gemeinsamen zeitphilosophischen Ursprung abzuleiten. Umso erstaunlicher ist die Energie Stockhausens, in kurzer Zeit neben einer Serie von Klavierstücken und Orchesterwerken auch zwei bahnbrechende elektronische Studien von mehreren Minuten Länge zu komponieren. Sie begründen seinen Ruhm als Pionier der seriellen elektronischen Musik und werden beispielsweise über den Langwellensender des WDR auch von Ligeti in Budapest gehört.

Nach eineinhalb Jahren Vorbereitung und intensiver Studioarbeit stellt Stockhausen am 30. Mai 1956 ein Stück vor, das die Musikgeschichte verändert und sofort das Publikum spaltet: *Gesang der Jünglinge*. Bereits das Konzertpodium ist ungewöhnlich präpariert, kein Musiker tritt auf. Stattdessen startet der Komponist ein Tonband und verteilt seltsame Klänge auf vier Lautsprechertürme, die um das Publikum verteilt sind. Zu hören sind einzelne Worte, Sprachfetzen und Passagen des Gesangs der drei Jünglinge im Feuerofen, entnommen dem alttestamentarischen dritten Buch Daniel, mit der Stimme des zwölfjährigen Chorknaben Josef Protschka, aber ohne eine herkömmliche Struktur wie Melodien oder Strophen. Stattdessen zerlegt Stockhausen, der zuvor mehrere Semester Linguistik und Phonetik an der Universität Bonn studierte, den Klang der Sprache in kleinste Einheiten und verschmilzt oder kontrastiert sie mit elektronischen Klängen, die mal in langen Tönen oder in rasenden Wolken kleiner Impulse, mal mit rhythmischen Figuren oder gefiltertem Rauschen sich um die Zuhörer herumbewegen.

Abgesehen von der Idee, erstmals den Klang der menschlichen Stimme mit elektronischer Musik zusammenzubringen, ist dieses Stück ein frühes musikalisches Bekenntnis Stockhausens zu seiner katholischen Herkunft. Auch die Akustik des Doms in seiner bergischen Heimat Altenberg, die ihm seit frühester Kindheit vertraut ist, spielt in die Synthese von musikalischem und spirituellem Raum hinein. Diese Faszination an der Bewegung von Musik im Raum wird mit dem *Gesang der Jünglinge* zu einem zentralen Interessenfeld Stockhausens und führt ihn von den gleichzeitig komponierten *Gruppen für drei Orchester* über den dreidimensionalen elektronischen Konzertraum bei der Weltausstellung 1970 in Osaka bis zu den fliegenden Interpreten im *Helikopter-Streichquartett* (1996) aus der Oper *Mittwoch* seines *Licht*-Zyklus.

Bei einem älteren und konservativerem Publikum erzeugt der *Gesang der Jünglinge* vor allem massive Kritik und der Musikwissenschaftler Friedrich Blume wirft in seinem Kasseler Vortrag *Was ist Musik?* (1958) elektronischem Komponieren pauschal vor, die Axt an eine der vollkommensten Schöpfungen Gottes zu legen, „um dann aus den Trümmern eine Fratzenwelt aufzubauen, die den Schöpfer äfft". Vor allem bei jungen, durch Radio und Schallplatte sozialisierten Hörer:innen ist das Stück dagegen ein großer Erfolg und wird von John Lennon und Paul McCartney so bewundert, dass Stockhausen von den Beatles 1967 auf dem Cover ihres legendären St. Pepper-Albums verewigt wird. Generationen von Popkünstler:innen von Kraftwerk bis Björk und Aphex Twin lassen sich von Werken wie *Kontakte* (1958–60) und *Hymnen* (1966–69) inspirieren und auch als Kompositionslehrer zieht Stockhausen immer wieder Rock- und Jazzmusiker an, beispielsweise die Mitglieder der deutschen Bands Tangerine Dream und Can.

Auch in späteren Jahren, als seine aktuellen Werke für die Avantgardeszene nicht mehr wegweisend sind, reagiert man weiterhin auf seine frühen elektronischen Stücke. Denn nachdem mit der Verbreitung günstiger Computer professionelle Produktionssoftware und Hardware für den breiten Markt verfügbar wurde, die digitalen Klangbibliotheken aber einen immer ähnlicheren Kollektivsound hervorbrachten, besinnt man sich alter analoger Synthesizer und entdeckt die Anfänge elektronischen Komponierens. Neben dem Pionier der Musique concrète, Pierre Henry, erlebt dabei auch Karlheinz

Stockhausen eine Renaissance und wird zum „Papa Techno" geadelt, einem von ihm gerne angenommenen Ehrentitel.

Literatur

Friedrich Blume: *Was ist Musik?*, Kassel und Basel 1959, hier S. 17

John Cage: *Silence. Lectures and Writings* [1939], Middleton 1973

Michael Custodis: *Traditionen, Koalitionen, Visionen. Wolfgang Steinecke und die Internationalen Ferienkurse in Darmstadt*, Saarbrücken 2010

Carl Dahlhaus: *Schönberg und andere. Gesammelte Aufsätze zur Neuen Musik*, Main 1978

Wulf Konold: *Struktur und Klangfarbe. Bemerkungen zu Original und Bearbeitung von Schönbergs ‚Fünf Orchesterstücken' op. 16*, in: *Musik-Konzepte* Band 36 *Schönbergs Verein für musikalische Privataufführungen*, München 1984, hier S. 43

György Ligeti, *Gesammelte Schriften*, hg. von Monika Lichtenfeld, Mainz et al. 2007, hier S. 87

Helga de la Motte-Haber (Hg.): *Edgar Varèse: Die Befreiung des Klangs*, Hofheim 1992

Arnold Schönberg: *Stil und Gedanke. Aufsätze zur Musik*, Frankfurt am Main 1976

Karlheinz Stockhausen: *Texte zur Musik 1–6*, Köln 1963–1989 und *Texte zur Musik 7–17*, Kürten 1998–2014

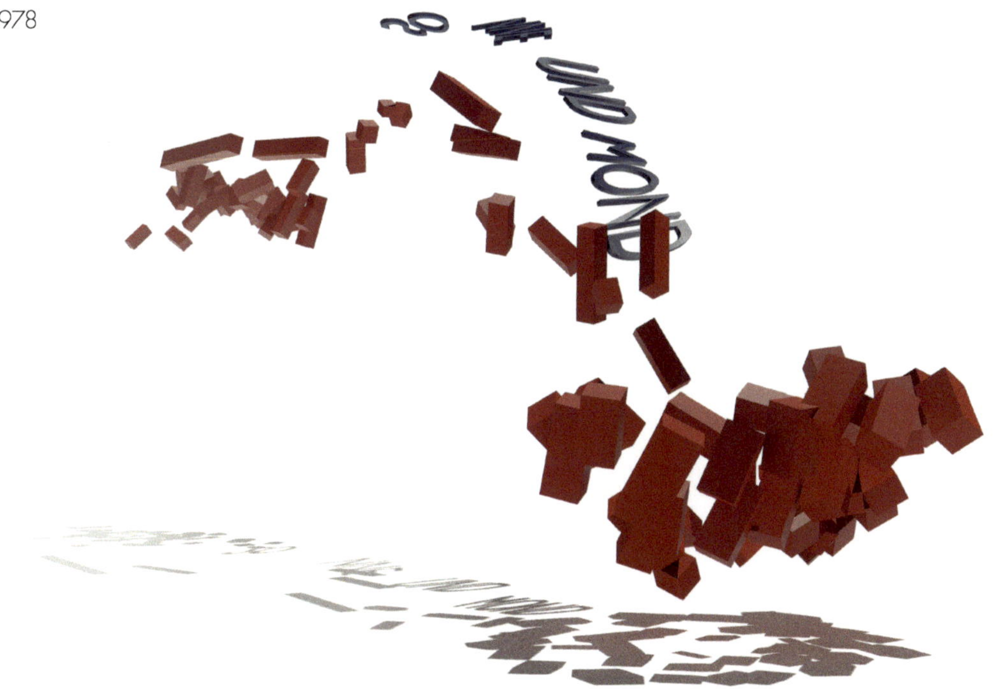

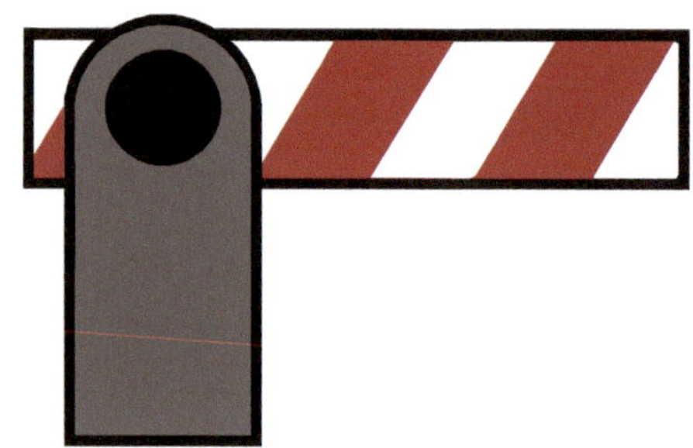

WOLF, BETTINA UND NINA

GRENZGÄNGE IN EIN ANDERES DEUTSCHLAND

Es gibt unzählige Beispiele, wie sich mit Musik geschichtliche Themen erzählen lassen und manchmal begleiten Künstler:innen mit ihren Werken auch historische Prozesse. Dass sie selbst sogar Auslöser geschichtlicher Zäsuren sind, ist allerdings selten. Entsprechend außergewöhnlich in der Geschichte der beiden deutschen Staaten ist der Fall des Sängers und Dichters Wolf Biermann.

Geboren 1936 in einem kommunistischen Elternhaus in Hamburg stemmt sich Biermann, dessen jüdischer Vater 1943 in Auschwitz ermordet wird, bereits als Teenager gegen den Zeitgeist. Entsprechend skeptisch verfolgt er gemeinsam mit seiner Mutter die nach Kriegsende einsetzende westdeutsche Geschichtsvergessenheit. Im Frühjahr 1953 zieht er als 16-Jähriger daraus die Konsequenz, entgegen der anhaltenden Abwanderung aus der jungen DDR nach Ost-Berlin überzusiedeln, als Zufall der Geschichte exakt zwischen dem Tod Josef Stalins am 5. März und dem Arbeiteraufstand am 17. Juni. Nach bestandenem Abitur und einem nicht beendeten Studium der Politischen Ökonomie an der Humboldt-Universität arbeitet Biermann von 1957 bis 1959 als Regieassistent am Berliner Ensemble, unmittelbar nachdem dessen legendärer Leiter Bertolt Brecht 1956 verstorben war. Während eines anschließenden Studiums der Philosophie und Mathematik wird ab 1960 Hanns Eisler zu seinem Förderer und es entstehen erste eigene Gedichte und Lieder.

Mit dem Bau der Berliner Mauer am 13. August 1961 beginnen Biermanns Schwierigkeiten mit der Obrigkeit: Das für eine Inszenierung am Hinterhoftheater „b.a.t." vorgesehene Stück *Berliner Brautgang*, das die Geschichte einer von der deutschen Teilung zerrissenen Liebesbeziehung erzählt, wird verboten, Biermann mit einem befristeten Arbeitsverbot belegt und das Theater zwei Jahre später geschlossen. 1963 wird auch der zwei Jahre zuvor gestellte Antrag Biermanns auf SED-Mitgliedschaft endgültig abgelehnt. Stattdessen gestatten ihm die Behörden in den Jahren 1964 und 1965 Gastspiele in der Bundesrepublik, wo er unter anderem im Programm der Kabarettlegende Wolfgang Neuss auftritt. Der 1965 auf Schallplatte veröffentlichte Mitschnitt dieses Abends macht Biermann im Westen bei einem größeren Publikum bekannt, die von den DDR-Behörden erhoffte Mäßigung des Künstlers will sich aber nicht einstellen. Stattdessen bezichtigt sein *Gesang für meine Genossen* (1965) das Politbüro des Verrats an den Idealen des Sozialismus.

Die Reaktion der Politik lässt nicht lange auf sich warten. Neben anderen Künstlern attackiert der spätere SED-Generalsekretär Erich Honecker, zu diesem Zeitpunkt Sekretär für Sicherheitsfragen im Zentralkomitee der SED, auf dem elften Plenum der Partei namentlich auch Biermann. Das aus diesem ‚Kahlschlagplenum' resultierende Auftritts- und Publikationsverbot trifft unter anderem auch Stefan Heym, Günter Kunert und Heiner Müller und schließt kritische Kinofilme wie *Spur der Steine* und *Jahrgang 45* ein. Zugleich wächst die Bekanntheit von Biermanns Liedern und Gedichten, die sich durch illegale Abschriften und Tonbandkopien unter der

Hand weiter verbreiten und zur Veröffentlichung in den Westen geschmuggelt werden.

Dass Honeckers kulturelle und sozialpolitische Charmeoffensive vor allem ein politisches Manöver ist, zeigt sich bei einem legendären Konzert 1976. Nach elf Jahren Auftrittsverbot im eigenen Land gestatten die DDR-Behörden Wolf Biermann eine Konzertreise in die BRD. Auf Einladung der Industriegewerkschaft Metall spielt er am 13. November 1976 vor schätzungsweise 6.500 Zuschauern in der Kölner Sporthalle und präsentiert sich im Verlauf des vierstündigen Auftritts als witziger, frecher und für Ost wie West unbequemer Künstler: Unter dem Motto „Ich möcht' am liebsten weg sein und bleib' am liebsten hier" erzählt er einerseits Stasi-Witze und verteidigt andererseits die DDR als zwar reformbedürftige, historisch aber unverzichtbare Notwendigkeit auf dem Weg zum Kommunismus auf deutschem Boden.

Den stärksten Tobak liefert seine von längeren Sprechpassagen durchzogene Musik. Das Lied *So soll es sein – so wird es sein*, bekannt von einer heimlich in seiner Wohnung aufgenommenen und 1968 im Westen veröffentlichten LP *Chausseestraße 131*, bricht gleich zu Beginn mit vielen Tabus der offiziellen DDR-Sprachregelung. Mit aktualisierten Strophen thematisiert es Berufsverbote, Bespitzelungen und fehlende Meinungsfreiheit. Die vielleicht größte Provokation ist aber die Forderung zur Überwindung der deutschen Teilung. Denn mit Honeckers Machtantritt war die Idee einer deutschen Einheit aufgegeben worden, so dass auch die DDR-Nationalhymne *Auferstanden aus Ruinen* nur noch als Instrumentalfassung gespielt werden darf. Stattdessen singt Biermann:

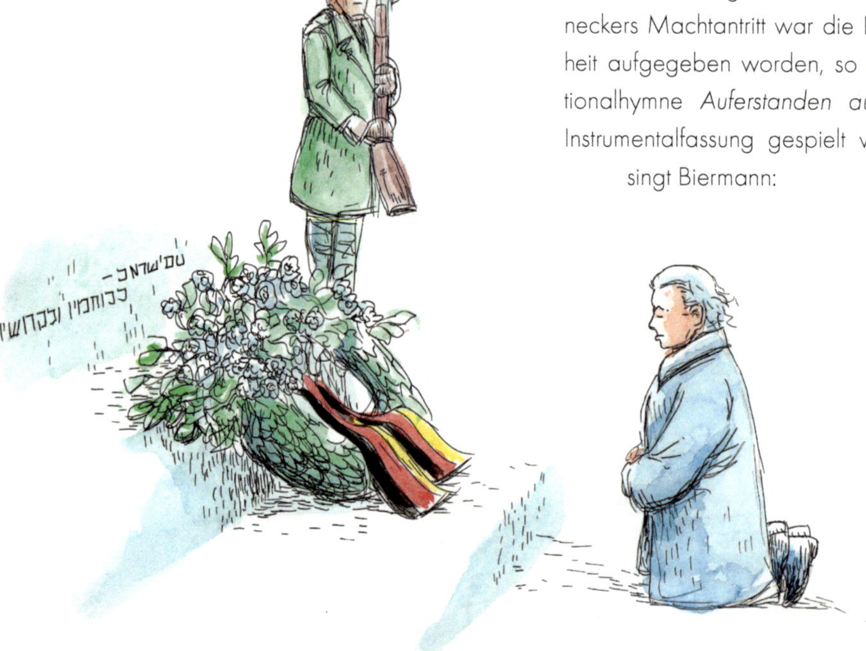

„Die deutsche Einheit, wir dulden nicht,
dass nur das schwarze Pack davon spricht.
Wir woll'n die Einheit, die die wir meinen.
So soll es sein, so soll es sein, so wird es sein..

Einheit der Linken in Ost und West.
Dann wird abstinken die braune Pest.
So reißen wir die Mauer ein.
So soll es sein, so soll es sein, so wird es sein."

Wenige Tage nach dem Konzert liegt Geschichte in der Luft, als ARD-Anstalten die Fernsehaufzeichnung in voller Länge ausstrahlen und damit Biermanns Aufmüpfigkeit in weiten Teilen Ostdeutschlands bekannt machen. Drei Tage nach dem Konzert verweigert ihm die DDR die Wiedereinreise und widerruft auf Honeckers persönliche Anordnung seine Staatsbürgerschaft. Daraufhin zieht Biermann zurück in seine Geburtsstadt Hamburg, engagiert sich als scharfzüngiger Beobachter in der internationalen Friedensbewegung und begleitet die weitere Entwicklung der DDR mit beißender Kritik.

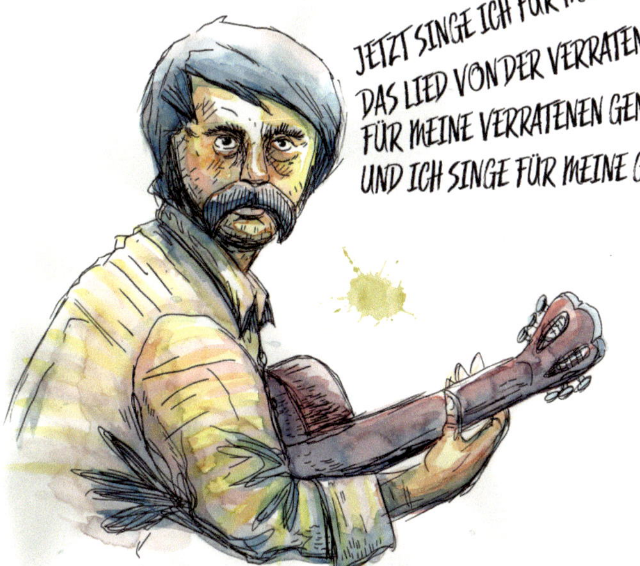

Für die Kunst- und Kulturszene der DDR sind die Auswirkungen der Ausbürgerung einschneidend. Noch am Tag des Bekanntwerdens verfassen namhafte Schriftsteller:innen eine Resolution gegen diese Maßnahme, unter ihnen Stephan Hermlin, Sarah Kirsch, Christa Wolf, Stefan Heym, Günter Kunert, Heiner Müller und Jurek Becker. Da die DDR-Presse sich weigert, diesen Text abzudrucken, wird er kurzerhand in den Westen geschmuggelt und von internationalen Zeitungen veröffentlicht. Diese Aktion stößt auf ein geteiltes Echo und beispielsweise Paul Dessau und Ruth Berghaus befürworten öffentlich Biermanns Ausbürgerung. Andere prominente Figuren wie Katharina Thalbach, Mitglieder der Klaus Renft-Combo, Gerulf Pannach und Christian Kunert, der Film- und Fernsehliebling Manfred Krug, der Komponist Tilo Medek, vor allem aber Biermanns vormalige Lebensgefährtin, die Schauspielerin Eva-Maria Hagen und ihre Tochter Nina, verlassen nach massiven Drangsalierungen und mit fehlenden Berufsaussichten 1977 die DDR.

Bettina Wegner, elf Jahre jünger als Biermann, repräsentiert in der DDR eine von amerikanischem Folk und französischem Chanson inspirierte Gesangstradition.

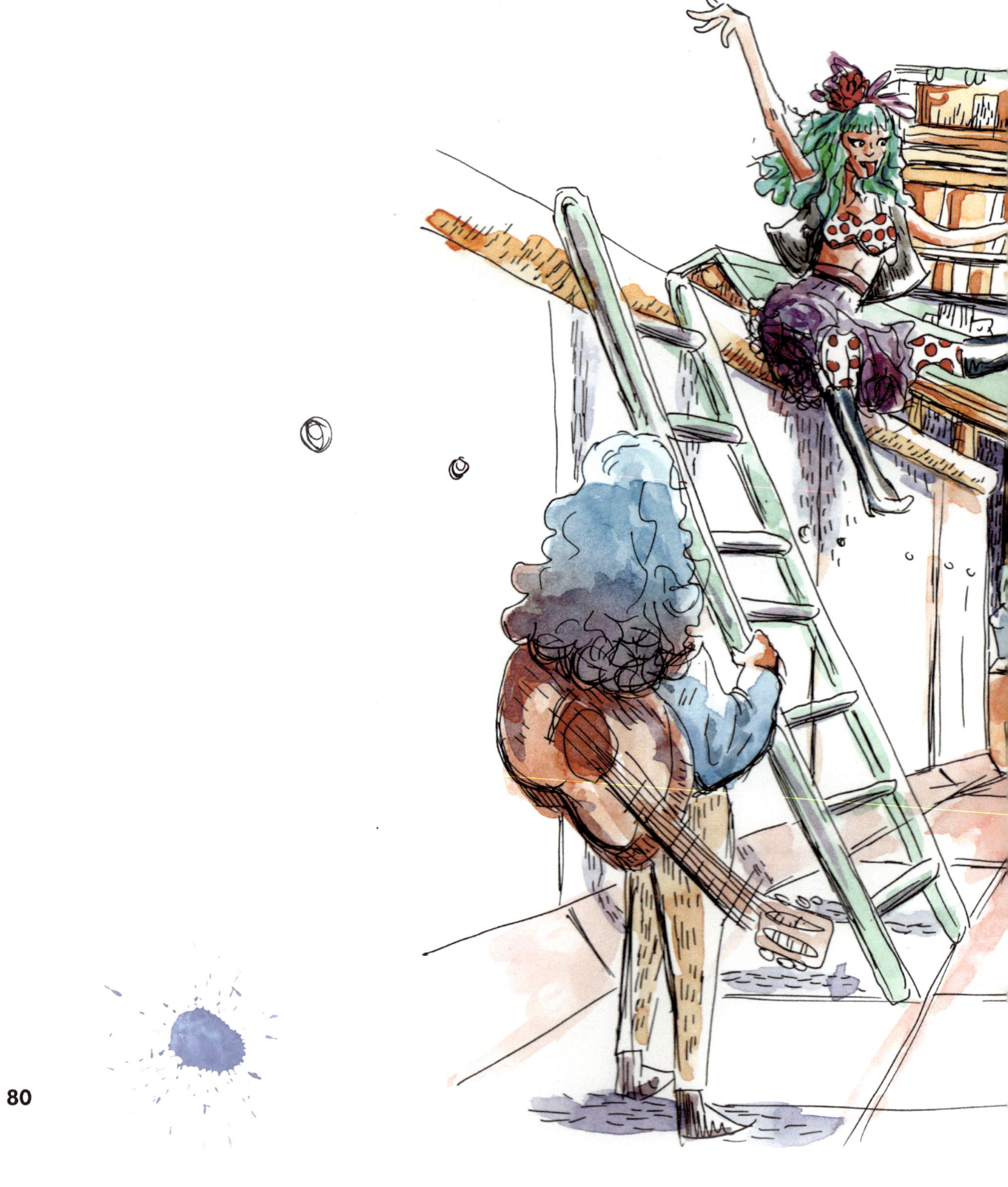

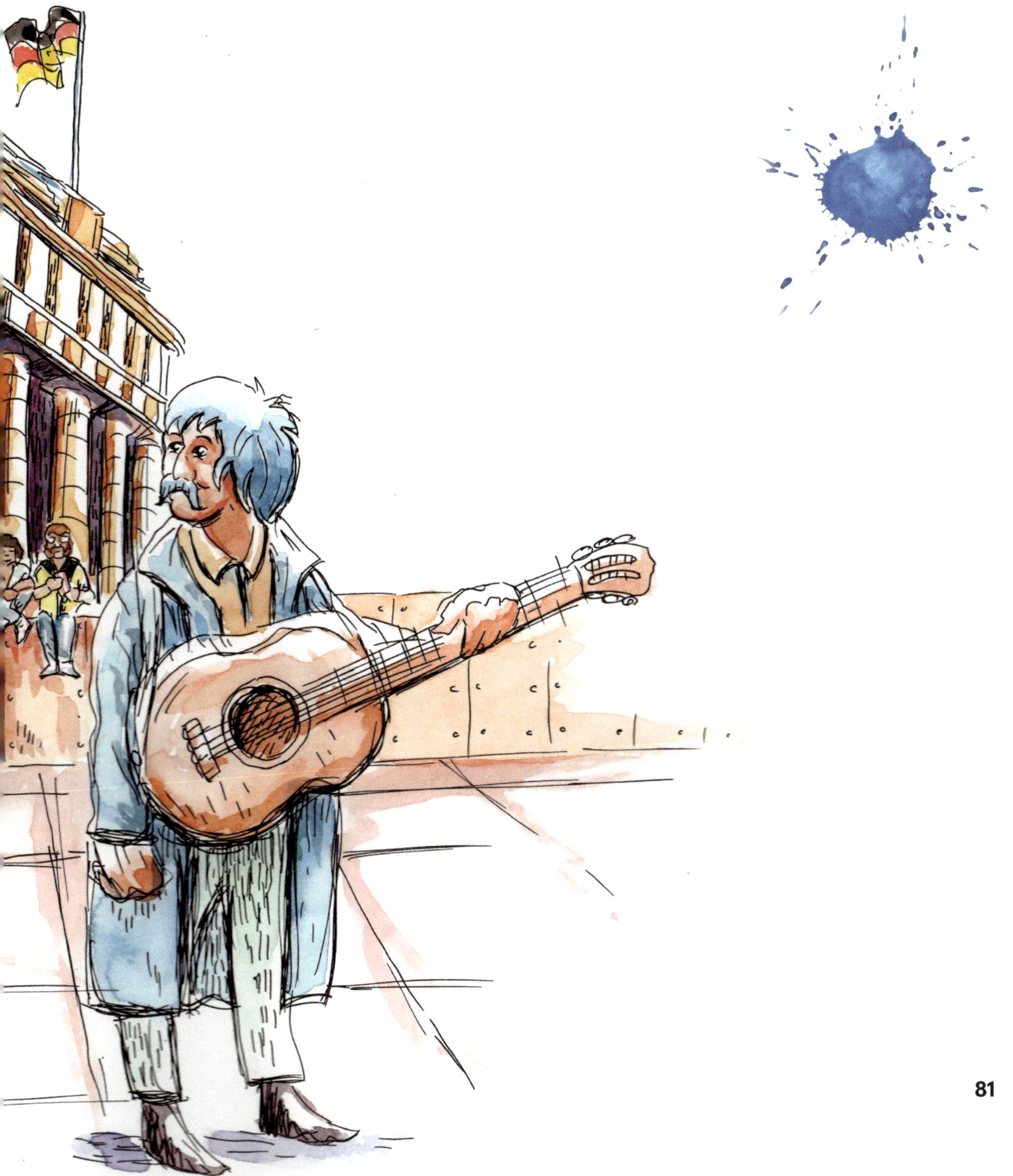

Sie wird 1947 in ein kommunistisches Elternhaus hineingeboren und 1949 zieht die Familie mit ihren sieben- und zweijährigen Töchtern Claudia und Bettina von West-Berlin in den Ostteil der Stadt. Um eine sichere Alternative zum ersehnten Schauspielstudium zu haben, lässt sich Bettina Wegner zunächst an der Staatsbibliothek Berlin zur Bibliotheksfacharbeiterin ausbilden, bevor sie 1966 zum Schauspielstudium zugelassen wird.

Ein erster Riss zwischen ihrem Wunsch, sich politisch zu engagieren, und ihrer Beurteilung durch die DDR-Behörden zeigt sich, als noch während der Bibliotheksausbildung ihr SED-Mitgliedsantrag wegen mangelnder charakterlicher Reife nicht angenommen wird. Denn sie ist zwar eine überzeugte Kommunistin wie ihre Eltern, gleichzeitig aber großer Beatles-Fan. Nach weniger als einem Jahr unterbricht sie ihr Studium, als sie ihr erstes Kind erwartet. Plötzlich gerät sie in die Fänge der Staatsmacht und nach einer Untersuchungshaft im Stasi-Gefängnis Hohenschönhausen wird Bettina Wegner im Herbst 1968 wegen staatsfeindlicher Hetze zu einer Freiheitsstrafe von einem Jahr und sieben Monaten verurteilt. Was war geschehen?

Seit ihrer Jugend ist Wegner eine begeisterte Leserin und lernt über Thomas Brasch, Sohn des stellvertretenden DDR-Kulturministers und Jahre später der Vater ihres ersten Kinds, französische Literatur von Albert Camus und Jean-Paul Sartre kennen. Um ihre häufig melancholischen und traurigen Gefühle zu kanalisieren, beginnt sie eigene Gedichte und Lieder zu schreiben. Eine gute Möglichkeit, diese Lieder auch öffentlich vorzutragen und Gleichgesinnte zu treffen, findet sie beim sogenannten Hootenanny-Klub Berlin. Dieser gründet sich 1966 nach dem Vorbild des kanadischen Folksängers Perry Friedman und US-amerikanischen Singer-Songwritern wie Pete Seeger, Woody Guthrie, Bob Dylan und Joan Baez, um gemeinsam eigene und internationale politische Lieder zu singen. Bis heute am bekanntesten wird das 1967 von Hartmut König geschriebene Agitationslied *Sag mir, wo du stehst*, das häufig bei offiziellen Anlässen und FDJ-Veranstaltungen zu hören ist.

Um der offiziellen antiamerikanischen SED-Kulturmaxime zu genügen, schließt sich der Hootenanny-Klub 1967 offiziell der FDJ-Singebewegung an und verzichtet auf englischsprachige Lieder, benennt sich im Gedenken an die russische Revolution in Oktoberklub um und organisiert von 1970 bis 1990 das international beachtete Festival des politischen Liedes. Zu dieser Zeit ist Bettina Wegner längst von einer überzeugten Jungkommunistin zur Persona non grata geworden. Die Niederschlagung des Prager Frühlings 1968 macht aus der kaum 21-Jährigen eine Oppositionelle, die selbstgestaltete Flugblätter zur Unterstützung von Alexander Dubček und seiner tschechischen Reformsozialisten verteilt. Gleiches gilt für Toni Krahl, der Jahre später als Sänger der Band City zu einem Superstar der DDR-Rockmusik wird. Wenige Tage nach der Geburt ihres Kindes wird Wegner verhaftet, von der Stasi verhört, vor Gericht gestellt und zu einer Freiheitsstrafe verurteilt. Dank des guten Leumunds ihrer Eltern als verdiente Parteimitglieder wird die Haftstrafe zur Bewährung ausgesetzt, die sie mit Fabrikarbeit ableistet.

In den folgenden Jahren erarbeitet sich Wegner einen status quo als unbequeme, aber geduldete Stimme der künstlerischen Opposition: Da sie mit ihrer Verurteilung an der Schauspielschule exmatrikuliert wurde, holt sie ihr Abitur nach, lässt sich zur Unterhaltungssängerin ausbilden, um eine offizielle Einstufung als Berufsmusikerin zu bekommen, und lebt fortan als freischaffende Künstlerin. Intensiv überwacht durch die Staatssicherheit, versucht man ihre Arbeit möglichst zu erschweren und Programme zu verhindern, die sie für Newcomer und bekannte Künstler:innen im Haus der jungen Talente in Berlin-Mitte sowie in Berlin-Weißensee organisiert. Da diese Lesungen und Konzerten auch Raum bieten für kritische Diskussionen, werden sie zur Mitte der 1970er Jahren erst eingeschränkt und dann verboten.

Wegners Katz-und-Maus-Spiel mit den Behörden intensiviert sich, als sie sich der Petition gegen Wolf Biermanns Ausbürgerung anschließt. Da ihre Lieder und Gedichte sie auch im Westen immer bekannter machen und ihr Song *Kinder (Sind so kleine Hände)* 1978 dort zum Schallplatten-Hit wird, ist sie in der DDR vor weiteren Repressalien vorerst geschützt. Dass der in jeglicher Hinsicht antiautoritäre Text nicht nur Gewaltfreiheit für Kinder einfordert, sondern auch als Stimmungsbeschreibung für die ganze DDR verstanden werden kann, machen die letzten zwei Strophen klar.

Um Bettina Wegner zur Auswanderung zu drängen, darf sie in der DDR nicht mehr auftreten, während man ihr 1980 ein dreijähriges Visum für die Bundesrepublik genehmigt. Zum Ärger der DDR-Behörden kehrt sie von ihren Konzertreisen durch Westdeutschland, Österreich und die Schweiz allerdings immer nach Ost-Berlin zurück. Erst als man ihr mit fingierten Beweisen ein Strafverfahren wegen Zoll- und Devisenvergehen androht, das mit mehrjähriger Haft geahndet würde, siedelt sie schweren Herzens 1983 nach West-Berlin über.

Die mit Abstand originellste Westkarriere unter den DDR-Kunstschaffenden absolviert Nina Hagen, die 1955 geborene Tochter der beliebten Schauspielerin Eva-Maria Hagen. Diese lebt seit 1965 mit Wolf Biermann zusammen und die immer drastischere Beschränkung seiner Arbeit wirkt sich auch auf ihre Karriere aus, so dass

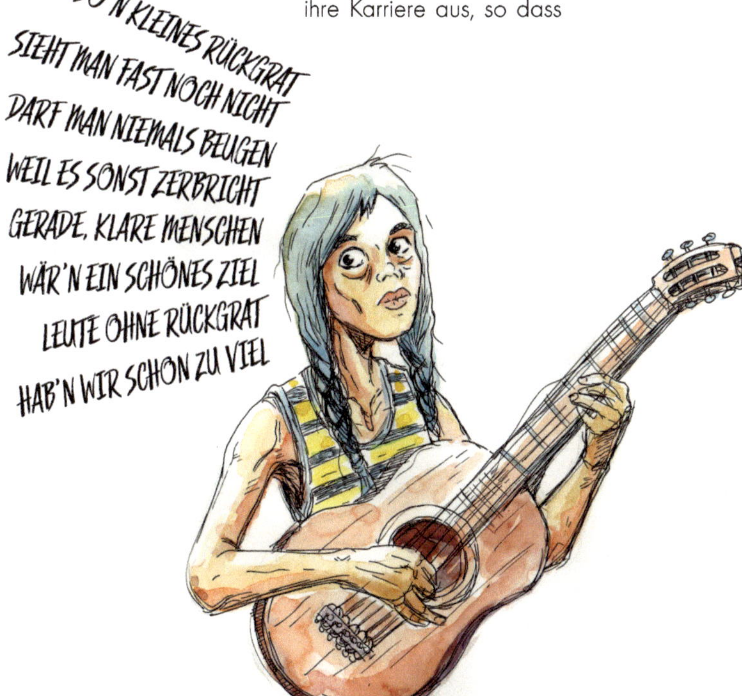

ihr immer weniger Rollen für Fernseh- und Kinoproduktionen angeboten werden. Nina Hagen kann die daraus resultierende Anspannung nur schwer verarbeiten und unternimmt als Zwölfjährige einen Suizidversuch. Auch künstlerisch kann sie sich nur bedingt entwickeln. Obwohl sie nicht zum Schauspielstudium zugelassen wird, darf sie als Teenager in den frühen 1970er-Jahren einige Rollen in TV- und Kinokomödien übernehmen. Währenddessen absolviert sie eine einjährige Gesangsausbildung, mit der sie 1974 ihre Zulassung als staatlich geprüfte Schlagersängerin erhält.

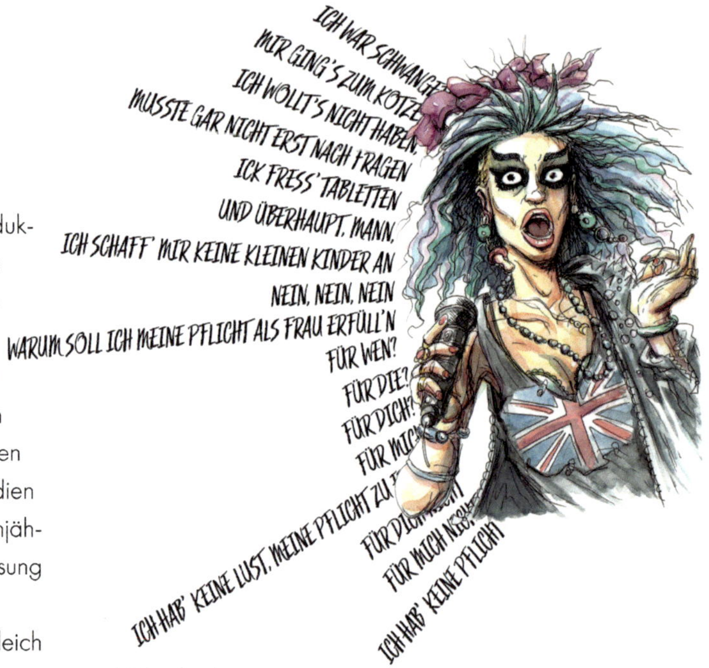

Als Sängerin der Gruppe Automobil wird sie gleich mit dem ironischen Schlager *Du hast den Farbfilm vergessen* bekannt und wechselt im folgenden Jahr 1975 zu Fritzens Dampferband, einer von Michael Fritzen und Achim Mentzel gegründeten jazz- und rockinspirierten Unterhaltungscombo. Mit Biermanns Ausbürgerung im November 1976 ändert sich das Leben für Mutter und Tochter Hagen schlagartig, da sich beide mit ihm und allen Kritikern der Staatspolitik solidarisch erklären. Als man ihnen daraufhin die Staatsbürgerschaft der DDR entzieht, verlassen sie das Land.

Mit der Unterstützung Biermanns bekommt Nina Hagen einen Vertrag bei CBS für ihre erste Schallplatte im Westen. Statt aber gleich mit der Produktion des Albums zu beginnen, lässt sie sich von der jungen, brandaktuellen Londoner Punkszene inspirieren und beginnt eine Affäre mit Arrianne, der Sängerin der feministischen Punkband The Slits. Zurück in West-Berlin gründet sie mit Herwig Mitteregger, Reinhold Heil, Bernhard Potschka und Manfred Praeker die nach ihr benannte Nina Hagen Band und spielt ein Debutalbum ein, das von Kontrasten zusammengehalten wird: Die instrumentalen Fertigkeiten der Musiker tragen das gesamte Album, das an keiner Stelle nach Punk klingt. Der Gesang zeigt die einzigartige Bandbreite von Nina Hagens Stimme, die mühelos von Opernkoloraturen in Flüstern und Zirpen wechseln kann und mit übertriebenen Betonungen einzelner Wörter die Aufmerksamkeit auf die Songtexte lenkt. Denn genau hier, in den unmissverständlichen Lyrics, findet sich der Punk-Faktor des Albums, aber nicht in Punk-typischer Schlichtheit oder anarchistischen Parolen, sondern mit offensiver und provokativer Meinungsfreiheit.

Das Album beginnt ungewöhnlich mit einer Cover-Version von *White Punks on Dope* der Rockband The Tubes aus San Francisco. Die weiteren Songs zeichnen das Bild einer radikal selbstbestimmten, ironischen und widersprüchlichen jungen Frau, die lesbische Liebe und Selbstbefriedigung ebenso besingt wie die leidenschaftliche und selbstzerstörerische Hingabe an einen Mann oder die Erfahrung einer Abtreibung. Als das Album Anfang 1979 erscheint und bis auf Platz 16 der LP-Jahrescharts klettert, sind solche Texte schockierend direkt: Erst zwei Jahre zuvor beschloss der Bundestag, dass Frauen nicht mehr die Zustimmung ihres Ehemanns benötigen, um ein Bankkonto zu eröffnen oder einen Arbeitsvertrag zu unterschreiben, und seit einem spektakulären Heft der Zeitschrift Stern im Jahr 1971, mit dem 374 prominente und unbekannte Frauen sich öffentlich zu einer Abtreibung bekannten, wird über die Selbst- oder Fremdbestimmung von Frauen erbittert debattiert. Entsprechend provokant klingt Nina Hagens Meinung in *unbeschreiblich weiblich*.

Ihr Debut macht Nina Hagen mit einem Schlag berühmt und sie verschmilzt in Interviews, auf der Bühne und in der Öffentlichkeit konsequent mit den Rollen aus ihren Songtexten. Das Zweckbündnis der Nina Hagen Band hält nur wenige Monate. Bereits nach dem ersten Album sind die vier Musiker und ihre Sängerin so heillos zerstritten, dass das zweite Album *Unbehagen* nur noch zur pflichtgemäßen Vertragserfüllung abgeliefert wird und man anschließend getrennte Wege geht. Während sich aus den Überresten der Nina Hagen Band die NDW-Kultformation Spliff gründet, führt Nina Hagen ein unstetes Leben, dreht in den Niederlanden einen Film, geht in die USA, begibt sich auf eine spirituelle Suche und erfindet sich immer wieder neu als Urmutter ambitionierter, alternativer deutscher Popmusik.

Literatur

Wolf Biermann: *Warte nicht auf bessre Zeiten! Die Autobiografie*, Berlin 2016

Daniel Guthmann und Christian Buckard: *Ziemlich unkontrollierbar. Die Liedermacherin Bettina Wegner*, Radiofeature Deutschlandfunk 2021

Nina Hagen, Marcel Feige und Jim Rakete: *That's why the lady is a punk*, Berlin 2003

Nina Hagen: *Bekenntnisse*, München 2010

Götz Hintze: *Rocklexikon der DDR*, Berlin 1999

Wolfram Pilz: *Bettina Wegner zum 75*, in: *Der Kunstkaten – Kultur aus MV* (Sendung für NDR 1 Radio MV vom 4. November 2022)

David Robb (Hg.): *Protest Song in East and West. Germany since the 1960s*, Rochester 2007

Bettina Wegner: *Gebote. Lieder und Gedichte aus 40 Jahren*, Berlin 2022

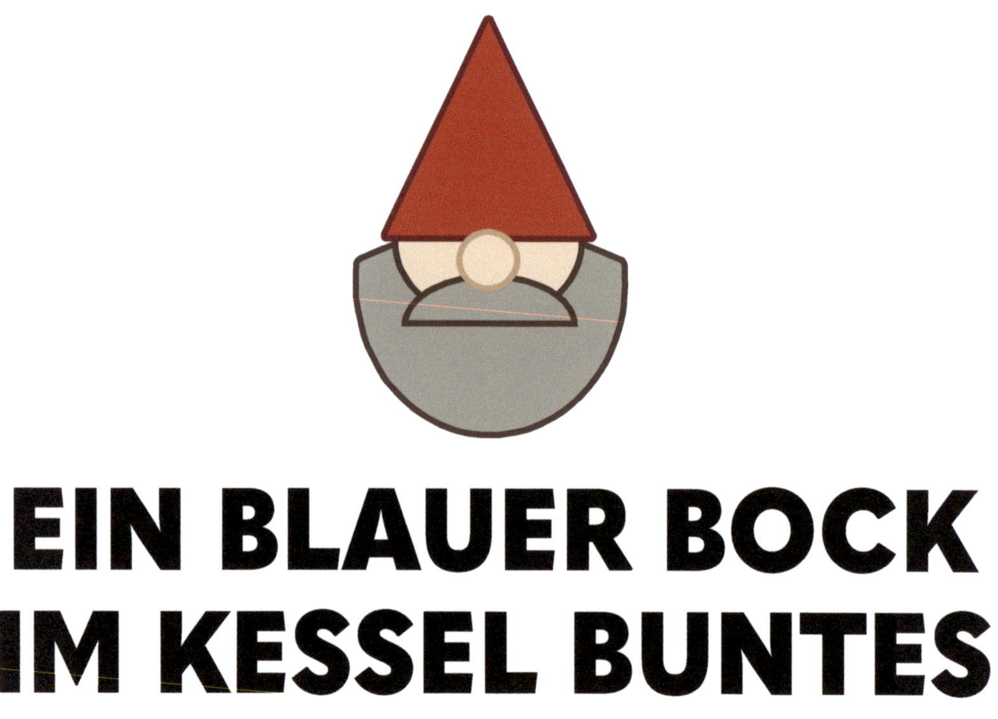

HEIMATKITSCH UND SCHLAGERKULT

Für die Beschreibung eines Jahrzehnts kommen schnell Ereignisse, Begegnungen oder Entscheidungen in den Sinn, die im Rückblick besonders einschneidend und richtungsweisend waren. Wie aber bildet man Alltag und Routine ab, die unspektakulären Zeitstrecken zwischen herausragenden Ereignissen? Was wäre für die beiden deutschen Staaten der 1970er-Jahre ein passender Soundtrack? Während in der Bundesrepublik Feuilleton, Musikwissenschaft und kulturpessimistische Zeitgenossen wahlweise die Seelenlosigkeit, Minderwertigkeit oder Gefährlichkeit des Schlagers diagnostizieren, genießt er die ungeteilte Gunst der DDR-Obrigkeit als ideale, unrebellische Unterhaltungsmusik. Betrachtet man daher die Jahre während der sozialliberalen Koalitionen in Bonn und das erste Jahrzehnt in Ost-Berlin unter der Führung Erich Honeckers durch die Brille des Schlagers, gewinnt man seltene Eindrücke vom Alltag eines Publikums, das sich lieber durch fleißige Plattenkäufe als durch Skandale artikuliert.

Behagliche Heimat

Für seine Fans ist der Schlager ein musikalisches Versprechen auf einen überschaubaren, phantastischen Ort, der trotz oder vielleicht auch wegen seiner engen Grenzen ein Gefühl von Sicherheit und Orientierung vermittelt. In diesem Sinne inszeniert sich der Schlager als Gegenwelt, in der politischer Streit nicht vorkommt, sondern der Alltag seines Publikums einen Platz findet, wie er in anderen Genres kaum vorgesehen ist. Diese bewusste Übereinkunft einer politikfreien Sphäre ist angesichts der diametralen Unterschiede der politischen Systeme ein erstaunlicher Schnittpunkt zwischen Ost und West: Da die DDR-Politik in allen Bereichen des öffentlichen Lebens

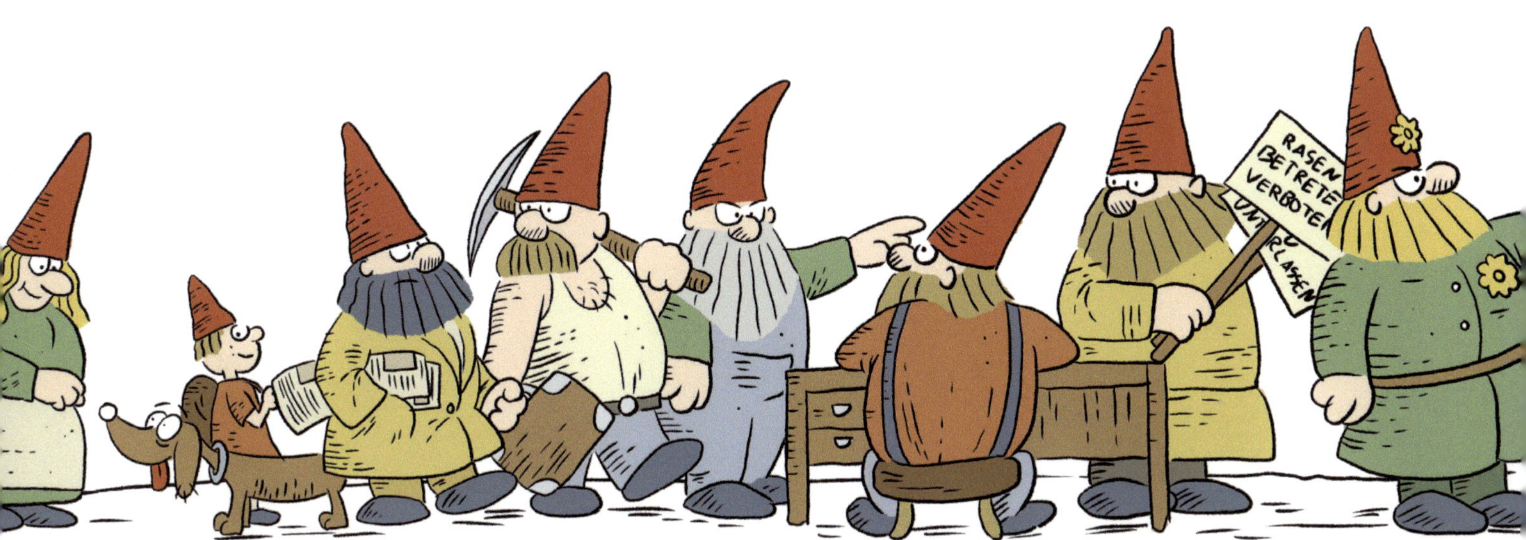

präsent ist, von Schulen und Betrieben bis in die Nachrichten hinein, wirkt der gemeinsame Rückzug in die Privatheit des Schlagers unverdächtig, vielleicht sogar erleichternd.

Diese Konstellation macht sich der Staat nach Kräften zunutze und lenkt sie durch massive Förderung in konforme und für ihn nützliche Bahnen. Entsprechend stolz berichtet die DDR-Presse zwischen 1971 und 1978 vom Boom des Schlagers sogar als internationalem Exportartikel. Über die Aktion ‚Rhythmus 74' ist im *Neuen Deutschland* vom 14. August 1974 zu lesen, dass zum 25. Jahrestag der Republikgründung in den Studios des DDR-Rundfunks bislang über 180 Titel entstanden sind und 122 weitere sich in der Endfertigung befinden. Für 78 Aufnahmen konnte man sogar Gruppen und Solisten aus sieben sozialistischen Ländern gewinnen. Da für lizensierte Rockbands keine eigene Rubrik im Schallplattensegment ausgewiesen ist und sie auch unter dem Schlagwort ‚Schlager' gelistet werden, ist die Bandbreite für das Jahr 1974 vielfältig, wie der entsprechende Sampler *Rhythmus '74* verdeutlicht: Dort finden sich die Puhdys mit *Wie ein Pfeil* (die kurz zuvor in Heiner Carows Kinofilm *Die Legende von Paul und Paula* verewigt wurden), das Lied *Weggefährten* der systemkritischen Klaus-Renft-Combo, Veronika Fischers *Blues von der letzten Gelegenheit*, das kauzig-originelle Songwriting von Reinhard Lakomy für seinen Song *Das Haus, wo ich wohne* und den von Angelika Mann gesungenen Bluesrock *Wenn ich mal*, ebenso klassische Schlager von Chris Doerk (*Glaub nicht*), Monika Hauff und Klaus-Dieter Henkler (*Gib dem Glück eine Chance*) und Andreas Holm (*Wer einmal küsst*). Auch systemtreue Töne enthält das Album, sowohl mit dem Titel *Frieden* von Dean Reed (der als überzeugter Sozialist aus den USA übergesiedelte Sänger war ein Glücksfall für die DDR-Kulturpropaganda) als auch mit Hans-Jürgen Beyers Folk-inspiriertem Heimat-Bekenntnis *Weiß mir ein Land*.

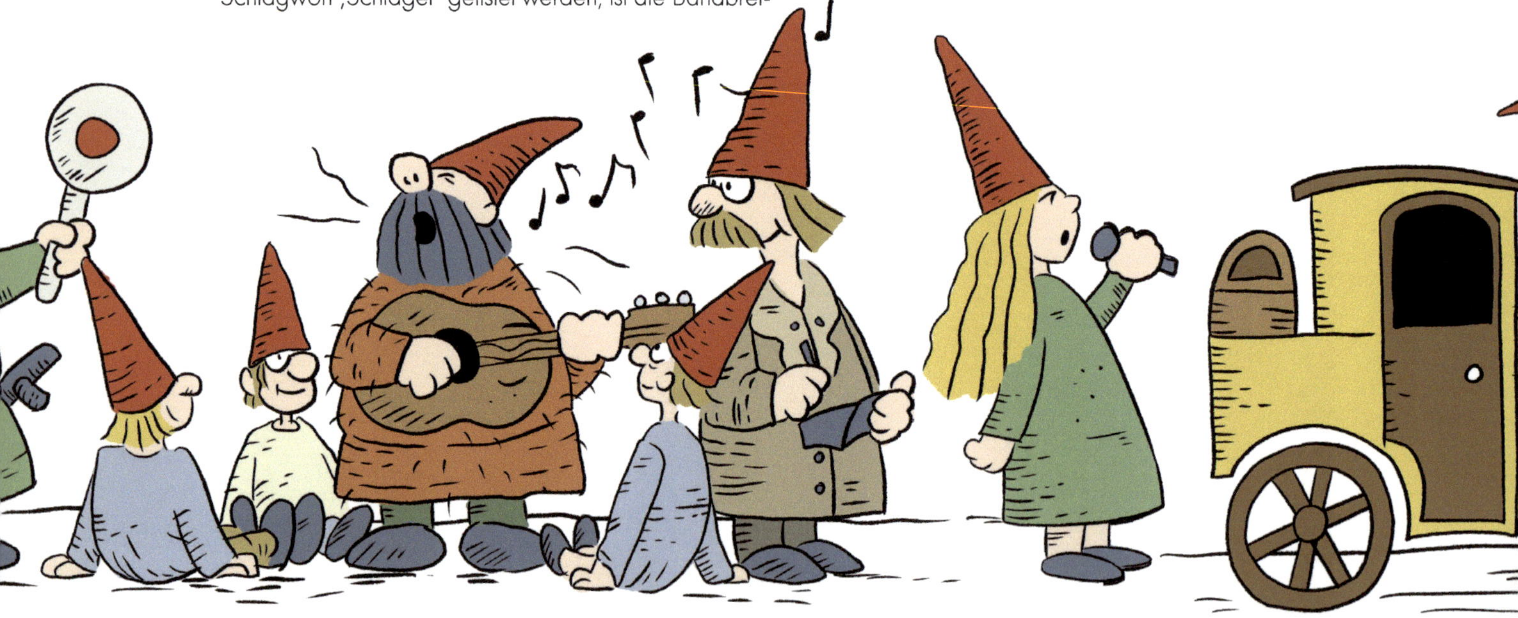

Auch wenn in der Bundesrepublik die Nähe von Staat und Schlager nicht ganz so offensichtlich ist, macht sich Walter Scheel die Popularität von Volksliedern zunutze und landet 1973 mit *Hoch auf dem gelben Wagen* einen unerwarteten Hit. Das Bekenntnis eines amtierenden Außenministers zu traditionellem Liedgut, um sich für die Wahl zum Bundespräsidenten im darauffolgenden Jahr volksnah zu zeigen, ist nicht ohne Risiko, da die Kritik an unhinterfragten Kontinuitäten der NS-Zeit tagesaktuell ist. Vor allem Heino hat das Potenzial für sich entdeckt, mit neuen und traditionellen Volksliedern in konservativen Kreisen Anklang zu finden, während seine Kritiker ihm deutsch-nationalen Hurra-Patriotismus unterstellen. Ohne Scheu nimmt er auch Titel wie *Wir sind des Geyers schwarzer Haufen* in sein Repertoire auf, den ältere Jahrgänge noch aus Liederbüchern der Wehrmacht und der Hitlerjugend allzu gut in Erinnerung haben. Tina York springt ihm 1975 zur Seite, wenn sie gegen vermeintliche Zensur polemisiert und trotzig zur Blaskapelle posaunt *Wir lassen uns das Singen nicht verbieten.*

Mit Blick auf die jährlichen Hitparaden kann von einer Bedrohung des Schlagers freilich keine Rede sein. Zuverlässig belegen Schlager die oberen Ränge der Top-20 und beispielsweise im Jahr 1970 stehen Chris Roberts mit *Mädchen nach Maß* und Roy Black mit *Dein schönstes Geschenk* noch vor dem Beatles-Klassiker *Let it Be*, Deep Purples *Black Night* findet sich in direkter Nachbarschaft von Michael Holms *Barfuß im Regen*, dem Cover-Song *Sha La La, I Love You* der Flippers und Chris Roberts mit *Die Maschen der Mädchen.*

Schlager auch als Medium kritischer Töne ist in der DDR nur denkbar, wenn Missstände im Westen angeprangert oder kritische Meinungen der staatlichen Organe übernommen werden. Ein Beispiel liefert Kurt Demmler (als Texter eine besonders wichtige Stimme der DDR-Popularmusik), der 1970 den harten Alltag alleinerziehender Mütter beschreibt, wenn er bekennt *Dieses*

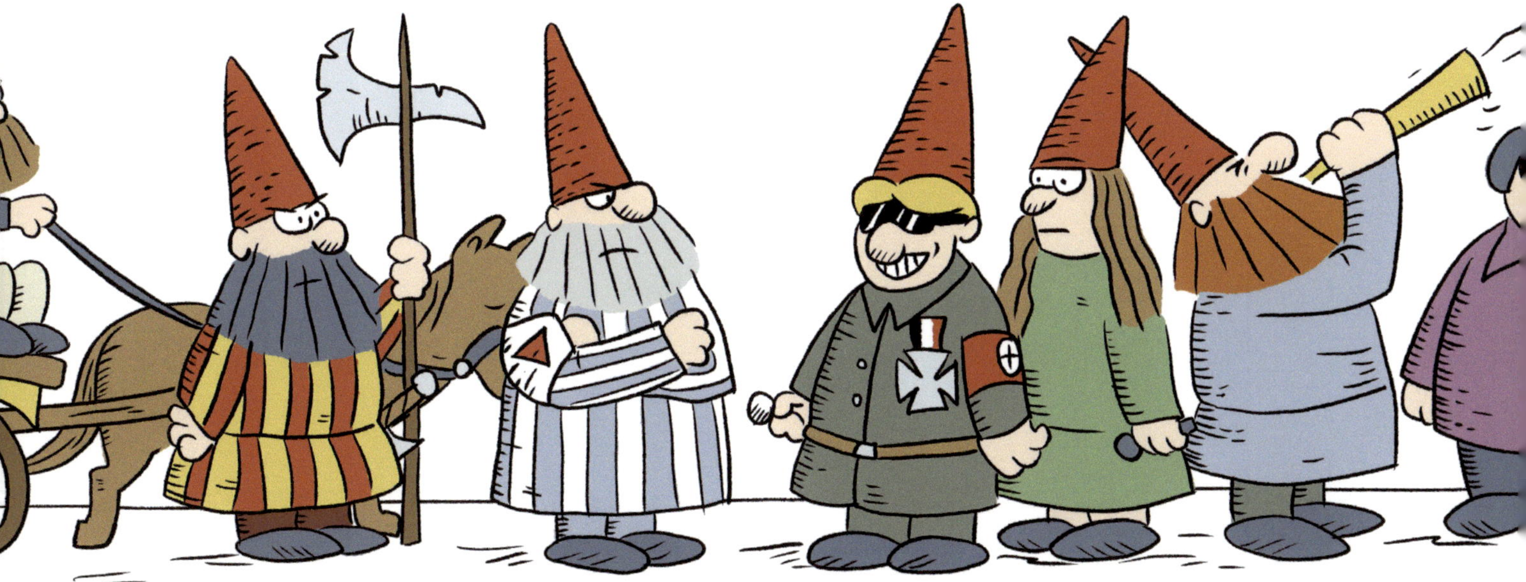

Lied sing ich den Frauen. Alle übrige Kritik, sei es Sonja Schmidts Ode *Ein himmelblauer Trabant* (1971), der Vorwurf von Nina Hagen und ihrer Band Automobil *Du hast den Farbfilm vergessen* (1974) oder Jürgen Harts Liebeserklärung an seine Mundart *Sing mei Sachse sing* (1979), darf allenfalls unscharf hinter einer ironisch-unterhaltsamen Geschichte durchschimmern.

Wenn kritische Titel dem allgemeinen Schlagerpublikum von den Plattenfirmen vermittelbar sind, leistet man sich in der Bundesrepublik durchaus schwierige Themen, solange der Songtext eine Lösung parat hat oder zumindest Hoffnung vermittelt. Schlager-Urgestein Peter Alexander entdeckt 1970 sein Herz für sozial Benachteiligte und fordert im gleichnamigen Titel „Hier ist ein Mensch, der ist allein. Du bist es nicht, ruf ihn herein." Drei Jahre später macht er sich dann wieder zum Klang von Kastagnetten in *Pedro (Mandolinen um Mitternacht)* über einen liebestollen Spanier lustig. Unter dem Eindruck einer um sich greifenden Drogenwelle betrauert Juliane Werding 1972 den *Tag, als Conny Kramer starb* (einer von Hans-Ulrich Weigel umtextierten Coverversion von The Bands Bürgerkriegssong *The Night They Drove Old Dixie Down*, mit dem Joan Baez 1971 einen Nr. 1-Hit in den USA landete). Udo Jürgens, der 1966 für Österreich den Grandprix Eurovision mit dem Titel *Merci, Chérie* gewann, ist in den 1970er-Jahren eine der bekanntesten deutschsprachigen Stimmen und besonders beliebt wegen einfühlsamer und pointierter Zeilen. 1975 knöpft er sich zu einem Text von Michael Kunze die Doppelmoral in einem *Ehrenwerten Haus* vor, wo spießbürgerliche Mieter zwar Gewalt gegen Kinder, Lügen und schamlose alte Männer tolerieren, aber weder ein junges, unverheiratetes Paar noch einen schwarzen Nachbarn unter ihrem Dach dulden. Das dazugehörige Album *Meine Lieder* enthält auch den Nr. 1-Hit *Griechischer Wein*, der mit einer eingängigen Melodie das Schicksal grie-

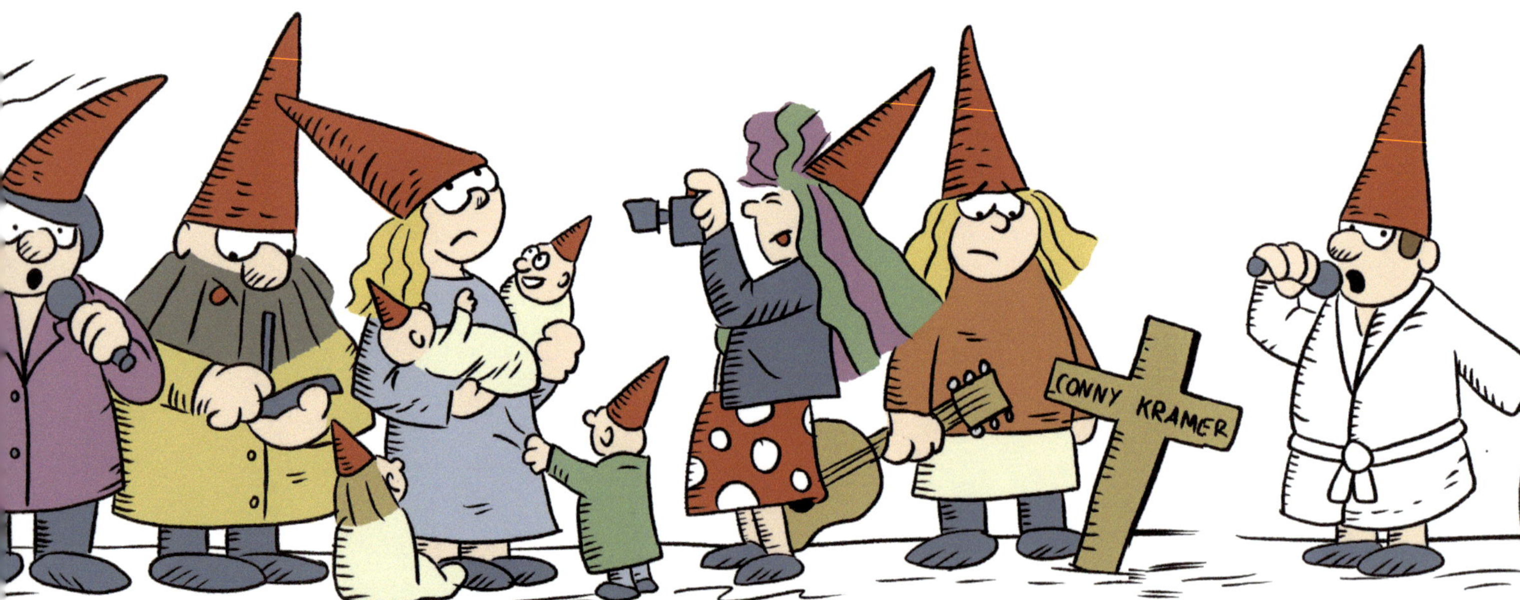

chischer Gastarbeiter in Deutschland emotional erfahrbar machen will.

Maßvolles Begehren

Die von der Antibabypille ausgelöste sexuelle Revolution und eine immer selbstbewusstere feministische Bewegung prägen den Alltag beidseits der Berliner Mauer. Trotz der deutlich geringeren Bedeutung der kirchlichen, insbesondere der katholischen Sexualmoral in der DDR gibt sich der dortige Schlager relativ prüde. Schlager- und Film-Superstar Frank Schöbel betrachtet seine Angebetete *Wie ein Stern* (1972), Veronika Fischer verklärt auf ihrem Album *Sommernachtstraum* (1977) den Charme des Alltags (den sie mit ihrer Übersiedelung in die BRD 1981 plötzlich hinter sich lässt) und Angelika Mann rät in ihrem *Champus Lied* (1977), sich mit dem ein oder anderen Schlückchen den eigenen Mann erträglicher zu trinken. Drei Jahre zuvor hatte sie sich als emanzipierte Frau präsentiert, die für ihre Träume keine Ehefrau werden muss, wenn sie erklärt *Ich wünsch' mir ein Baby sehr* (1974).

In Westdeutschland bietet der Schlager etwas detailliertere Blicke ins Schlafzimmer und Jürgen Marcus träumt 1973 von einem *Festival der Liebe*, für das freizügige Lebensmodelle der Kommune I und der Hippies Pate gestanden haben könnten. Bei aller Schwärmerei weicht der Schlager auch in der BRD nicht vom traditionellen Bild einer heterosexuellen Paarbeziehung ab, wie sie Peter Maffay in seinem ersten großen Hit *Du* (1970) schmachtend beschwört. Der verzweifelte Ausruf der zehnjährigen Andrea Jürgens aus der Sicht eines Scheidungskinds *Und dabei liebe ich euch beide* (1977) bleibt ebenso ein Einzelfall, wie Udo Jürgens Ohrwurm *Aber bitte mit Sahne* (1976) einen homosexuellen Detlev

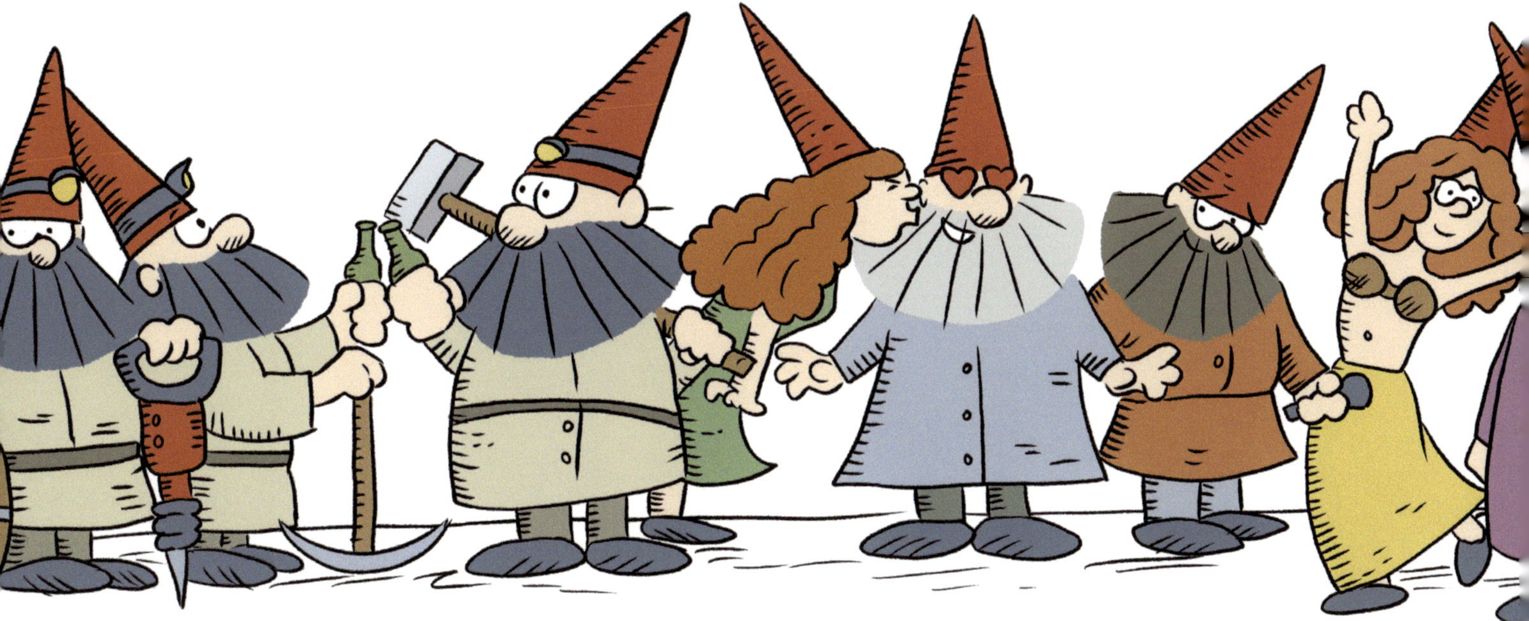

nur mit ironischem Augenzwinkern erwähnen kann. Auch bleibt über lange Jahre unausgesprochen, welchen ikonischen Stellenwert Marianne Rosenbergs selbstbewusstes Statement *Er gehört zu mir* (1975) in der Schwulenszene bekommt, bis der Filmemacher und Aktivist Rosa von Praunheim kurz darauf ein Fernsehportrait dreht. Hier geht sie erstmals auch auf ihre Familiengeschichte als Tochter eines Porajmos-Überlebenden (dem nationalsozialistischen Völkermord an den europäischen Sinti und Roma) ein.

Die von der Frauenbewegung der 1970er-Jahre infrage gestellten traditionellen Rollenbilder zeigen sich im Schlager nur andeutungsweise. Einerseits könnte man Christian Anders' Abschiedslied *Zug nach Nirgendwo* (1972) als Ausdruck einer neuen sanften Männlichkeit verstehen, wenn der Ich-Erzähler seine Untreue gegenüber seiner Partnerin bitter bereut. Andererseits schiebt er doch die Verantwortung von sich, da ihr Vergeben seiner Vergehen die gemeinsame Beziehung noch retten könnte. Ähnlich uneinsichtig und larmoyant klingt Michael Holms Text *Tränen lügen nicht* auf eine Melodie des Italieners Ciro Dammiccoes, wenn eine betrogene Frau es in der Hand hat, ihrem untreuen Mann zu verzeihen.

Fremde Nähe

Als außenpolitisches Gegenstück zu Willy Brandts Ostpolitik intensiviert die DDR unter Honecker ihre Bemühungen zur internationalen Anerkennung und nimmt ab 1972 diplomatische Beziehungen zu wesentlichen Ländern des Nordens und Westens auf, einschließlich 1974 der USA. Bereits seit 1962 findet in Rostock jedes Jahr das internationale Schlagerfest der Ostseeländer statt, das bis 1976 auch zahlreiche Schlagerstars aus dem europäischen Ausland in die alte Hansestadt lockt. 1971

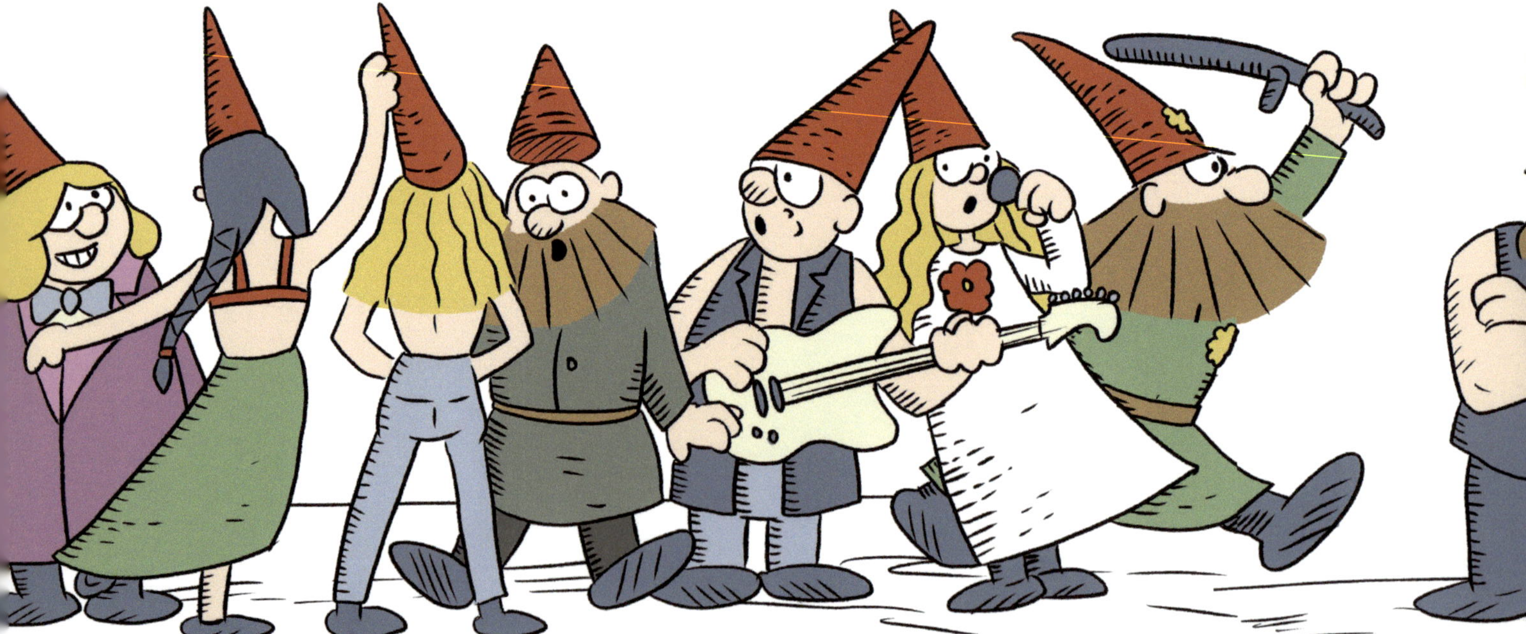

folgt das jährlich ausgetragene internationale Schlagerfestival sozialistischer Länder in Dresden, dem sich 1978 der von der osteuropäischen Rundfunkorganisation OIRT ausgetragene Wettstreit mit Schlagerstars aus acht sozialistischen Ländern anschließt, bei dem die Konkurrenz zum traditionsreichen westeuropäischen Grandprix Eurovision de la Chanson unübersehbar ist.

Auch in Konzertprogrammen, Veranstaltungen des Berliner Friedrichstadt Palasts, dem 1976 eröffneten Palast der Republik sowie TV-Programmen wie *Ein Kessel Buntes*, *Schlager-Studio-Melodien*, *Schlager-Karussell*, *Schlagerstudio DDR* und *Da liegt Musike drin* sind regelmäßig prominente ausländische Schlagerstars zu Gast, einschließlich westdeutscher Sängerinnen und Sänger. Umgekehrt dürfen ausgewählte Schlagerstars der DDR auch im westlichen Ausland gastieren, was von der beidseitigen Presse wohlwollend zur Kenntnis genommen wird, wenn sich mit dem vermeintlich unpolitischen Schlager unverfänglich Völkerfreundschaften pflegen lassen.

Die alte Tradition des Schlagers, affirmativ und ironisch fremde Orte, Klänge, Namen und Gewohnheiten zu besingen, ist auch in den 1970er Jahren ungebrochen. Da die Reisefreiheit der DDR-Bevölkerung drastisch beschränkt ist auf wenige sozialistische Nachbarländer, besingen einheimische Schlager beispielsweise des Duos Hauff & Henkler entweder russische Sujets (diese Rolle übernimmt im Westen der Bassist Hans Rolf Rippert unter dem Künstlernamen Ivan Rebroff) oder Günther Geißler darf spöttisch fragen *Was willst Du denn in Rio*, woraufhin Herbert Roths Volksmusik- und Trachtenensemble die Heimatfolklore bedient und *Grüße vom Rennsteig* (1974) schickt.

Mit deutsch gesungenen Liedern bringen zahlreiche ausländische Musiker:innen exotisches Flair in den einheimischen Schlageralltag. Während osteuropäische

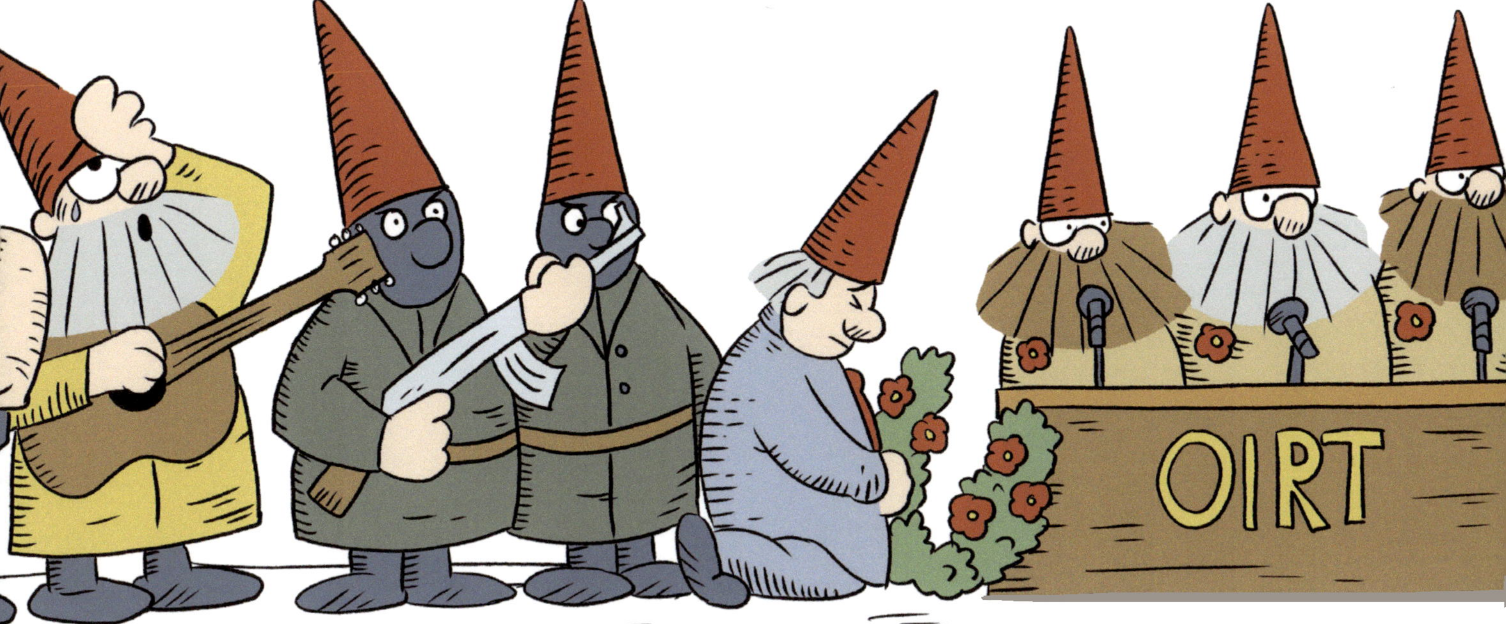

Namen – wie die berühmte polnische Gruppe Rote Gitarren oder die spanisch-ungarische Migrantin und langjährige Partnerin von Frank Schöbel Aurora Lacasa – nicht bis in den Westen dringen, sind Stars wie Karel Gott, Costa Cordalis, Milva, Mireille Mathieu, Wencke Myhre, Roberto Blanco, Gitte Haenning, Vicky Leandros und Heintje dies- und jenseits des Eisernen Vorhangs beliebt. Dabei werden insbesondere Interpret:innen aus Süd- und Südosteuropa auf enge Rollenbilder reduziert, um beim deutschen Publikum entsprechende Klischees zu erfüllen, so das Männer häufig als Verführer auftreten und Frauen als erotische Verlockung zu posieren haben.

Der Anschlag eines palästinensischen Terrorkommandos auf die israelische Mannschaft bei den Olympischen Spielen in München 1972 macht schmerzhaft deutlich, dass Antisemitismus und Fremdenfeindlichkeit in der BRD von einer stickigen Schweigsamkeit überdeckt werden. Die aggressive Rhetorik konservativer Politiker, die mit dem 1972 verabschiedeten sogenannten ‚Radikalenerlass' die Beschäftigung linker Aktivisten im öffentlichen Dienst zu verhindern suchen, ist ebenso präsent wie der Terror der Roten Armee Fraktion (RAF), der im ‚Deutschen Herbst' von 1977 gipfelt.

Wenn daher der Blick in die Ferne schweift und Katja Epstein den *Stern von Mykonos* (1973) besingt oder Rex Gildo zur *Fiesta Mexicana* (1972) ruft, ist das Ergebnis häufig beklemmend provinziell, naiv und hochnäsig. Mit rollendem ‚R' schmettert Heino 1970 *Karamba, Karacho, ein Whisky*, während die TV-Kamera klatschendes Publikum in einer Kellerbar mit gekachelten Wänden zeigt, wie sie in unzähligen westdeutschen Eigenheimen der Zeit anzutreffen ist.

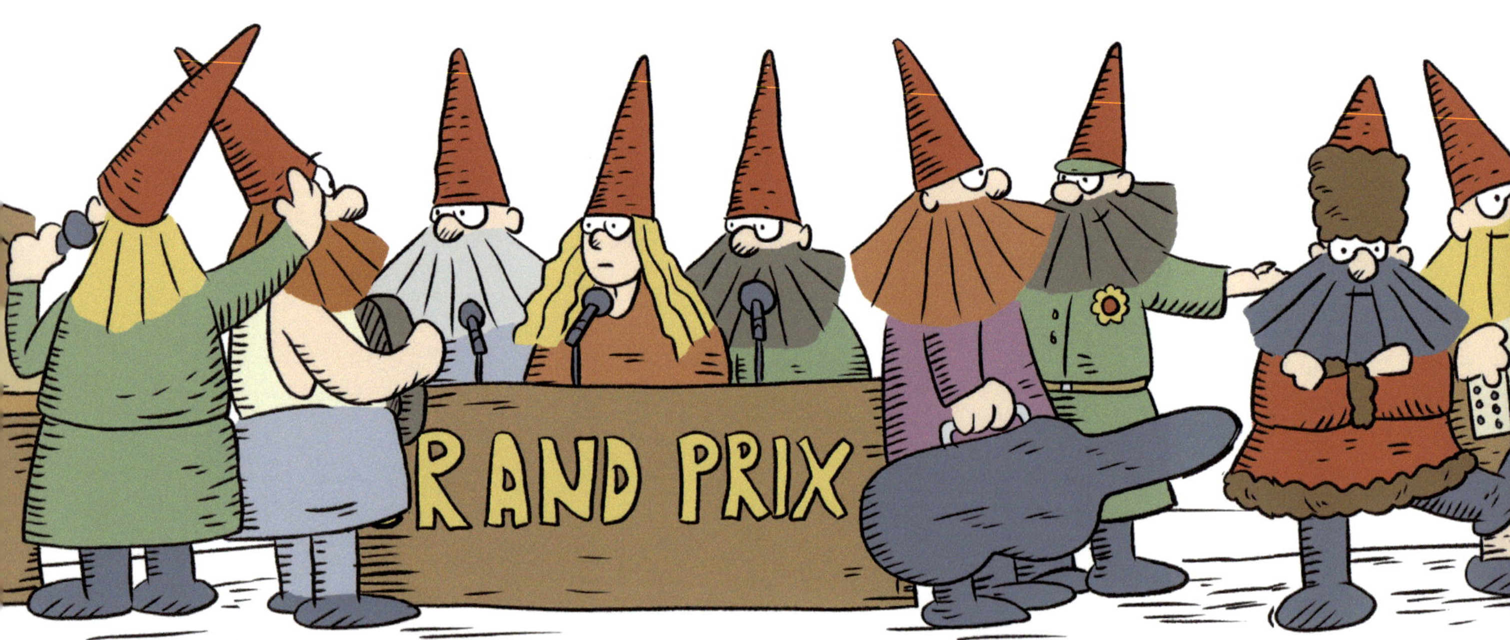

Umgekehrt bewährt sich auch das lukrative Geschäftsmodell, fremdsprachige Lieder mit deutschen Texten zu versehen – Jürgen Drews gelingt mit dem Cover von *Let Your Love Flow* der Bellamy Brothers unter dem Namen *Ein Bett im Kornfeld* (1976) ein Kassenschlager, Howard Carpendale versucht sich 1977 mit *Tür an Tür mit Alice* an einer Neuauflage des durch Smokie bekannt gewordenen Hits, während Cindy & Bert allen Ernstes bereits 1971 den Black Sabbath-Klassiker *Paranoid* als *Hund von Baskerville* übersetzen. Erst das Schlager-Revival der 1990er-Jahre mit Guildo Horn und Dieter Thomas Kuhn sowie der Boom des mit Pop- und Techno-Elementen verschmolzenen Neo-Schlagers zeigen mit der ungekrönten Königin Helene Fischer, wie viele Elemente der 1970er-Jahre sich doch als Standards des Genres etablieren konnten und weiterhin von einem treuen Publikum gefeiert werden.

Literatur

Johannes Müske und Michael Fischer (Hg.): *Schlager erforschen. Kulturwissenschaftliche Perspektiven auf ein populäres Phänomen*, Münster 2023

Uwe Schütte (Hg.): *German Pop Music. A Companion*, Berlin 2017

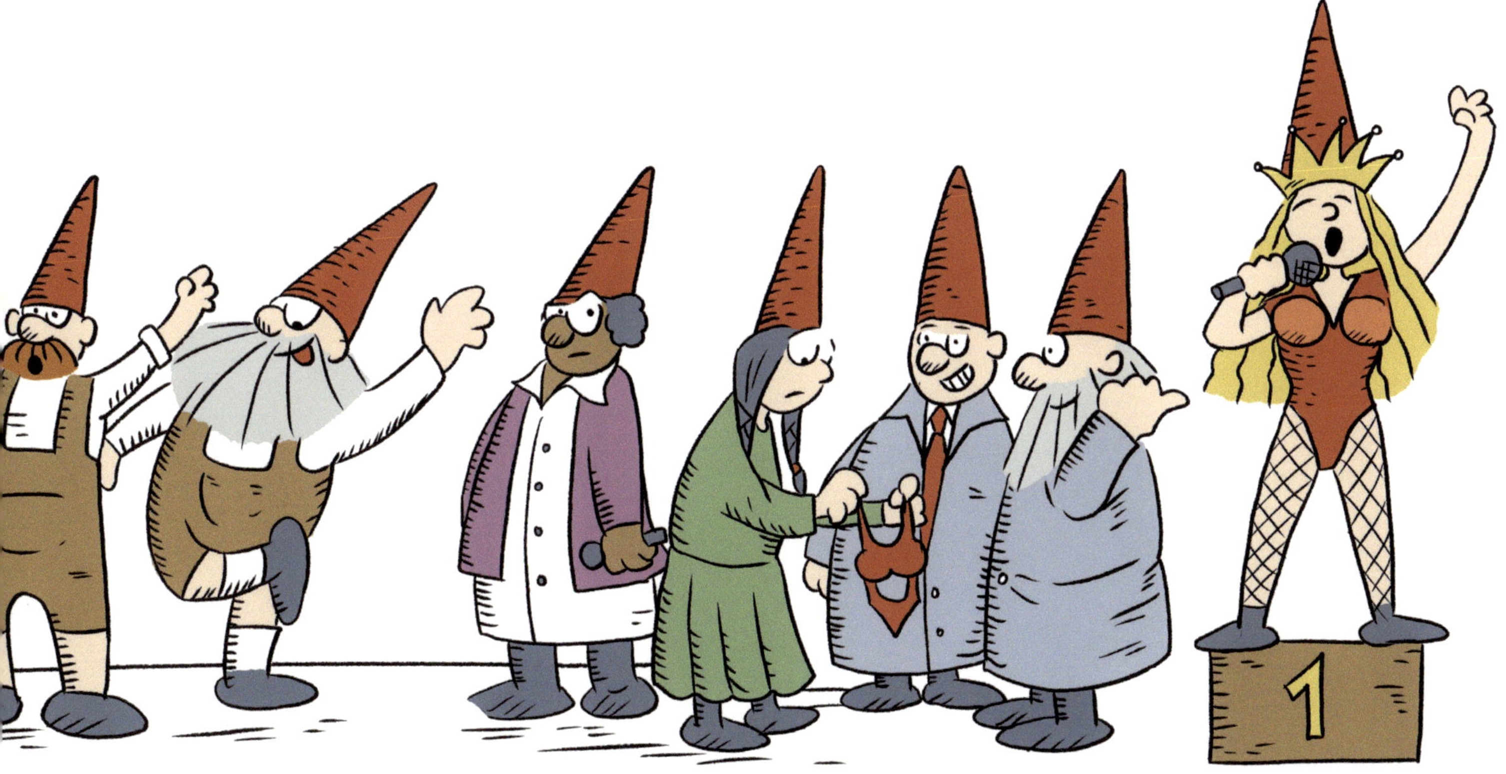

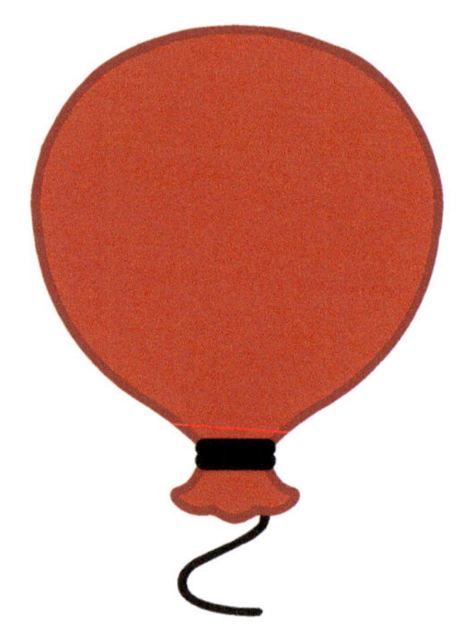

DA DA DA: EIN GOLDENER REITER IM SPERRBEZIRK

EINE NEUE DEUTSCHE WELLE

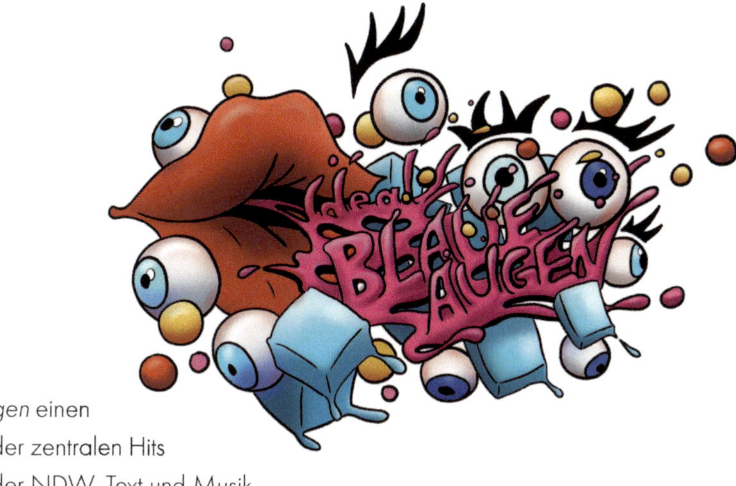

Als Punk und New Wave von den USA und England aus eine nihilistische, lärmend-provokative Jugendkultur starten, reagieren Musikerinnen und Musiker in Westdeutschland erstaunlich eigenwillig: Von West-Berlin, Düsseldorf und Hamburg verbreitet sich um 1980 ein Trend, der die Energie der Rockmusik im Synthesizersound von Pop und New Wave mit deutschen Texten kombiniert. Die meisten könnten problemlos auch als Schlager durchgehen, würde ihnen nicht die ironische Attitüde des Punk den entscheidenden Dreh verpassen. Obgleich die musikalische Bandbreite der einzelnen Bands und Künstler:innen denkbar heterogen ist, fasst die Musikpresse das Phänomen pauschal unter dem Begriff ‚Neue Deutsche Welle' zusammen. Bei aller Kritik am schnellen Ausverkauf der Neuen Deutschen Welle hat die deutsche Pop-Szene auf lange Sicht am meisten profitiert: Denn Deutsch hat seine Tauglichkeit als Pop-Sprache bewiesen, worauf in den frühen 1990er Jahren unter anderem der intellektuelle Diskurspop der Hamburger Schule aufbauen wird. Der Schlager wiederum wird sich ironische Stilmittel nicht mehr nehmen lassen und mischt sie in den 2000er Jahren mit Techno-Beats und internationalen Popsounds.

Ideal: *Blaue Augen*

Ursprünglich gedacht für ihre Band Neonbabies, der auch ihre Schwester Inga angehört, schreibt die studierte Pianistin und Komponistin Annette Humpe mit *Blaue Augen* einen der zentralen Hits der NDW. Text und Musik leben von starken Kontrasten: In den Strophen zählt die Ich-Erzählerin variantenreich auf, wie sehr sie sich von Kleidung, Luxusartikel, Autos und Partys angeödet fühlt, „da bleib ich kühl, kein Gefühl". Allein die blauen Augen eines nicht näher bezeichneten „Du" vermögen sie zu rühren und machen sie „so sentimental. Wenn Du mich so anschaust, wird mir alles andere egal, total egal."

Den entscheidenden Unterschied, dass diese Zeilen nicht zu einem kitschigen Schlager werden, macht die Musik: Während der gefühlskalten Strophen spielen Ernst Ulrich Deuker (Bass), Frank Jürgen Krüger (Gitarre), Hans-Joachim Behrendt (Schlagzeug) und Humpe (Keyboard) einen Ska-inspirierten Beat, mit dem zur selben Zeit The Police die Hitparaden dominieren. Während der Text im Refrain anschließend sentimental wird, verdoppelt die Musik dagegen ihr Tempo und treibt die Leidenschaft der Ich-Erzählerin voran. Die Stimmung kulminiert in der anschließenden Bridge, wenn die Männerstimmen rufen „Das ist gefährlich. Lebensgefährlich. Zu viel Gefühl." und Humpes Keyboard mit dissonanten Clustern antwortet. Bereits 1983 lösen sich Ideal auf. Für Annette

Humpe schließt sich eine lange Karriere als Komponistin und Produzentin an, u. a. für Rio Reiser, Udo Lindenberg, Die Prinzen, Max Raabe und ihr eigenes Projekt mit Adel Tawil, Ich+Ich.

Fehlfarben: *Ein Jahr (Es geht voran)*

Während im Bandnamen noch ihre Nähe zum Punk zu erkennen ist, klingt die erste, 1980 erschienene Fehlfarben-LP *Monarchie und Alltag* wie ein deutliches Bekenntnis zu Funk und New Wave. Kurz darauf veröffentlicht die Plattenfirma den Albumtitel *Ein Jahr (Es geht voran)* als Single, geschrieben von der damaligen Bandbesetzung mit Frank Fenstermacher (Keyboards), Peter Hein (Gesang), Michael Kemner (Bass), Thomas Schwebel (Gitarre) und Uwe Bauer (Schlagzeug). Dass die Fehlfarben mit diesem Song einen echten Hit landen und die Fans ihrer Vorgängerband Mittagspause dies gar nicht lustig finden, versinnbildlicht die polarisierte Wahrnehmung der Neuen Deutschen Welle als Aufbruch oder Ausverkauf: Der höchst ironische Text zählt vermeintliche Errungenschaften auf, beispielsweise aus dem Weltall herabstürzende Forschungslabore, Naturkatastrophen und unfähige Politiker, denen in jeder Zeile zynisch „es geht voran!" hinterher gerufen wird. Die Musik unterstützt die Message mit einem Rhythmus, der näher an einem Marsch als an einem Popsong ist, der funkigen Gitarre und den Ska-Anklägen von Bass und Schlagzeug zum Trotz. Nachdem Sänger Peter Hein bereits kurz nach der Veröffentlichung des Debuts die Band verlässt, lösen sich die Fehlfarben 1984 nach ihrer dritten Schallplatte auf. Nach einer kurzen Reunion mit zwei Veröffentlichungen in den frühen 1990er Jahren sind seit 2002 inzwischen sechs weitere Alben hinzugekommen.

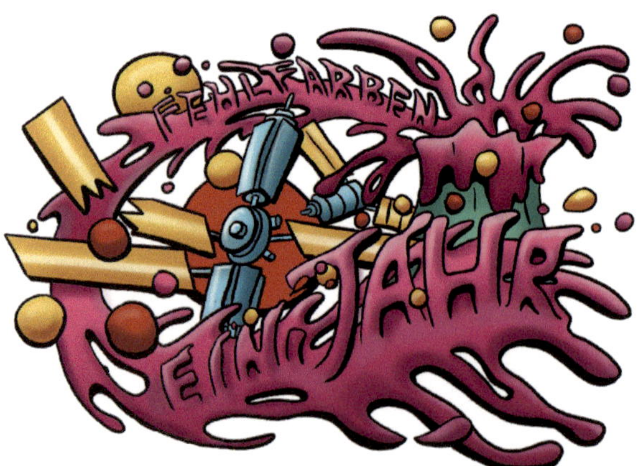

Extrabreit: *Hurra, hurra, die Schule brennt*

Die 1978 von Gitarrist Stefan „Kleinkrieg" Klein und Schlagzeuger Gerhard „Käpt'n Horn" Sperling als Punkband gegründeten Extrabreit sammeln mit ihrem zweiten Sänger Kai Havaii (alias Kay-Oliver Schlasse) und wechselnden Bassisten zunächst in ihrer Heimatstadt Hagen Live-Erfahrungen. Ihr zwei Jahre später erschienenes Debütalbum *Ihre größten Erfolge* enthält ihren ersten großen Hit *Hurra, hurra, die Schule brennt,* der als Single auf einer B-Seite mit dem von Hanns Albers gecoverten Ufa-Schlager *Flieger, grüß mir die Sonne* (1932) erscheint. Die Wahlverwandtschaft zwischen historischem Filmschlager und Punksound prägt auch den Hit. Der Titel ist einem 1969 veröffentlichten Klamauk-Film mit Peter

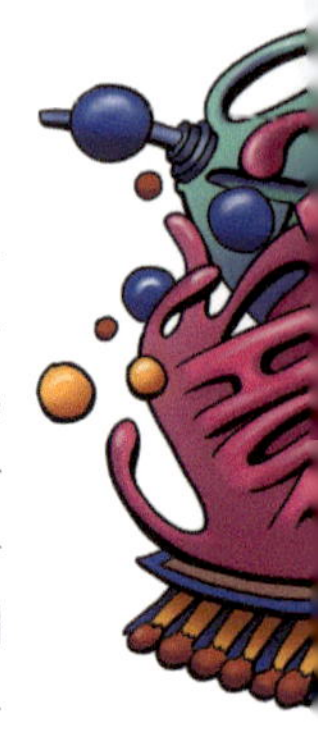

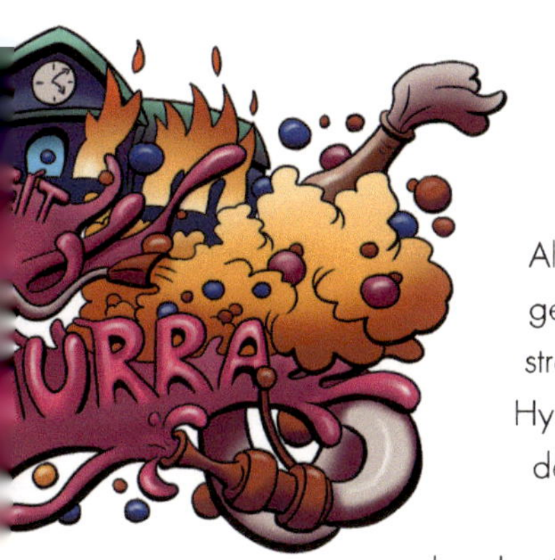

Alexander, Heintje und Theo Lingen entnommen und 1972 unterstreicht Alice Coopers Pennäler-Hymne *School's Out* das Potenzial des Themas: Zu einem einprägsamen Gitarrenriff und einem treibenden Schlagzeug erzählt der Text von „kleinen Mädchen aus der Vorstadt", die mit „Nasenringen aus Phosphor" und „New Wave Musik am Ohr" ihre wilde Seite entdecken und begeistert die Flammen einer brennenden Schule beobachten. Nach drei Jahren mit ausverkauften Tourneen, Titelseiten in der Jugendzeitschrift Bravo und mehreren goldenen Schallplatten hat sich das Erfolgsrezept von Extrabreit vorläufig erschöpft. Nach rückläufigen Verkaufszahlen und mehreren Umbesetzungen legt die Band bis 1987 zunächst eine Pause ein und erlebt seither mehrere Neuauflagen.

Deutsch Amerikanische Freundschaft (D. A. F.): *Tanz den Mussolini*

Vier Jahre nach Kraftwerks Elektronik-Meilenstein *Autobahn* (1974) trifft der ausgebildete österreichische Schlagzeuger und Elektroniker Robert Görl in der Düsseldorfer Musikszene den Punk-begeisterten, spanischstämmigen Autodidakten Gabi Delgado-López. Gemeinsam gründen sie ein Bandprojekt und verschmelzen die provokative Kraft des Punk mit dem strengen Klang von Synthesizern. Nach zwei erfolglosen Alben mit diversen anderen Musikern schrumpfen sie zurück zum Duo und für ihre dritte Produktion, die 1981 unter dem Titel *Alles ist gut* erscheint, wird der Produzent Conny Plank zum entscheidenden Katalysator, der sie über Monate in seinem eigenen Studio arbeiten lässt.

Hier entsteht der typische, radikal auf Görls Schlagzeug, elektronische Klänge und Delgados Sprechgesang beschränkte D. A. F.-Sound. Für ihren Hit *Tanz den Mussolini* kontrastieren sie pulsierende, repetitive Tonfolgen des Sequenzers mit Tanz-Anweisungen wie „geh in die Knie", „klatsch in die Hände", „beweg deine Hüften" oder „dreh dich nach rechts" und Schlagworten von Utopien, Diktaturen und Religionen. Presse und Fans streiten anschließend erbittert darüber, ob kryptische Aussagen wie „tanz den Mussolini", „mach den Adolf Hitler", „tanz den Jesus Christus" oder „tanz den Kommunismus" extremistische politische Parolen oder künstlerische Provokation sind. In jedem Fall erfüllt der Song seinen Zweck und putscht das Publikum bei Live-Auftritten von D. A. F. gehörig auf, so dass sie bald als Gründungsfiguren der sogenannten Electronic Body Music (EBM) gelten. Nach zwei weiteren, sehr rasch aufeinander produzierten Alben haben D. A. F. ihr künstlerisches Potenzial erschöpft und lösen sich

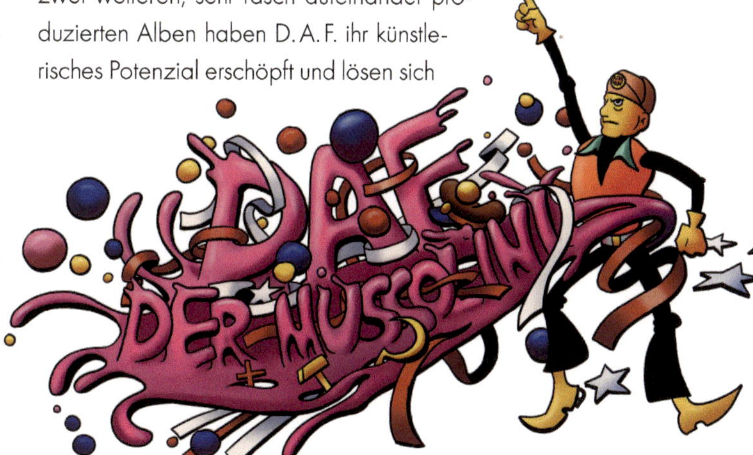

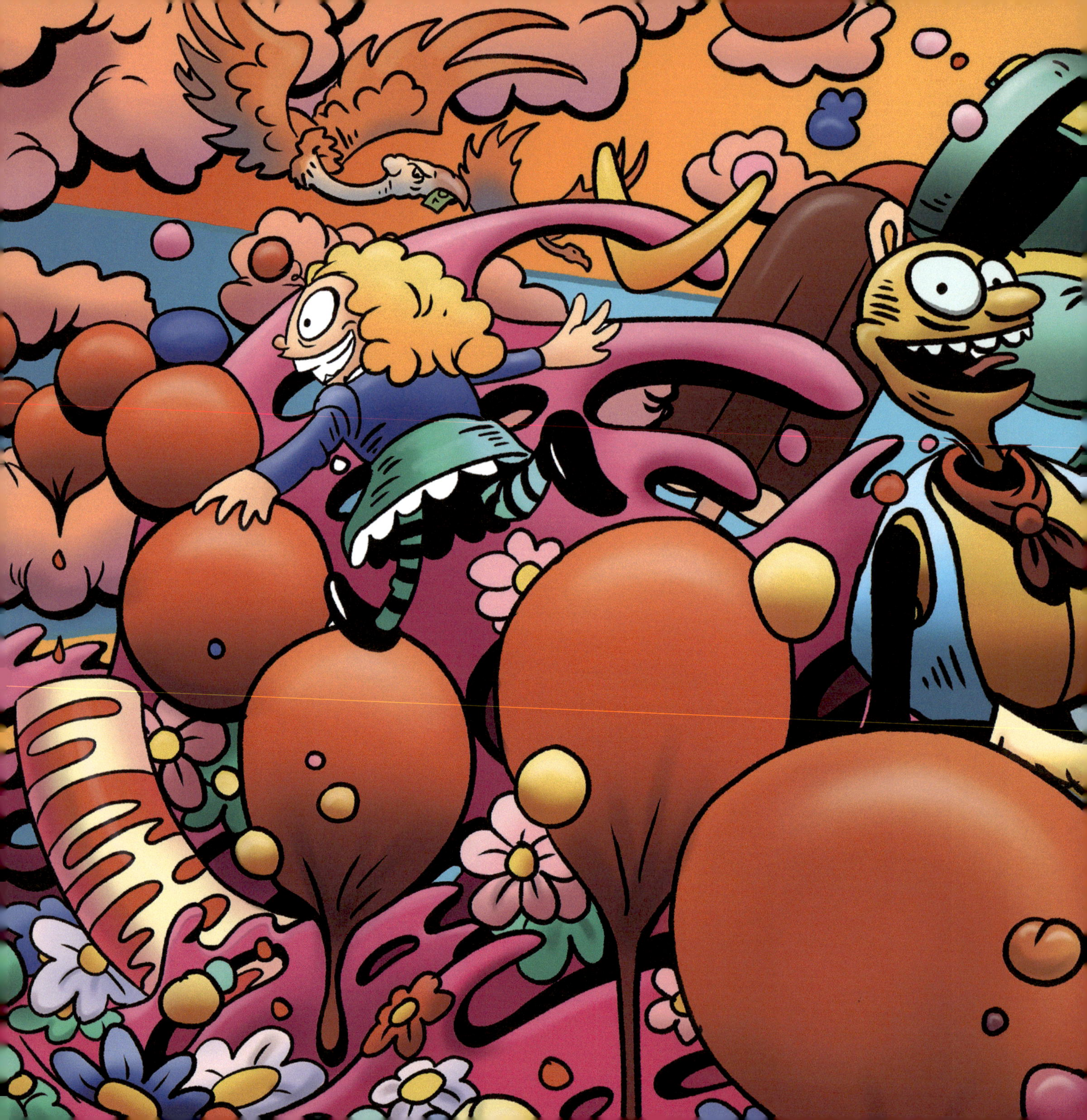

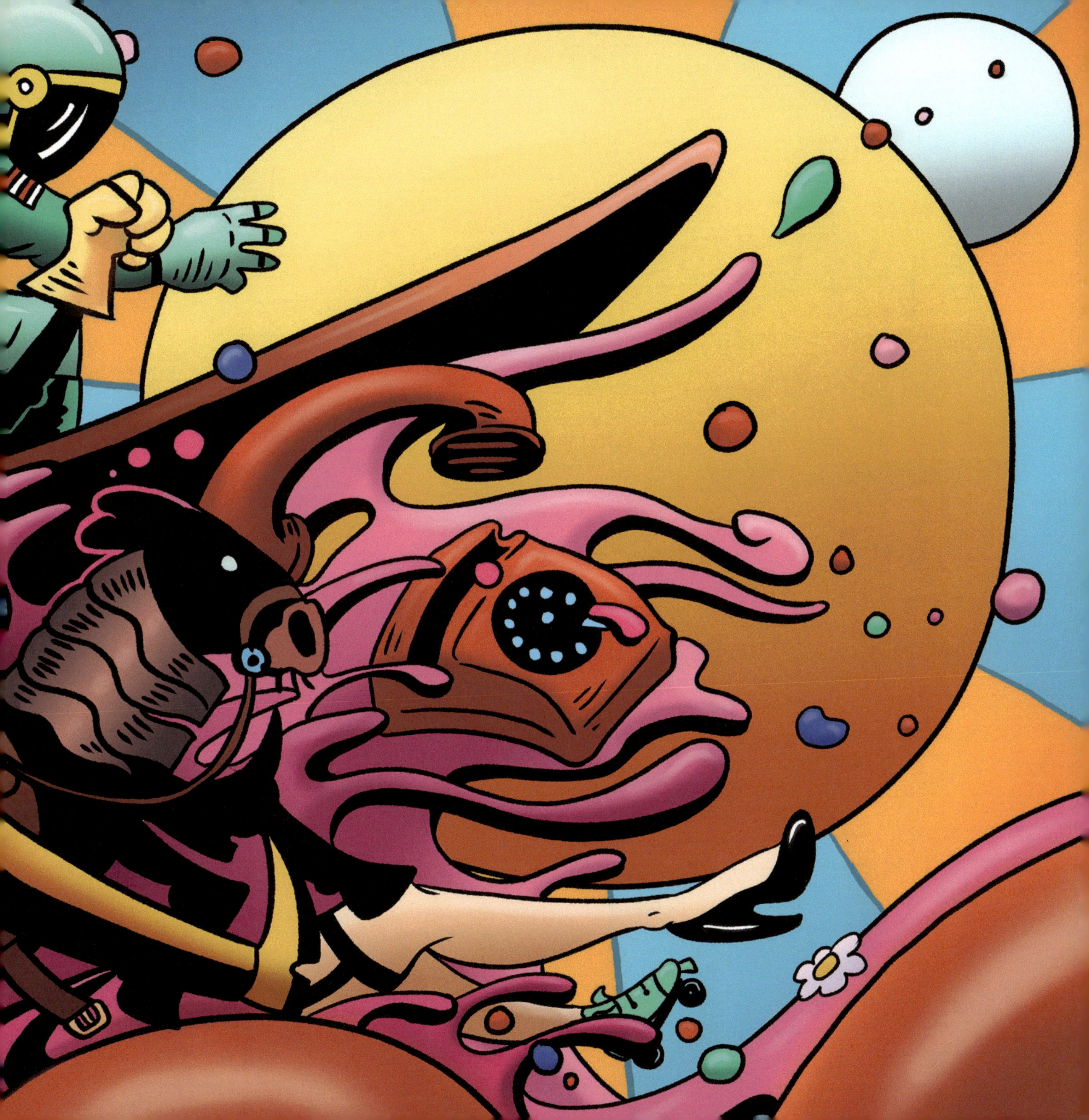

1982 auf, um sich Soloprojekten zu widmen. Im Abstand von jeweils zwei Jahrzehnten werden Robert Görl und Gabi Delgado-López die Band noch mehrfach für weitere Alben reaktiveren.

Falco: *Der Kommissar*

Der erste Song von Johann „Hansi" Hölzel katapultiert ihn unter seinem Künstlernamen Falco Anfang des Jahres 1982 an die Spitze der Hitparaden in Österreich, Deutschland, der Schweiz, Italien und Spanien. Auch in zahlreichen europäischen Ländern und sogar in den USA spielen Szeneclubs und Diskotheken seinen *Kommissar*. Wesentlichen Anteil am Erfolg des Albums *Einzelhaft*, dass dank der Singleauskopplung ebenfalls die Charts stürmt, hat der Produzent und Komponist des Songs, Robert Ponger. Mit feinem Gespür für internationale Trends mischt er Elemente von Funk und schwarzer Musik mit dem charakteristischen Sound eines Linn-Drumcomputer einschließlich eines Zitats des Songs *Super Freak* von Rick James. Das passt ideal zu Falcos Auftreten, der mit Smoking in James Bond-Manier die Kernzeile des Refrains mit Wiener Schmäh zur Melodie eines Kinderliedes singt: „Drah di net um. Schau schau der Kommissar geht um."

Falco kultiviert einen eigenwilligen Vortragsstil, bei dem sich Sprechgesang und Singen ebenso abwechseln wie Textzeilen auf Hochdeutsch, Englisch und in seinem Wiener Heimatdialekt. Zur Mitte der 1980er-Jahre gilt er als der erste internationale Popstar aus Österreich, so wie es zeitgleich Arnold Schwarzenegger gelingt, mit Streifen wie *Conan, der Barbar* (1982) und *Terminator* (1985) in Hollywood berühmt zu werden.

Falcos Zenit ist das Jahr 1986. Nach dem mäßig erfolgreichen zweiten Album *Junge Roemer* (1984) hatte sein Management einen Produzentenwechsel zum Erfolgsteam der niederländischen Brüder Rob und Ferdi Bolland beschlossen. Mit einem untrüglichen Riecher für Trends greifen sie im Mozart-Jahr 1985 den von Milos Formans Kassenschlager *Amadeus* ausgelösten Hype auf und inkarnieren mit Falco das Salzburger Komponistengenie als Popstar der Gegenwart. Das dazugehörige, schlicht *Falco 3* betitelte Album löst dank *Rock me Amadeus* einen weltweiten Hype aus. Mit der skandalumwitterten Song-Serie *Jeanny* sowie *Vienna Calling* hält Falco sich erfolgreich im deutschsprachigen Pop-Business, wobei ein exzessiver Lebenswandel und ein jahrelang extremes Arbeitspensum zunehmend Spuren hinterlassen. Kurz vor seinem 41. Geburtstag stirbt er in seiner Wahlheimat Dominikanische Republik im Jahr 1998 an den Folgen eines Autounfalls.

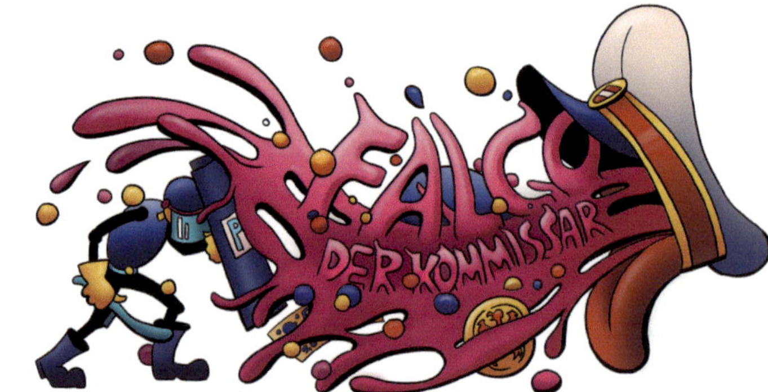

Trio: *Da Da Da ich lieb dich nicht du liebst mich nicht aha aha aha*

Nach diversen erfolglosen Projekten verkriechen sich 1979 Sänger Stefan Remmler und Gitarrist Kralle Krawinkel in einer Wohngemeinschaft in Großenkneten im Umland von Oldenburg und finden in Schlagzeuger Peter Behrens einen kongenialen Partner. Trio ist geboren und das stoische Unbeteiligtsein des gelernten Clowns Behrens auf der Bühne passt perfekt zu Remmlers und Krawinkels Idee, die Musik und die Performance ihrer Band auf das absolute Minimum zu reduzieren. Krawinkels Gitarre, aus der er zwei von drei Tonabnehmern ausbaut, fügt sich diesem Low-Fidelity Sound ebenso ein wie Remmlers lakonischer Vortragsstil, für den er mitunter auch ein Megafon und ein Kehlkopfmikrofon nutzt, um den Klang seiner Stimme zu verfremden.

Nach dutzenden Absagen begeistert sich der Musikmanager Louis Spillmann für Trios selbstproduzierte Demo-Mini-LP und nimmt die Band für die Hamburger Phonogram unter Vertrag. Das erste, selbstbetitelte Album produziert 1981 Klaus Voormann, der als Weggefährte der Beatles höchst willkommene Erfahrung und Verständnis mitbringt. Auf der anschließenden zehnmonatigen Tournee durch Schallplattenläden fällt Stephan Remmler ein kleines Casio-Keyboard in die Hände, das aufgrund seiner sehr einfachen Klangerzeugung auch entsprechend ‚billig' klingt. In kürzester Zeit hat Remmler die bahnbrechende Idee, auf einen Beat des Casio VL-10 belanglose Sätze wie „Du liebst mich nicht, ich lieb dich nicht.", „Was ist los mit dir, mein Schatz?", „Geht es immer nur bergab?", „This is what you got to know. Loved you though it did not show." zu sprechen. Zu einer simplen Melodie im Refrain folgen dann lautmalerische Floskeln wie „aha" und das titelgebende „da da da".

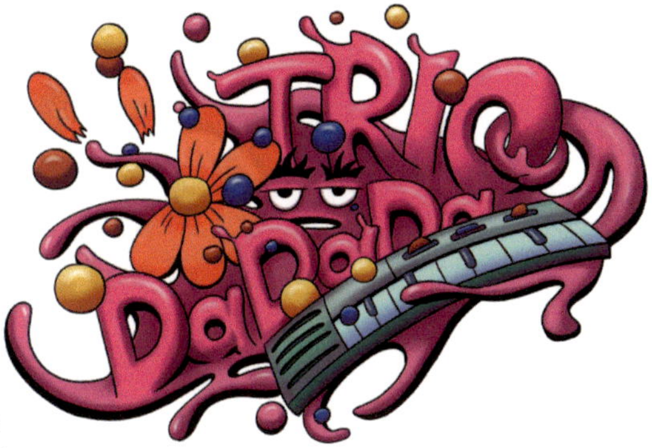

Das Lied wird 1982 aufgenommen, zunächst als Single veröffentlicht und bei Fernsehauftritten vorgeführt. Hier nun entfaltet sich das volle Potenzial von Trio als Konzeptband, insbesondere bei einem Auftritt in Dieter Thomas Hecks ZDF-Hitparade im Mai 1983, wo die Band erst gar nicht versucht, das Playback als Live-Performance zu verschleiern. In den ersten Wochen sind die traditionellen Fernsehformate und die Musikpresse vom weltweiten Erfolg des Liedes überfordert und bewerten Trios minimalistisches Konzept als Klamauk. In der historischen Rückschau zeigt sich, dass gerade die maximale Reduzierung und Banalisierung ihrer Stilmittel Trio zum musikalischen Prototypen der Neuen Deutschen Welle werden ließ.

Nena: *99 Luftballons*

Nach ersten Gehversuchen in ihrer Heimatstadt Hagen und einem erfolglosen Plattendebüt beginnt in West-Berlin Gabriele Kerners Glückssträhne: Sie findet einen Job im Büro des Fotografen und Managers Jim Rakete, der exzellente Kontakte in die west- und ostdeutsche Pop- und Rockszene pflegt. Er wird zu ihrem Mentor und ermöglicht ihrer neuen Band, benannt nach ihrem Kosenamen Nena, die Aufnahme der Single *Nur geträumt*. Geschrieben wird der Hit vom Band-Keyboarder Uwe

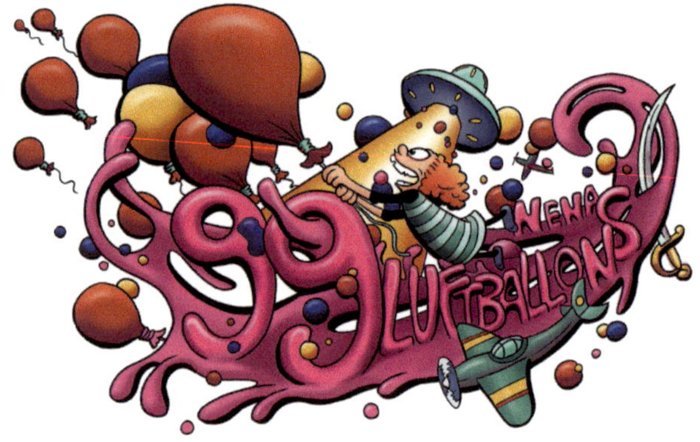

Fahrenkrog-Petersen, getextet von Nena selbst und ihrem Freund und Schlagzeuger Rolf Brendel und produziert von den Spliff-Musikern Reinhold Heil und Manne Praeker. Der Titel schlägt im Mai 1982 ein wie eine Bombe. Vor allem die ausgeklügelten Sequenzer-Melodien passen perfekt zur Neuen Deutschen Welle. Zugleich bleiben im Keyboard-lastigen Sound und den eigenwilligen Akkordfolgen im Strophenteil Fahrenkrog-Petersens internationale Vorbilder erkennbar, insbesondere Stevie Wonder.

Als der Song Nena in Deutschland, Österreich und der Schweiz in die Top Ten bringt, legt die Band nach und veröffentlicht im Januar 1983 ihr erstes, selbstbetiteltes Album. Der darauf enthaltene Song 99 *Luftballons* macht Nena sogar in den USA berühmt und wird zum Überhit der NDW.

Zu einem Text von Band-Gitarrist Carlo Karges stammt die Musik wieder von Fahrenkrog-Petersen. Inmitten der Hochphase des Kalten Krieges erzählt das Lied von der Angst, dass ein nuklearer Konflikt jederzeit und wegen einer simplen Verwechslung wie 99 Luftballons ausbrechen könnte. Mit einer ähnlichen, bewusst naiv inszenierten Grundstimmung brachte dieses Thema ein halbes Jahr zuvor im April 1982 Deutschland den Sieg beim Grand Prix ein, als Nicole mit einer weißen Gitarre um *Ein bißchen Frieden* flehte, während Großbritannien gegen Argentinien einen erbitterten Krieg um die pazifischen Falklandinseln begann.

Die Jahre 1982 und 1983 bleiben die erfolgreichste Zeit für NDW-Künstler und Frontfrau Nena versucht sogar den Sprung auf die Kinoleinwand, als sie neben Markus die Titelrolle in der Teenager-Komödie *Gib Gas – Ich will Spaß* übernimmt. *Der Anfang vom Ende ...* heißt dann der letzte Titel des zweiten Albums *? (Fragezeichen)* von 1984 und im Rückblick kündigt sich der langsame Niedergang von Nena als Bandprojekt an. Zwar verkauft sich die Scheibe immer noch sehr gut und schafft es in Deutschland, Österreich und der Schweiz auf den ersten Platz der Hitparade. Nach zwei weiteren Alben, die auf immer weniger Interesse bei Publikum und Kritik stoßen, gehen die Bandmitglieder 1986 getrennte Wege und es wird bis in die 2000er Jahre dauern, bis

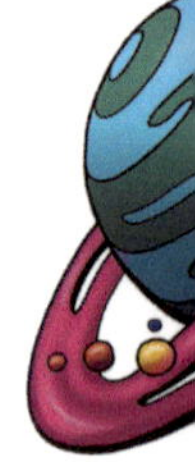

Nena als Solokünstlerin, Autorin und Jurorin in TV-Castingshows ein großes Comeback feiert.

Peter Schilling: *Major Tom (völlig losgelöst)*

Der Ausverkauf der Neuen Deutschen Welle lässt sich an Titeln wie *Hohe Berge* (1982) von Fräulein Menke beobachten, als die Musikindustrie auf die Originalität des neuen Phänomens inflationär mit eilig konstruierten Projekten reagiert. Während die Münchner Spider Murphy Gang mit *Skandal im Sperrbezirk* einen Evergreen vorlegt, den die Zeitumstände zwar der NDW zuordnen, der als handfeste Rock'n'Roll-Nummer eigentlich aber zeitlos ist, sind Joachim Witts *Goldener Reiter* (1981), Geier Sturzflugs *Bruttosozialprodukt* (1982) oder Paso Dobles *Computerliebe* (1984) freundlich unterhaltsame, aber klassische One-Hit-Wonder.

Ein anderer Song, bei dem musikalische Originalität in kalkuliertes Mitsurfen auf der Neuen Deutschen Welle kippt, ist der im November 1982 veröffentlichte Hit *Major Tom (völlig losgelöst)*. Musikalisch enthält der von Peter Schilling geschriebene und von Armin Sabol und Frank Hieber mitproduzierte Song alle nötigen Ingredienzien: Einen treibenden Beat, ein Sequenzer-ähnliches Gitarrenpattern, eine gut platzierte Bass-Figur und vor allen Dingen eine Refrainmelodie mit Ohrwurmqualität. Die Geschichte eines einsamen Astronauten, der „völlig losgelöst von der Erde" ohne Hoffnung auf Rückkehr mit seinem Raumschiff durch den Orbit schwebt, ist unschwer als Imitation von David Bowies Klassiker *Space Oddity* von 1969 zu erkennen, der wiederum von Stanley Kubricks Science-Fiction-Meilenstein *2001 – A Space Odyssey* (1968) inspiriert wurde.

Auch wenn Schillings Titelheld die Hommage an das große Vorbild offenlegt, kann *Major Tom* weder musikalisch (mit Blick auf Bowies Melodien im Verhältnis zur Akkordstruktur und der filigranen Instrumentation) noch stimmlich (im Vergleich zu Bowies ruhigem, eindringlichen und dramatischen Timbre) diesem Maßstab gerecht werden. Nichtsdestotrotz erfreut sich *Major Tom (völlig losgelöst)* bis heute großer Beliebtheit in zahlreichen Coverversionen und Neufassungen.

Literatur

Michael Ahlers und Christoph Jacke (Hg.): *Perspectives on German Popular Music*, London und New York 2017

Oliver Seibt, Martin Ringsmut und David-Emil Wickström (Hg.): *Made in Germany. Studies in Popular Music*, New York 2021

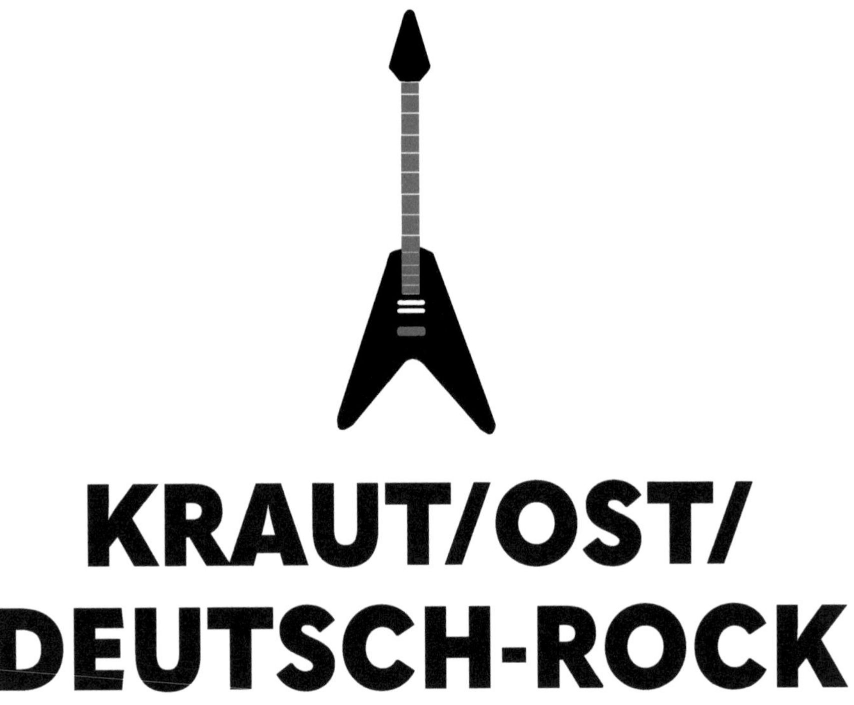

KRAUT/OST/ DEUTSCH-ROCK

POLITISCH LIED, EIN GARSTIG LIED?

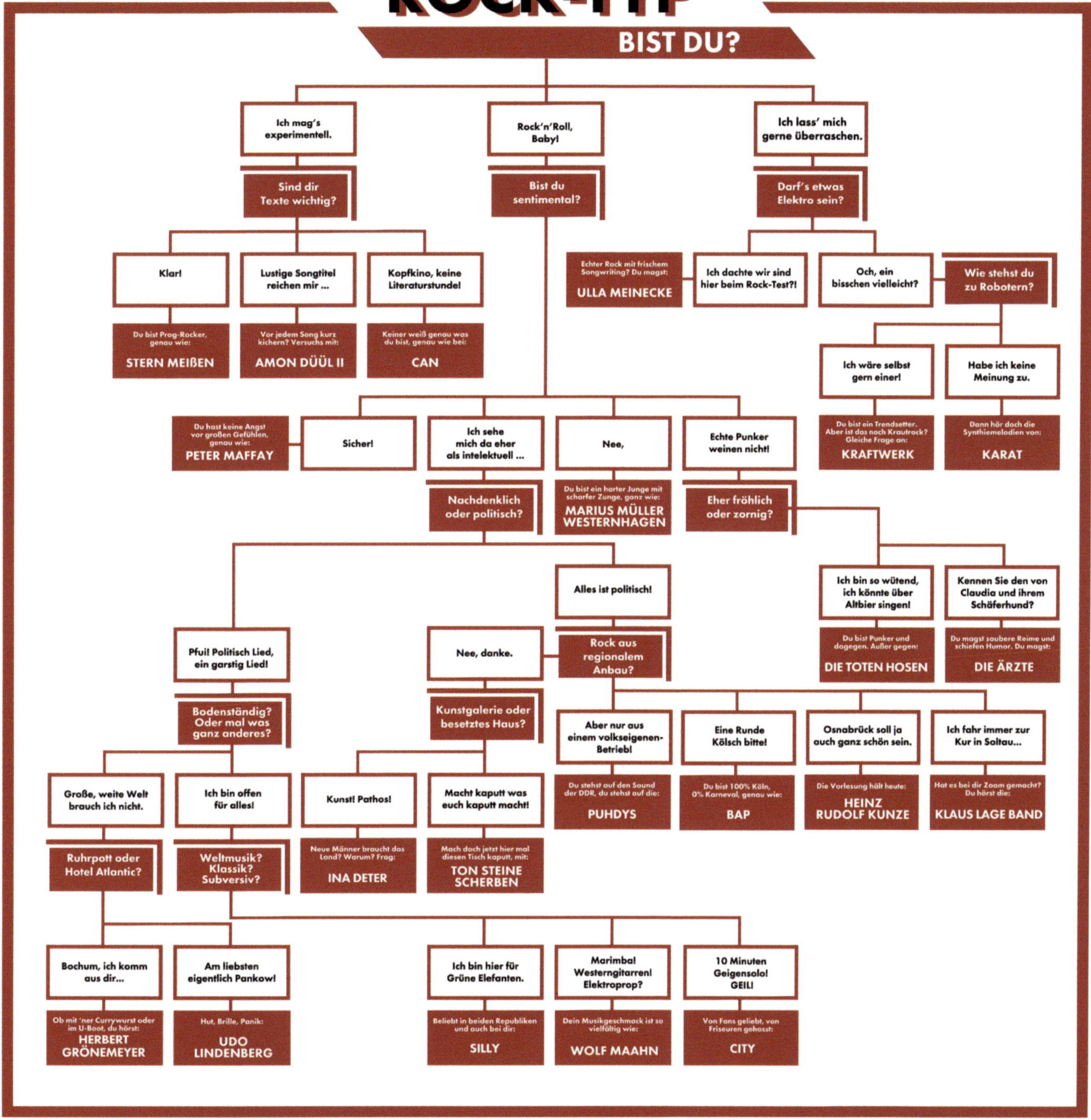

WELCHER
ROCK-TYP
BIST DU?
Ich mag's experimentell.
Rock'n'Roll, Baby!
Ich lass' mich gerne überraschen.
Sind dir Texte wichtig?
Bist du sentimental?
Darf's etwas Elektro sein?
Klar!
Lustige Songtitel reichen mir ...
Kopfkino, keine Literaturstunde!
Du bist Prog-Rocker, genau wie:
STERN MEIßEN
Vor jedem Song kurz kichern? Versuchs mit:
AMON DÜÜL II
Keiner weiß genau was du bist, genau wie bei:
CAN
Echter Rock mit frischem Songwriting? Du magst:
ULLA MEINECKE
Ich dachte wir sind hier beim Rock-Test?!
Och, ein bisschen vielleicht?
Wie stehst du zu Robotern?
Ich wäre selbst gern einer!
Habe ich keine Meinung zu.
Du bist ein Trendsetter. Aber ist das noch Krautrock? Gleiche Frage an:
KRAFTWERK
Dann hör doch die Synthiemelodien von:
KARAT
Du hast keine Angst vor großen Gefühlen, genau wie:
PETER MAFFAY
Sicher!
Ich sehe mich da eher als intelektuell ...
Nee,
Echte Punker weinen nicht!
Nachdenklich oder politisch?
Du bist ein harter Junge mit scharfer Zunge, ganz wie:
MARIUS MÜLLER WESTERNHAGEN
Eher fröhlich oder zornig?
Alles ist politisch!
Ich bin so wütend, ich könnte über Altbier singen!
Kennen Sie den von Claudia und ihrem Schäferhund?
Du bist Punker und dagegen. Außer gegen:
DIE TOTEN HOSEN
Du magst saubere Reime und schiefen Humor. Du magst:
DIE ÄRZTE
Pfui! Politisch Lied, ein garstig Lied!
Nee, danke.
Rock aus regionalem Anbau?
Bodenständig? Oder mal was ganz anderes?
Kunstgalerie oder besetztes Haus?
Aber nur aus einem volkseigenen-Betrieb!
Eine Runde Kölsch bitte!
Osnabrück soll ja auch ganz schön sein.
Ich fahr immer zur Kur in Soltau...
Du stehst auf den Sound der DDR, du stehst auf die:
PUHDYS
Du bist 100% Köln, 0% Karneval, genau wie:
BAP
Die Vorlesung hält heute:
HEINZ RUDOLF KUNZE
Hat es bei dir Zoom gemacht? Du hörst die:
KLAUS LAGE BAND
Große, weite Welt brauch ich nicht.
Ich bin offen für alles!
Kunst! Pathos!
Macht kaputt was euch kaputt macht!
Neue Männer braucht das Land? Warum? Frag:
INA DETER
Mach doch jetzt hier mal diesen Tisch kaputt, mit:
TON STEINE SCHERBEN
Ruhrpott oder Hotel Atlantic?
Weltmusik? Klassik? Subversiv?
Bochum, ich komm aus dir...
Am liebsten eigentlich Pankow!
Ich bin hier für Grüne Elefanten.
Marimba! Westerngitarren! Elektroprop?
10 Minuten Geigensolo! GEIL!
Ob mit 'ner Currywurst oder im U-Boot, du hörst:
HERBERT GRÖNEMEYER
Hut, Brille, Panik:
UDO LINDENBERG
Beliebt in beiden Republiken und auch bei dir:
SILLY
Dein Musikgeschmack ist so vielfältig wie:
WOLF MAAHN
Von Fans geliebt, von Friseuren gehasst:
CITY

THEMA DER WOCHE

KRAUTROCK

In den späten 1960er-Jahren experimentieren junge deutsche Musiker mit der Energie von Jazz, Rock und improvisierter Musik. Dabei zeigen die meisten wenig Interesse am politischen Aktivismus der Studentenrevolution und orientieren sich lieber an einem offenen Kunstverständnis wie in der Fluxus-Bewegung.

Vor allem das Ausland ist von den Ergebnissen begeistert und die britische Presse prägt mit spöttischer Faszination den Begriff „Krautrock", der vielen Bands selbst gar nicht gefällt. Denn stilistisch unterscheiden sie sich sehr und teilen höchstens die Liebe zum Experiment, und während manche über Jahrzehnte aktiv bleiben, lösen sich andere nach wenigen Alben auf. Trotzdem setzt das Wort sich durch und bezeichnet seither experimentelle Rockmusik in Westdeutschland während der 1960er- und 1970er-Jahre, maßgeblich geprägt von Bands wie Amon Düül und Amon Düül II, Bröselmaschine, Can, Faust, Guru Guru, Kluster, Lucifer's Friend, Tangerine Dream und Kraftwerk (vor ihrer elektronischen Neuorientierung).

Für Ostdeutschland sind keine Aufnahmen und Konzepte von Krautrockbands überliefert und über die Gründe ließe sich nur spekulieren. Eine Faszination an Progressive Rock, einem zeitgleich von England ausgehenden Trend, der besonderen Wert auf elaboriertes Komponieren und hohe Musikalität legt, zeigt sich in der DDR dagegen deutlich, vor allem bei Stern Meißen in der Besetzung zwischen 1978 und 1983.

LESETIPPS

Michael Rauhut, Thomas Kochan und Christoph Dieckmann (Hg.): *Bye bye, Lübben City. Bluesfreaks, Tramps und Hippies in der DDR*, Berlin 2004

https://www.stasi-mediathek.de/sammlung/die-leipziger-beat-demo/

Stiftung Haus der Geschichte der Bundesrepublik Deutschland (Hg.): *Rock! Jugend und Musik in Deutschland*, Berlin 2005

AMON DÜÜ

In einer Kunstkommune in München findet sich 1967 eine Gruppe unter dem Namen des tischen Gottes Amon und dem Kunstwort Düül mit ein paar festen und einigen wechse Mitgliedern zusammen. Über die Frage, ob mehr improvisierte oder strukturierte Musik ents soll, spaltet man sich ein Jahr später auf. Während die improvisatorischen **Amon Düü** aufgeben, setzen Amon Düül II ihre Arbeit bis weit in die 2000er-Jahre fort.

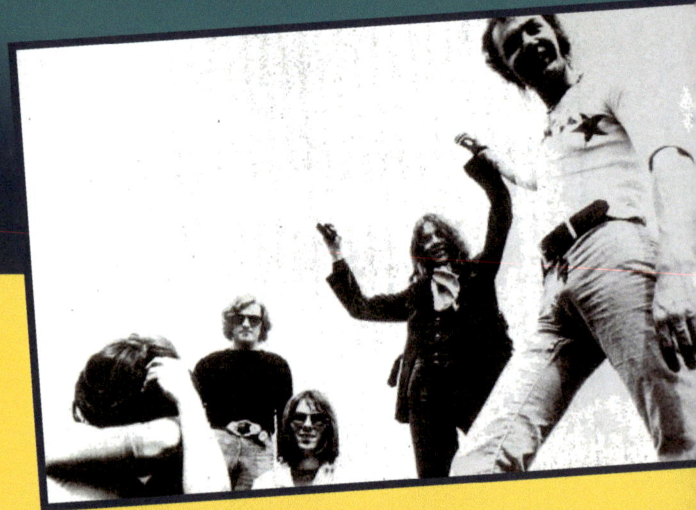

FAUST

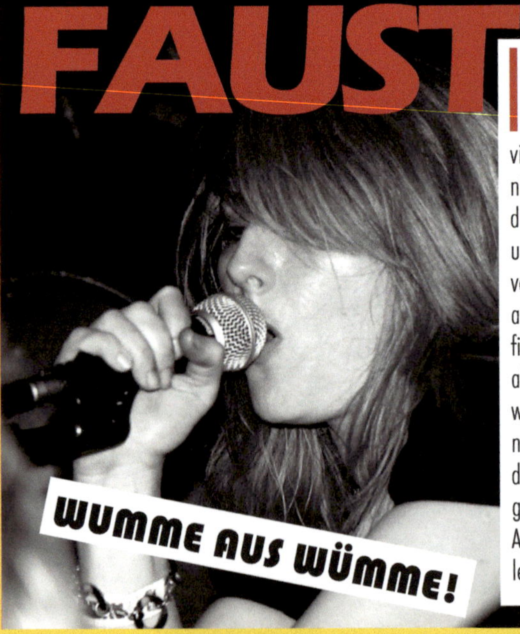

WUMME AUS WÜMME!

In der ehemaligen Dorfschule **Wümme** gründet eine Han Musiker in der norddeutschen vinz eine **Hippie-Kommune** nimmt ab 1971 mehrere avan distische Alben auf, die bei P und Publikum durchfallen. Der vertraut in England Richard Bra auf ihr Potenzial. Seine Firma V finanziert weitere Aufnahmen als *The Faust Tapes* veröffen werden und bald Kultstatus nießen. Nach einer langen P diversen Reunions, Veröffentlic gen alter Aufnahmen und n Alben sind Faust noch immer legentlich aktiv.

CAN

Nach mehreren Jamsessions tun sich Bassist **Holger Czukay** und Keyboarder **Irmin Schmidt**, beide Kompositionsschüler **Karlheinz Stockhausens** in Köln, 1968 mit dem Freejazz-Drummer **Jaki Liebezeit** und dem Gitarristen **Michael Karoli**. Mit wechselnden **Gastmusiker:innen** spielen sie in ihrem eigenen Studio in Köln diverse Filmmusiken und Alben ein. Bis 1977 bildet das um Sänger **Dami Suzuki** verstärkte Line-up den Kern von Can. In wechselnden Besetzungen bleibt die Band für Alben und Liveauftritte bis in die 2000er-Jahre aktiv.

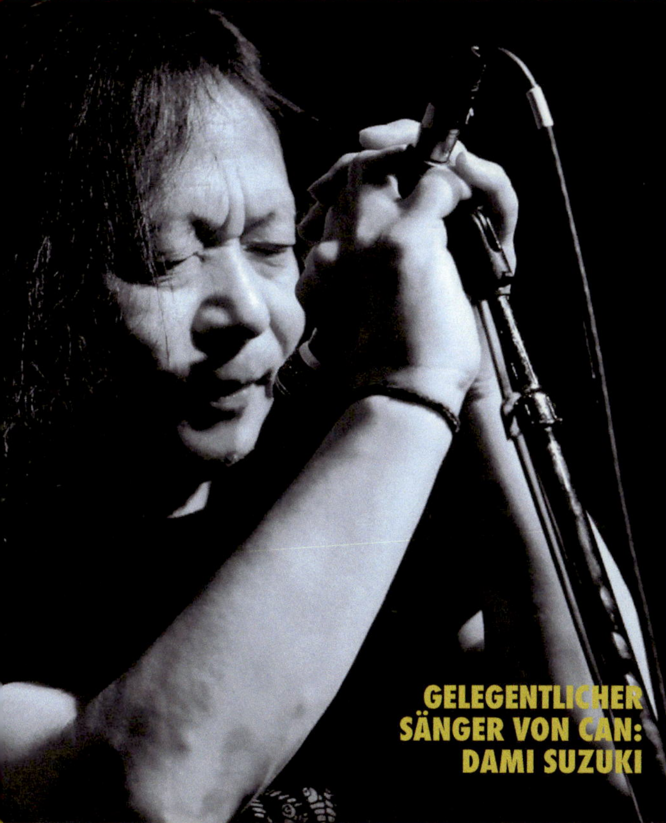
GELEGENTLICHER SÄNGER VON CAN: DAMI SUZUKI

ROCKERWITZ DES TAGES:

Wie spaltet man ein Atom?

Man gibt es einem Roadie mit der Aufforderung „Aber vorsichtig behandeln!"

KRAFTWERK

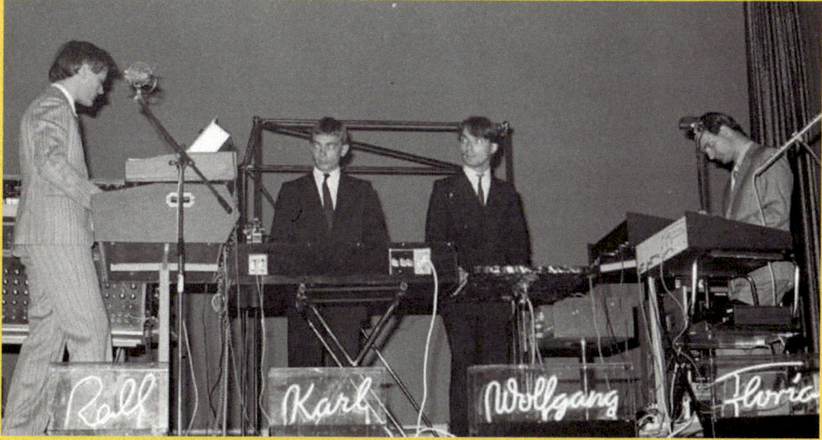

Ab 1968 machen **Ralf Hütter** und **Florian Schneider** gemeinsam Musik und richten sich zwei Jahre später ihr eigenes Studio ein. Mit wechselnden Musikern und Instrumenten wie Cello, Bass, Flöte, Gitarre und Violine entstehen bis 1973 drei erfolgreiche Alben, die das internationale Interesse am Krautrock anheizen. Erst anschließend folgt die Wende zum rein elektronischen Sound und mit **Karl Bartos** und **Wolfgang Flür** werden Kraftwerk zum Mythos des Elektropop.

TANGERINE DREAM

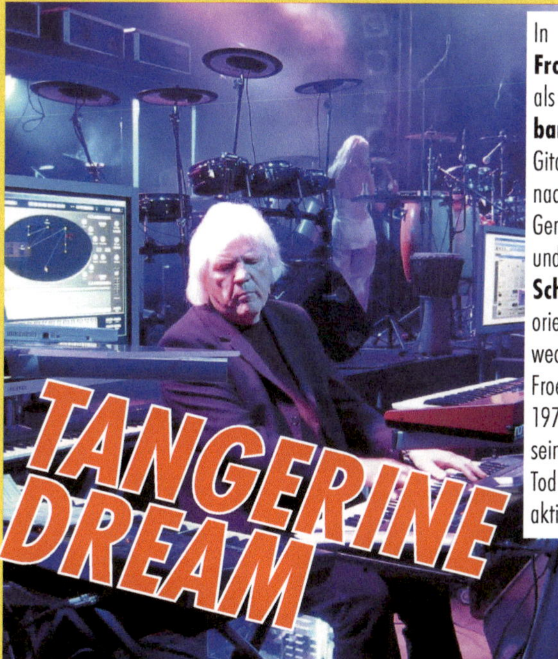

In West-Berlin gründet **Edgar Froese** 1967 Tangerine Dream als **experimentelle Rockband**, die mit Schlagzeug, Bass, Gitarre, Saxofon, Flöte und Geige nach einem eigenen Sound sucht. Gemeinsam mit **Klaus Schulze** und dem Beuys-Schüler **Conrad Schnitzler** folgt 1969 die Umorientierung zum Synthesizer. Mit wechselnden Besetzungen macht Froese diesen Sound Anfang der 1970er-Jahre zum Markenzeichen seiner Band, die auch über seinen Tod im Jahr 2015 hinaus weiter aktiv ist.

FEELING ZWISCHEN DEN ZEILEN

Rockmusik hat es in der DDR schwer. Dem Staat ist sie zu subversiv und verdächtig und trotzdem muss man sich arrangieren: Die Künstler:innen spüren das rebellische Erbe von Blues und Rock'n'Roll in sich und riskieren Auftrittsverbote und den Zugang zu den wenigen staatlich kontrollierten Tonstudios.

Die Behörden wiederum wollen die ohnehin nicht aufzuhaltende Begeisterung des jugendlichen Publikums steuern und die Popularität von Rockbands nutzen, um im westlichen Ausland dringend benötigte Devisen einzuspielen. Daher müssen Bands und Musiker:innen eine Spielerlaubnis haben und für Plattenaufnahmen ihre Texte genehmigen und zensieren lassen.

Von der Ostsee bis zum Erzgebirge entsteht eine lebendige, gut vernetzte Szene mit vielen Auftrittsmöglichkeiten, so dass die großen Namen gut davon leben können. Ab den 1970er-Jahren macht eine Handvoll Bands Rockmusik ‚Made in GDR' auch im Westen bekannt.

Die heute gängige Bezeichnung ‚Ostrock' etabliert sich allerdings erst nach der Wiedervereinigung, als sich der Musikmarkt grundlegend wandelt und die ehemals quirlige Szene in eine tiefe Krise stürzt. Auch wenn viele Bands und Künstler:innen heute weiterhin neue Songs schreiben und sich deutlich unterscheiden, werden sie häufig unter dem nostalgischen (ungeliebten) Label ‚Ostrock' zusammengefasst.

WIR STELLEN EUCH DIE WICHTIGSTEN BANDS AUS DEM OSTEN VOR!

DIE PUDHYS

Die Urgesteine des DDR-Rock, benannt nach den Anfangsbuchstaben ihrer Mitglieder, wechseln zunächst mehrere Musiker aus, bis sich 1969 eine legendäre Besetzung mit Dieter „Maschine" Birr am Gesang zusammenfindet, die im Kultfilm *Die Legende von Paul und Paula* (1973) verewigt wird. Bis zur Wende wird die Band mit Preisen und Auszeichnungen überhäuft und bis zu ihrer Auflösung 2016 entstehen allein mehr als 20 Studioalben.

KARAT

1975 machen Mitglieder der Jazz-lastigen Band Panta Rhei Studioaufnahmen auf der Suche nach einem Mainstream-tauglicheren Sound. Nach mehreren Umbesetzungen ist zwei Jahre später die endgültige Besetzung zusammen und Karat finden schnell ein großes Publikum. Bei staatlichen Stellen wie der FDJ ist man ebenfalls begeistert und es folgen zahllose Auszeichnungen. Dank ihres Hits *Über sieben Brücken* von 1978, der sie durch Peter Maffays Coverversion 1981 noch bekannter macht, dürfen Karat auch im Westen spielen.

KLAUS RENFT COMBO

Wegen seiner kritischen Haltung zum Staat wird Klaus Renft zu einer der einflussreichsten Stimmen der DDR-Rockmusik. Seine 1958 gegründete Combo muss sich zwischen 1962 und 1967 in „Butlers" umbenennen. Nach ihrem endgültigen Verbot verlässt Renft 1976 die DDR und lässt seine Band nach 1990 bis zu seinem Tod 2006 wieder aufleben.

SILLY

1978 gründen sich Silly um Sängerin Tamara Danz, die bald zu einer der charismatischsten Stimmen der DDR-Rockmusik v Mit dem Einstieg von Keyboarder Richie ton 1982 und der engen Zusammenar mit Texter Werner Karma ändert sich der und das Album *Mont Klamott* (1983) m sie bei Presse und Fans endgültig zu S Der Tod von Tamara Danz 1996 wird einschneidenden Zäsur und erst seit 2 produzieren Silly mit wechselnden Sänge nen wieder neue Alben.

CITY

Nach einer Orientierungsphase ab 1 und diversen Umbesetzungen beginnt 1 mit dem neuen Sänger Toni Krahl der Er der Band. Ihr außergewöhnlich langer S *Am Fenster* (1977) macht sie internati bekannt und bringt ihnen erste Einladun nach Westeuropa ein. Bis 2022 legen City Studio- und Live-Alben vor.

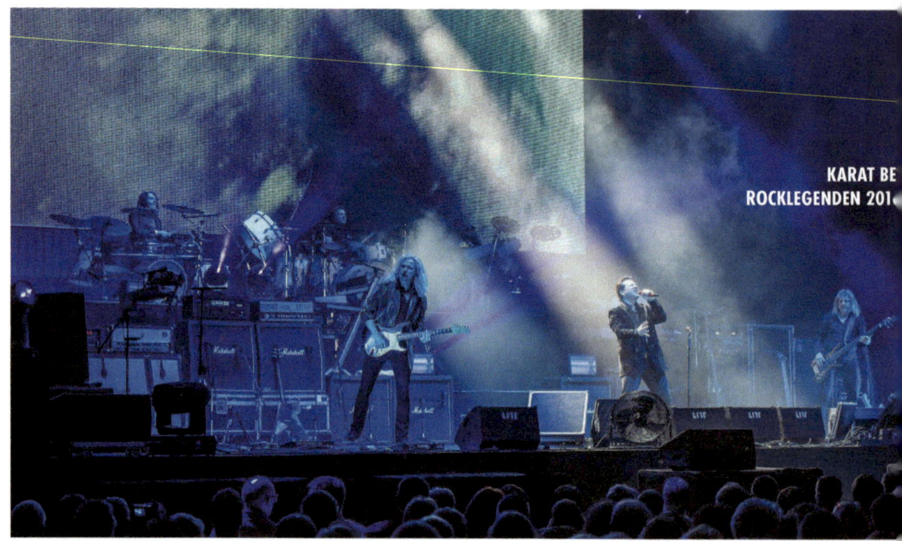

KARAT BE ROCKLEGENDEN 201

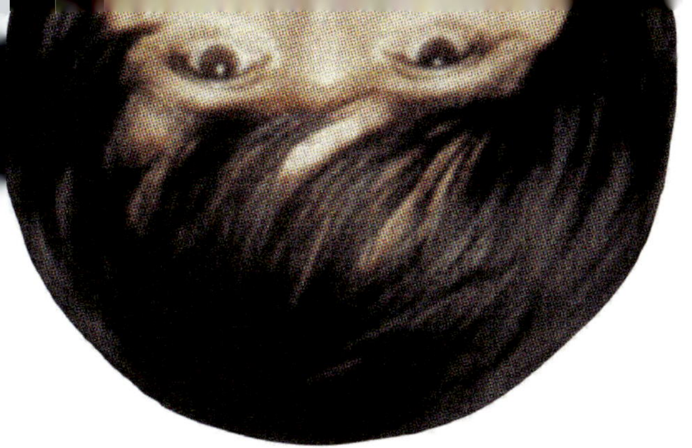

DER

SRG STARSCHNITT

NUMMER 13:

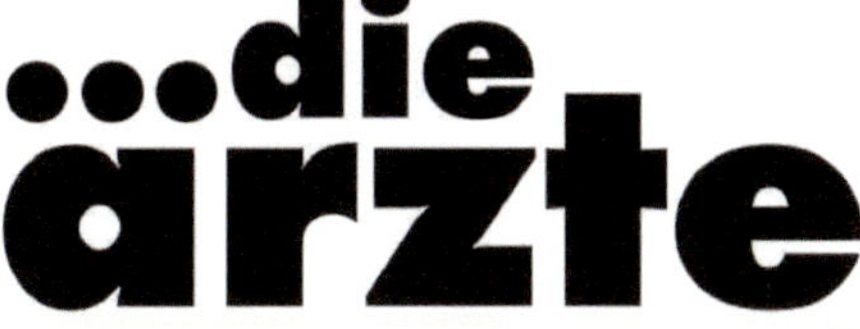

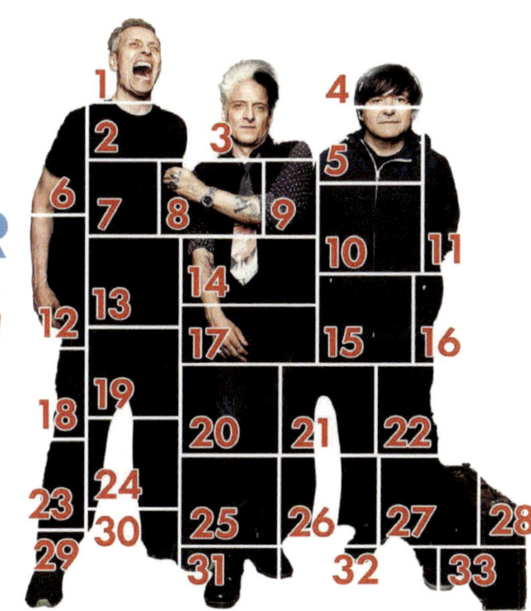

Heute geht's los mit unserem neuen Super-Starschnitt - Die Ärzte! Die Punk-Legenden aus Berlin kommen im Format 345 x 4711 Zentimeter Stück für Stück zu Euch ins Haus - zum Ausschneiden und Aneinanderkleben. Den Anfang machen die wilden Boys gemeinsam: Bela stänkert mal wieder, Farin muss dran glauben und Rods süße Augen müssen es mit ansehen. Alte Starschnitt-Hasen wissen längst, wie's geht: Die Kleberänder müssen unbedingt am Bild bleiben, an den Schnittkanten darf geschnippelt werden. Alles so einfach und alles für dich!

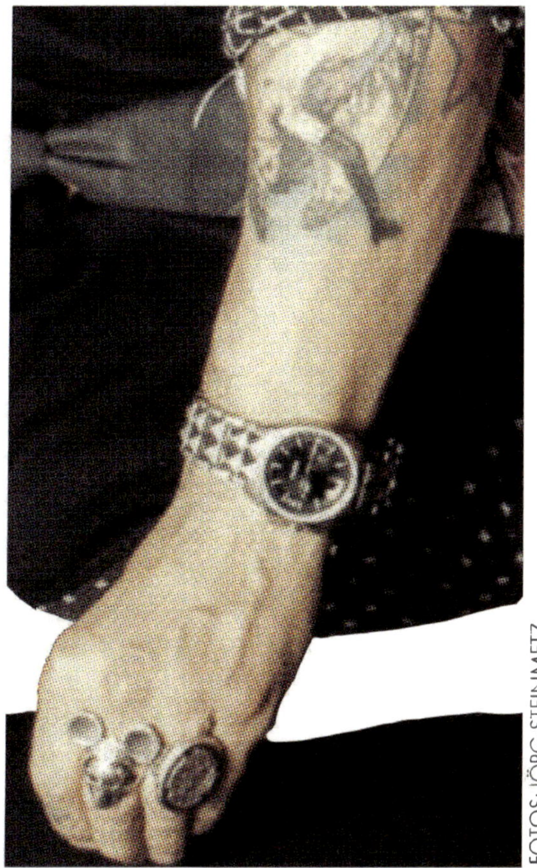

FOTOS: JÖRG STEINMETZ

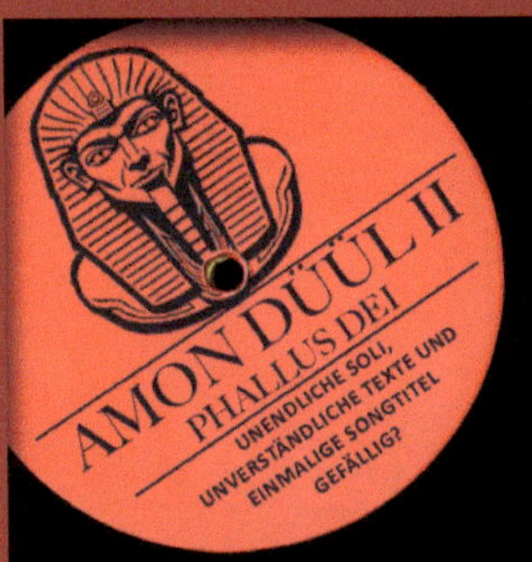
AMON DÜÜL II
PHALLUS DEI
UNENDLICHE SOLI,
UNVERSTÄNDLICHE TEXTE UND
EINMALIGE SONGTITEL
GEFÄLLIG?

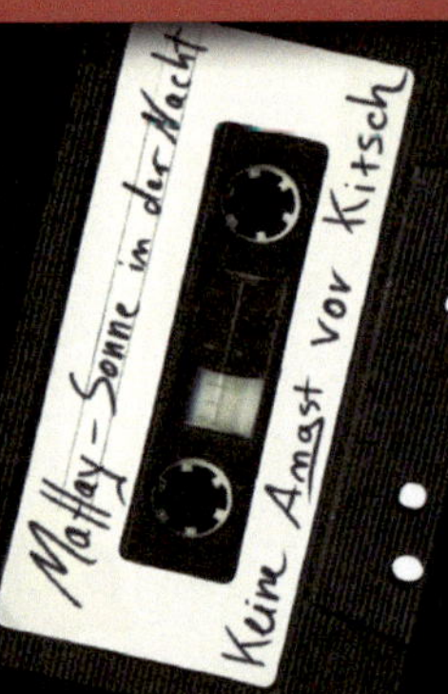
Maffay – Sonne in der Nacht
Keine Angst vor Kitsch

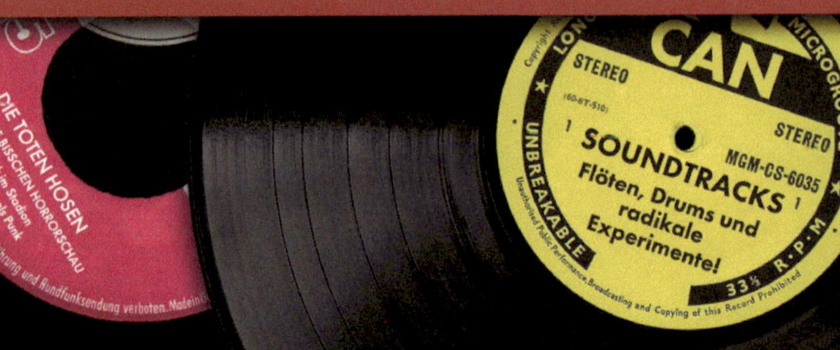
DIE TOTEN HOSEN
EIN KLEINES BISSCHEN HORRORSCHAU
Kubrick im Studio
& Beethoven als Punk
CAN
STEREO
SOUNDTRACKS
MGM-CS-6035
Flöten, Drums und
radikale
Experimente!
UNBREAKABLE
LONG
MICROGROOVE
33⅓ R.P.M.

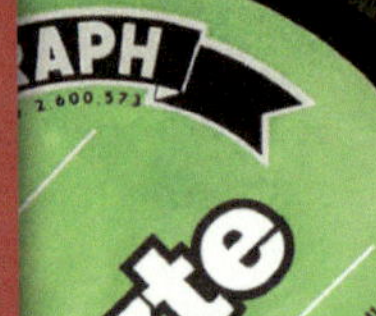
APH
2 600 573
ärzte
DEBIL
Wenn ein Bademeister Grace Kelly
Cowboy-Witze erzählt, singt
Claudias Schäferhund vielleicht
ein Schlaflied?

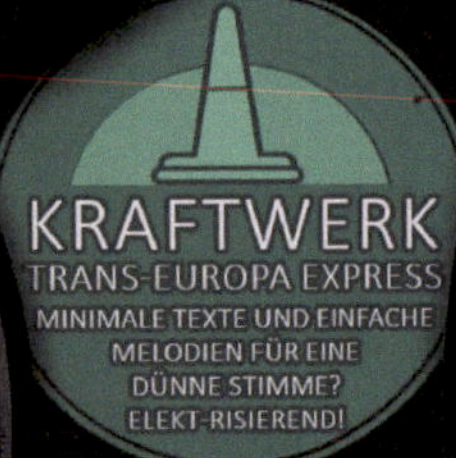
KRAFTWERK
TRANS-EUROPA EXPRESS
MINIMALE TEXTE UND EINFACHE
MELODIEN FÜR EINE
DÜNNE STIMME?
ELEKT-RISIEREND!

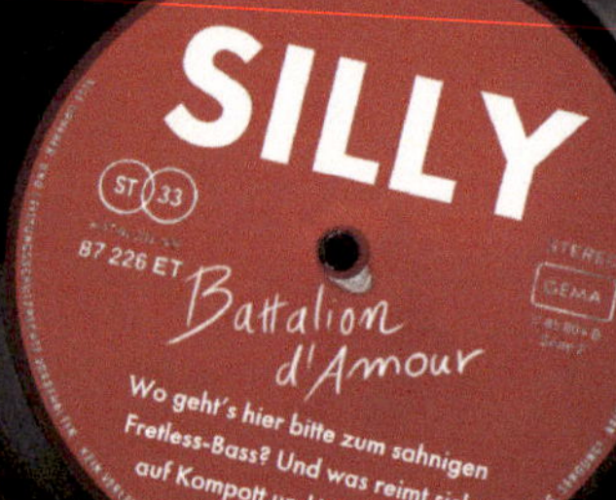
SILLY
ST 33
87 226 ET
STEREO
GEMA
Battalion
d'Amour
Wo geht's hier bitte zum sahnigen
Fretless-Bass? Und was reimt sich
auf Kompott und Wellfleisch?

KLAUS LAGE BAND
SCHWEISSPERLEN
1000 UND 1 FAUST
2
STEREO

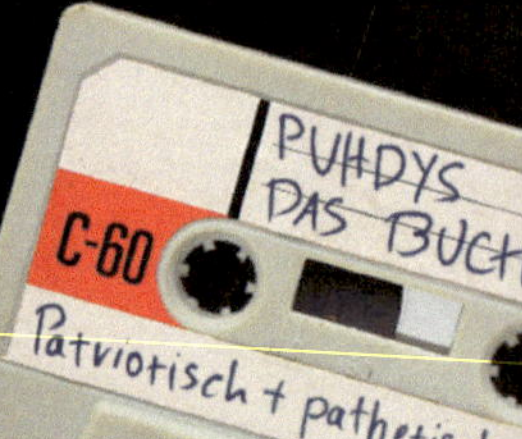
PUHDYS
DAS BUCH
C-60
Patriotisch + pathetisch

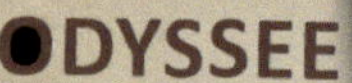
UDO
LINDENBERG
ROCK
B
ODYSSEE
TREFFEN SICH CONAN UND EINE
BODYBUILDERIN IM SONDERZUG
NACH PANKOW. SAGT DER
ASPHALTCOWBOY....

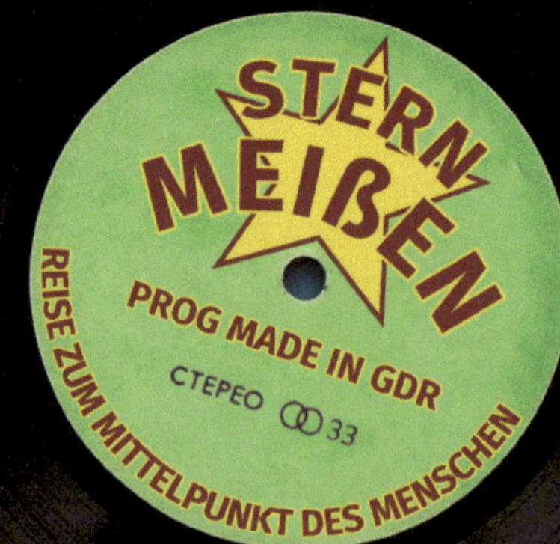
STERN
MEIßEN
PROG MADE IN GDR
CTEPEO 33
REISE ZUM MITTELPUNKT DES MENSCHEN

KARAT
Neutronen.

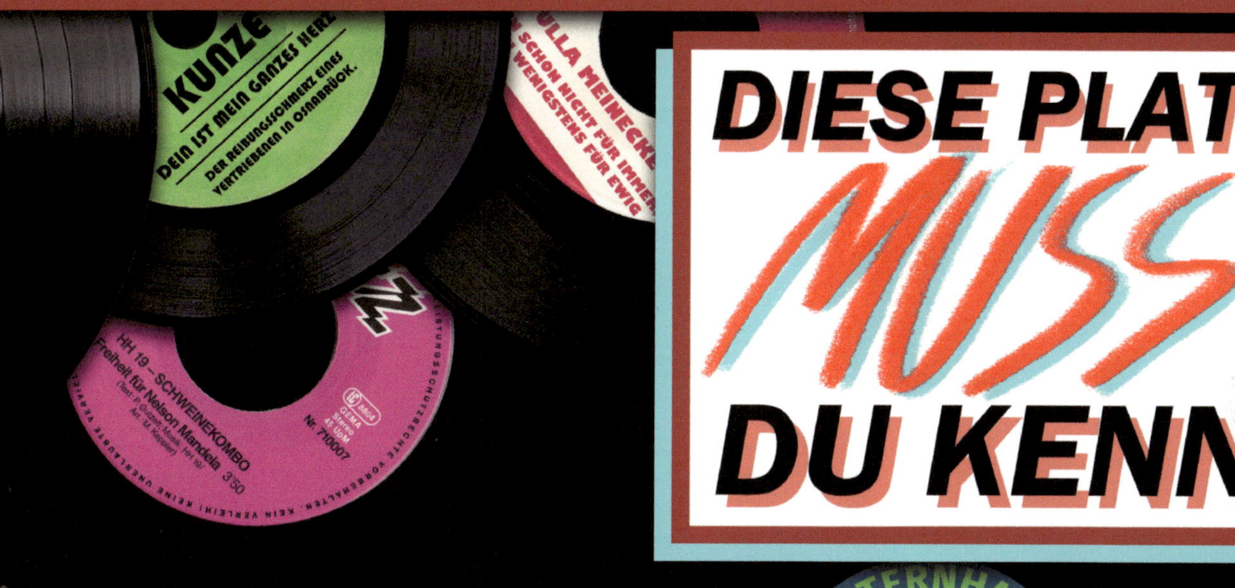
DIESE PLATTEN
MUSST
DU KENNEN
KUNZE
DEIN IST MEIN GANZES HERZ
DER REIBUNGSSCHMERZ EINES VERTRIEBENEN IN OSNABRÜCK.
ULLA MEINECKE
SCHON NICHT FÜR IMMER
WENIGSTENS FÜR EWIG
HH 19 – SCHWEINEKOMBO
Freiheit für Nelson Mandela
3'50
GEMA
Stereo
45 UpM
Nr. 710007

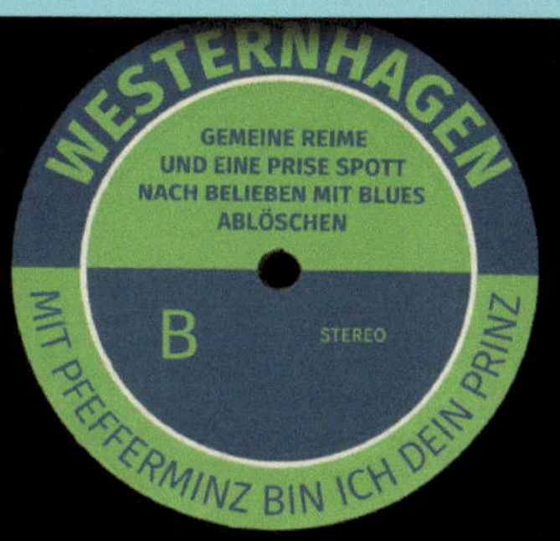
WESTERNHAGEN
GEMEINE REIME
UND EINE PRISE SPOTT
NACH BELIEBEN MIT BLUES
ABLÖSCHEN
B
STEREO
MIT PFEFFERMINZ BIN ICH DEIN PRINZ

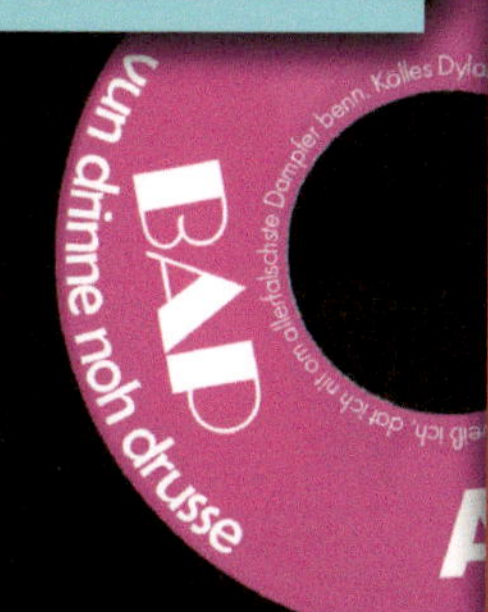
BAP
Un drinne noh drusse
A

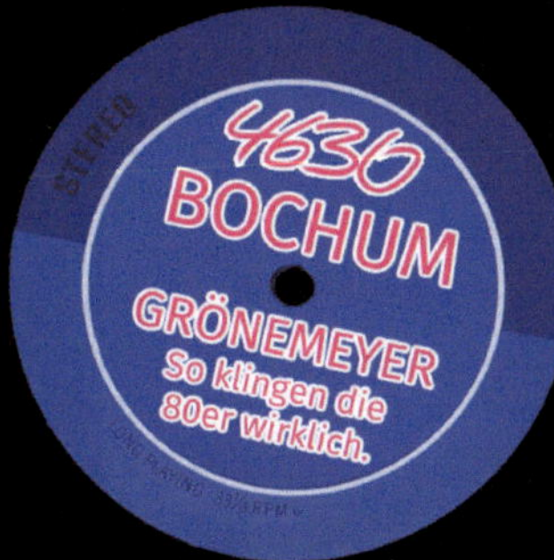
4630
BOCHUM
GRÖNEMEYER
So klingen die
80er wirklich.

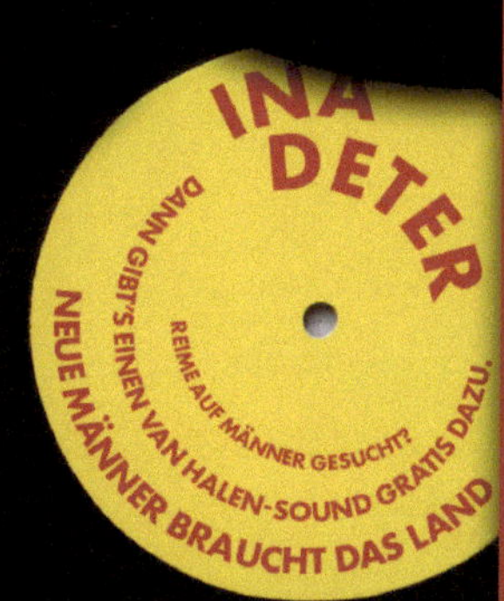
INA DETER
REIME AUF MÄNNER GESUCHT?
DANN GIBT'S EINEN VAN HALEN-SOUND GRATIS DAZU.
NEUE MÄNNER BRAUCHT DAS LAND

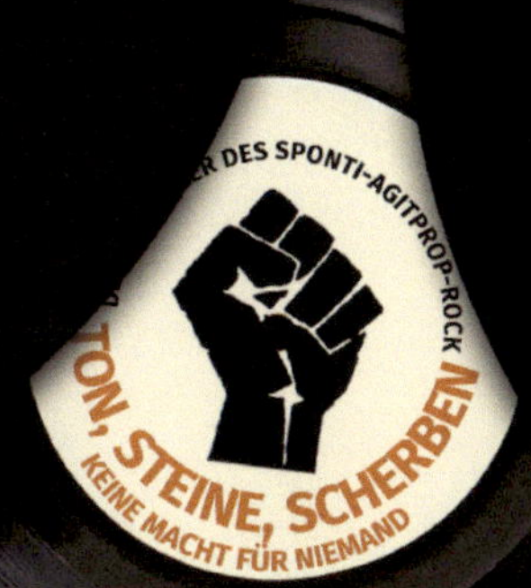
TON, STEINE, SCHERBEN
KEINE MACHT FÜR NIEMAND

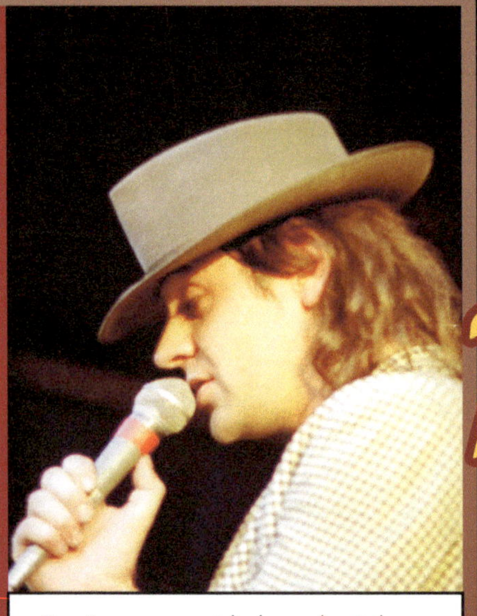

Von Gronau aus spielt der noch minderjährige Lindenberg bereits 1963 als Jazz-Schlagzeuger auf amerikanischen Militärstützpunkten u.a. in Frankreich und Libyen und kehrt dann zurück nach Münster. Seit

UDO LINDENBERG

1971 legt er regelmäßig neue Alben vor, mit denen sich Deutsch als Sprache der Rockmusik überhaupt erst durchsetzt.

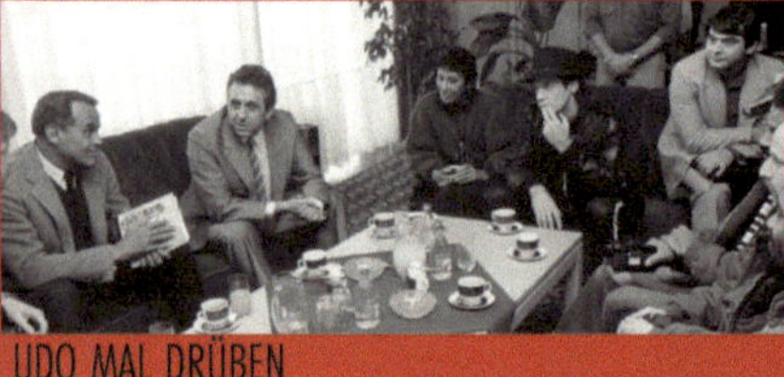

UDO MAL DRÜBEN

Udo liebt Reime und Wortspiele wie „alles klar auf der Andrea Doria" und schreibt sehr früh auch Songs für seine Fans in der DDR. Bis heute ist Udo ein Vorbild für viele junge Musiker:innen und begehrter Kollaborationspartner, der es z.B. mit Apache 207 und ihrem Nr. 1-Hit *Komet* noch immer bis an die Spitze der Hitparade schafft.

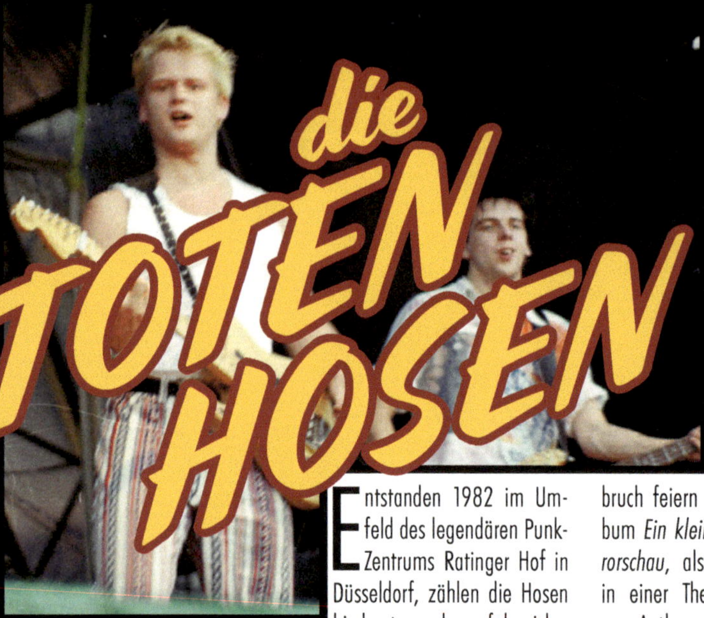

die TOTEN HOSEN

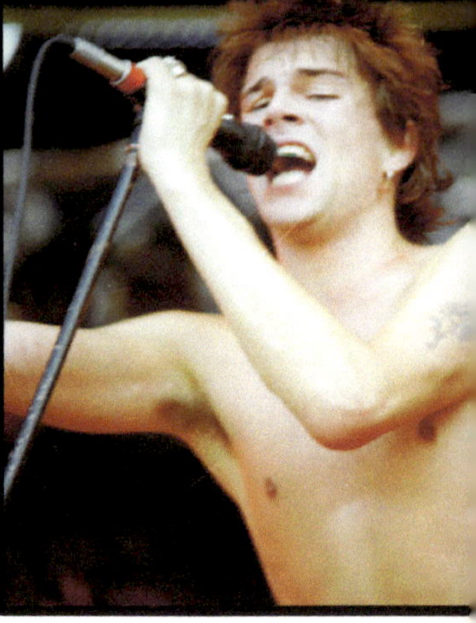

Entstanden 1982 im Umfeld des legendären Punk-Zentrums Ratinger Hof in Düsseldorf, zählen die Hosen bis heute zu den erfolgreichsten deutschen Rockbands. Ihren kommerziellen Durchbruch feiern sie mit dem Album *Ein kleines bißchen Horrorschau*, als Campino 1988 in einer Theaterinszenierung von Anthony Burgess Roman *A Clockwork Orange* mitspielt. Neben illegalen Konzerten in Ost-Berlin (1983 und 1 und einer 1984 vor G ausgefochtenen Satire Heino gegen Norbert H ist die Band auch fü Engagement gegen bekannt.

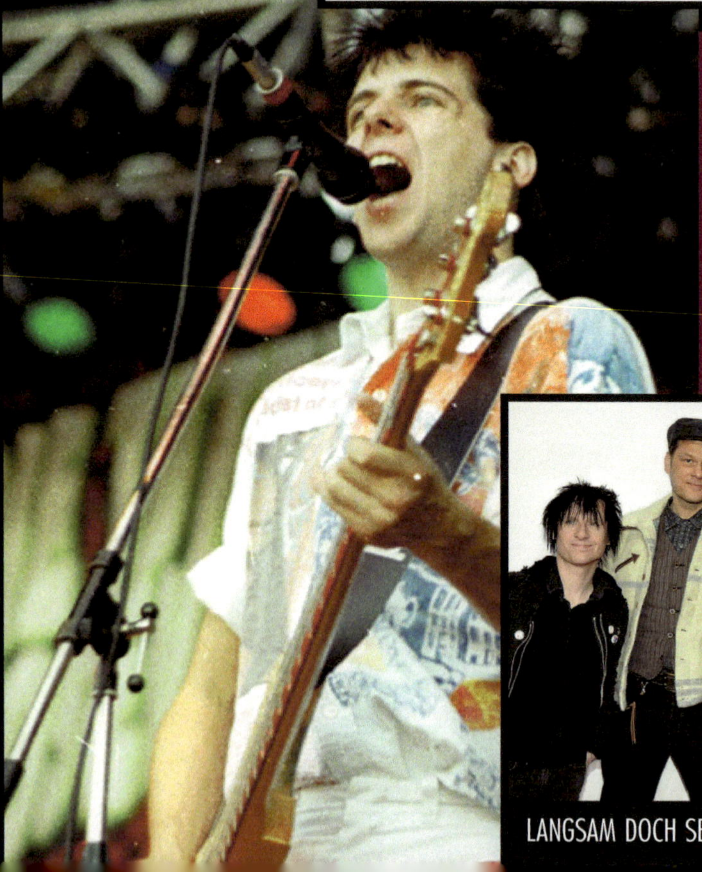

DEUT ROC

WIR Vers

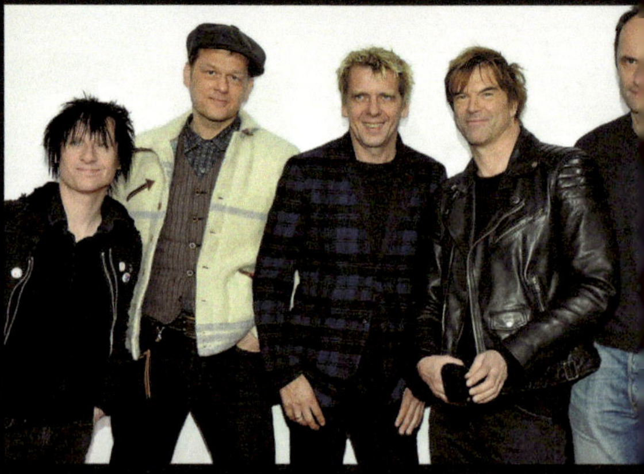

LANGSAM DOCH SEHR NAH AN DEN 60: DIE TOTEN HOSE

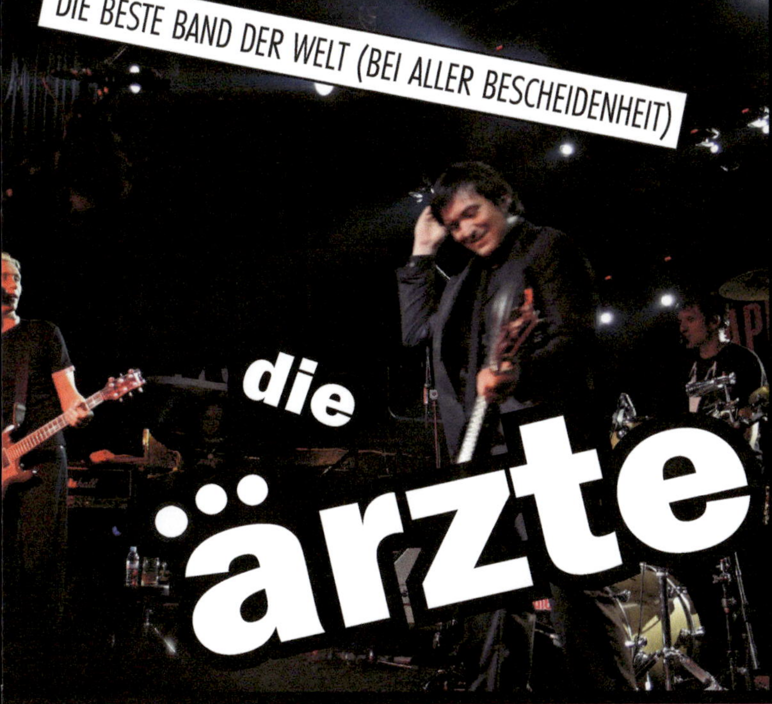

Mit Wurzeln in der Punkbewegung reicht der musikalische Horizont der 1982 gegründeten Ärzte bis in Bereiche von Rockabilly, Pop und NDW. Vor allem ihre ironischen und pointierten Texte begeistern ihr rasch wachsendes Publikum und schüren die Ängste von Sittenwächtern, so dass gleich das erste Album *Debil* (1984) für zwanzig Jahre indiziert wird. Nach einer ersten Auflösung 1988 gründen sich die Ärzte fünf Jahre später erneut, um gegen den wachsenden Neofaschismus Stellung zu beziehen.

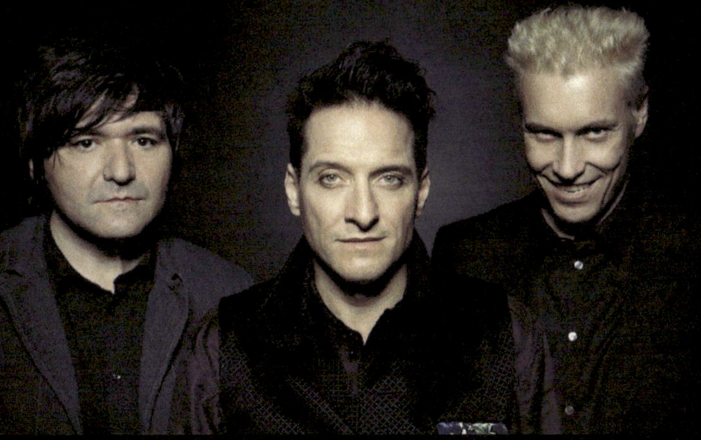

SCH

Als Gegenentwurf zum Schlager und im Geist der politisierten 1960er-Jahre beginnen Bands und Musiker in Westdeutschland, mit Ironie, großen Gefühlen und Wut in ihrer Muttersprache zu singen. Ihr Sound und ihr Songwriting orientieren sich an den großen Vorbildern aus England und den USA wie den Beatles, Bob Dylan, den Rolling Stones, Deep Purple, Bruce Springsteen und Van Halen, später auch an den Ramones, den Sex Pistols und The Clash. Mit ihren Texte wollen sie jetzt aber ganz eigene Geschichten erzählen, die nicht einfach kitschig sind, aber trotzdem Gefühle ausdrücken und eingängige Parolen haben, damit sie auch bei Konzerten gut zu singen sind. Vor allem sollen die Lieder von den Fans verstanden werden und zu ihrer Lebenssituation passen. Denn Wut, Ärger, Angst, Liebeskummer, Freude, Leidenschaft und Spaß kennen wir alle. Als in den 1980er-Jahren die Gefahr eines dritten Weltkriegs weiter steigt und 1986 der ukrainische Reaktor Tschernobyl explodiert, beteiligen sich viele Bands an der Friedens- und der Antiatomkraftbewegung. Andere engagieren sich in der Frauenbewegung und fordern ein umfassendes gesellschaftliches Umdenken. Bis heute sind viele Bands und Künstler:innen aus dieser Zeit aktiv und füllen zur Freude ihrer treuen Fans noch immer Konzerthallen und Stadien.

'euch!

ON
TEINE
CHERBEN

t mit dem ersten Album trifft and rund um Rio Reiser 1970 Nerv der Berliner Sponti- und besetzer-Szene und macht mit einem eigenen Label von nfirmen unabhängig. Auf der Suche nach einem kreativen Rückzugsort lässt sich die Band 1974 in Nordfriesland nieder und singt nun auch über persönliche und tabuisierte Themen wie Homosexualität. Mit Unterstützung von Inga Humpe startet Rio Reiser 1985 eine erfolgreiche Solokarriere und er stirbt 1996 kurz nach seinem sechsten Album.

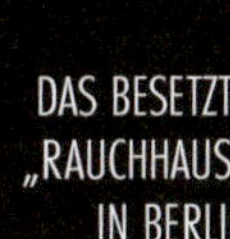

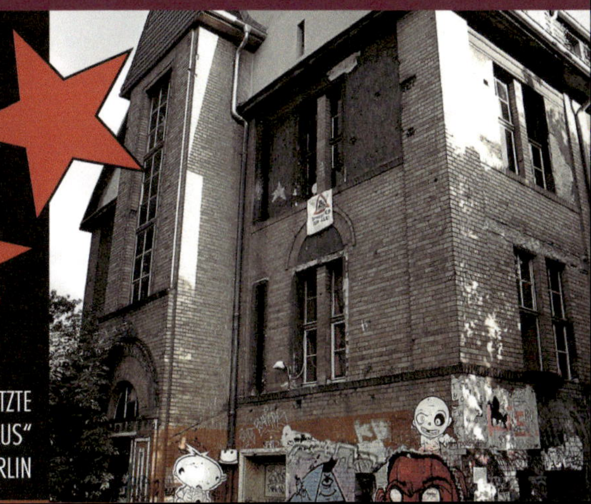

DAS BESETZTE „RAUCHHAUS" IN BERLIN

DEUTSCH ROCK Teil 2

Rock auf Kölsch: BAP

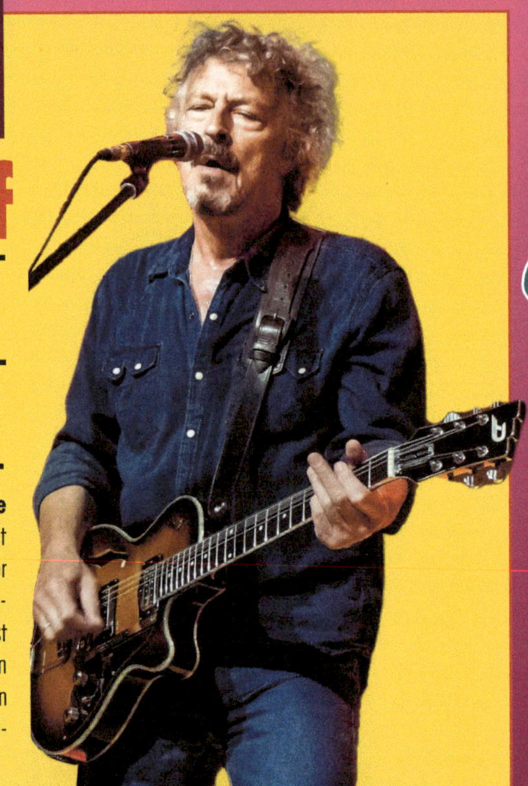

Wie die **Kölner Urgesteine** Bläck Fööss singen **BAP** seit ihren Anfängen 1976 in ihrer Mundart über politische Themen und Alltagsgeschichten. Bei allen Umbesetzungen ist Wolfgang Niedecken bis heute der Kern von BAP. Der bekennende Stones- und Dylan-Fan hat mehr als 30 Studio-, Solo- und Live-Alben vorgelegt.

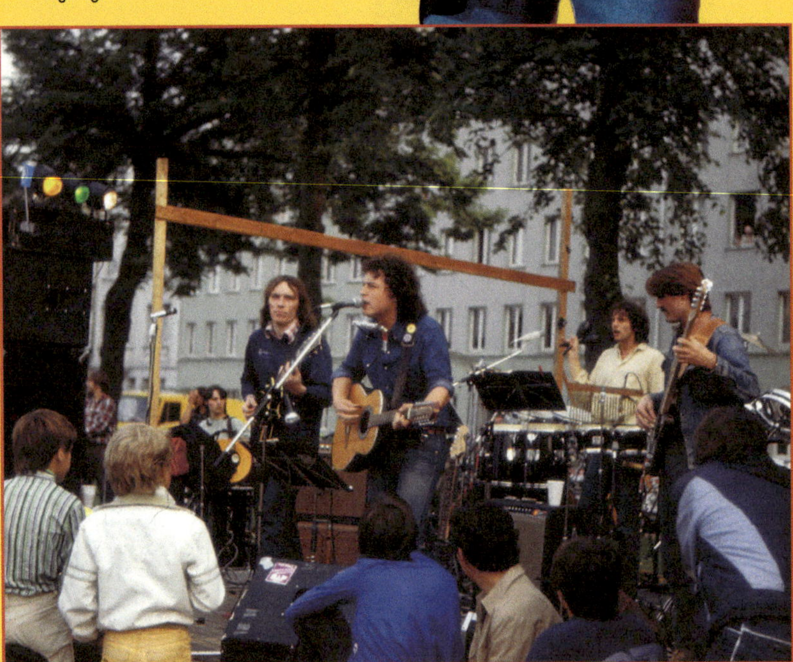

HERBERT GRÖNEMEYE

Von Beginn an verfolgt Grönemeyer eine parallele Karriere als Musiker und Schauspieler, sowohl am Theater als auch beim Film. Erst mit dem fünften, seiner Heimatstadt Bochum gewidmeten Album feiert er 1984 seinen Durchbruch und er wird mit seinem charakteristisch nuschelnden Gesangsstil zu einem der erfolgreichsten deutschsprachigen Stars der frühen 1990er-Jahre. Grönemeyer durchlebt mehrere persönliche Schicksalsschläge, für die er sich auch längere Zeit aus der Öffentlichkeit zurückzieht und die er dann in seiner Musik verarbeitet. Bis heute ist er sehr sozial engagiert und nutzt seine Popularität für zahlreiche Initiativen gegen rechts.

HERBERT AUF EINEM KONZERT SEINER „12-TOUR" IN BER

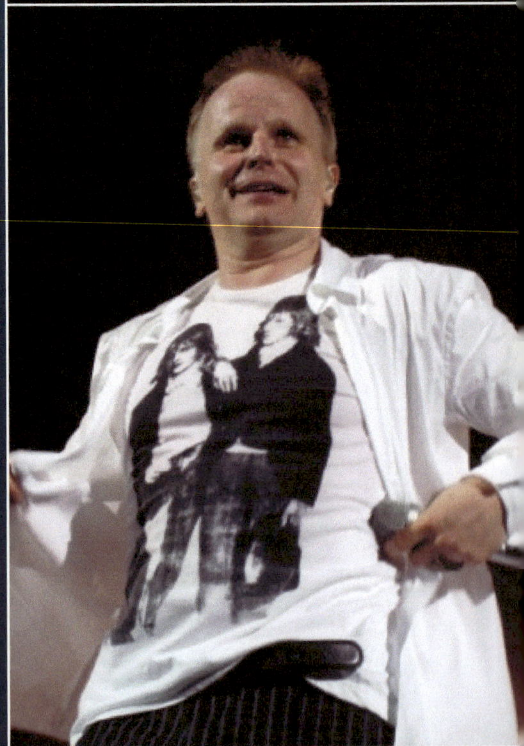

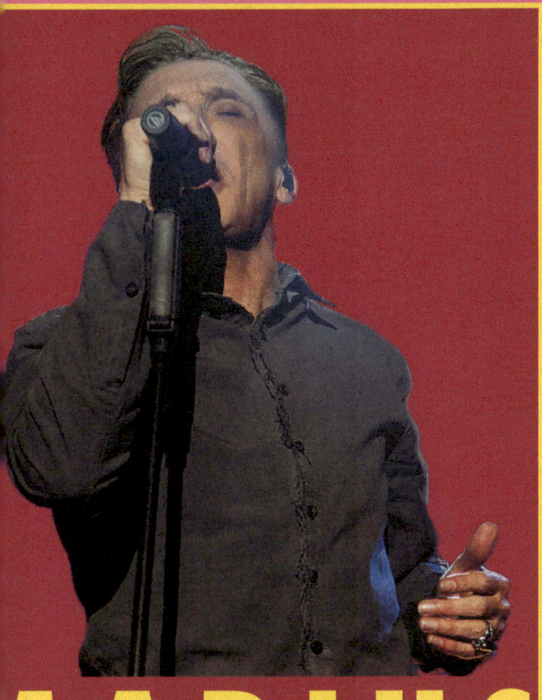

MARIUS MÜLLER WESTERNHAGEN

ach einer ersten Karriere als Schauspieler erscheint 1975 ein
s, wenig beachtetes So-
um. Die vierte Scheibe
Pfefferminz bin ich Dein
(1978) gilt heute als
siker und macht Wes-
agen als kritischen, zynischen, ironischen und politischen Songtexter berühmt. In den frühen 1990er-Jahren erreichen seine Alben und Tourneen ein Millionenpublikum und bis heute liegen 20 Studioalben vor.

Unterstützt durch Udo Lindenberg erscheint 1977 ein erstes Album und Ulla Meinecke macht sich in Hamburg und West-Berlin einen Namen. Die Zusammenarbeit mit dem Spliff-Musiker und Produzenten Herwig Mitteregger gibt ihrer Karriere entscheidende Impulse und sie wird ab 1980 zu einer der bekanntesten deutschen Rocksängerinnen. Zur Mitte der 1990er-Jahre wird es ruhig um sie und das vorerst letzte Album erscheint 2002.

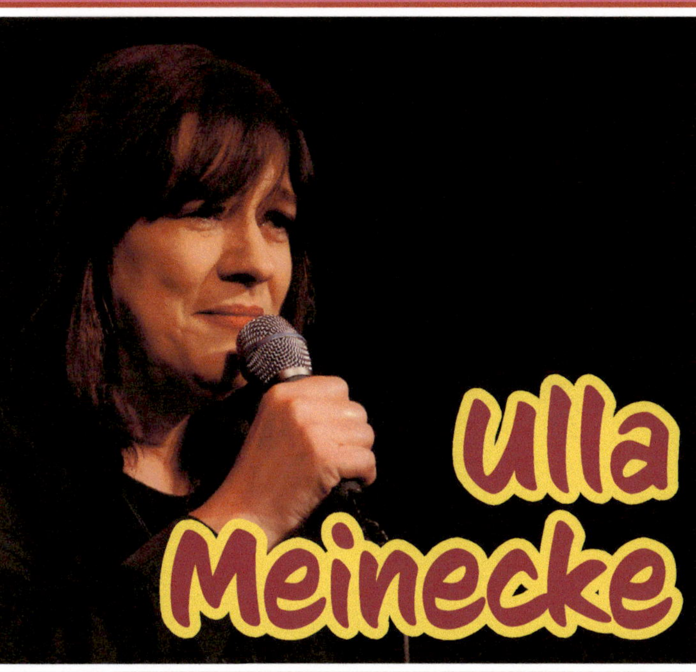

HILFE, ICH LIEBE EINE ROCKERIN!

FRAG DR. CUSTODIS

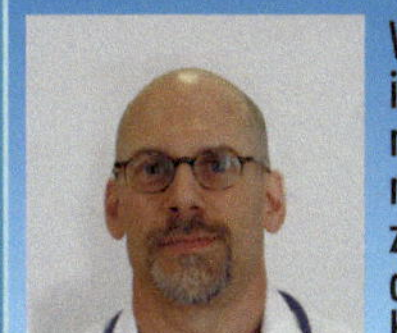

Waren alle Freunde schon auf ihrem ersten Konzert, nur du noch nicht? Schämst du dich, mit deinen Eltern über Freejazz zu sprechen? Verändert sich dein Musikgeschmack plötzlich? Keine Sorge, unser Experte Dr. Custodis ist für dich da!

Hallo Dr. Custodis-Team,

Ich bin der weltgrößte Adriano Celentano Fan, Azzuro ist meine Hymne! Aber irgendwie ist es einfach so passiert, dass ich mich in Michaela verliebt habe. Sie ist supersüß und voll cool, aber leider steht sie auf Rockmusik, diesen lauten Krach, und singt sogar laut mit, aber meistens überhaupt nicht auf Italienisch!
Wie finde ich heraus, ob sie mich trotzdem mag?
Grüße, Dietmar (15)

Lieber Dietmar!
Du schreibst, dass Du Dich in Michaela aus Eurer Clique verliebt hast, die am liebsten Rock hört und sogar am lautesten alle Texte mitsingen kann. Wenn wir Dich richtig verstanden haben, stehst Du aber auf Italo-Pop. Auf Deine Frage, wie Du herausfinden kannst, ob sie Dich trotzdem gut findet und vielleicht sogar mit Dir gehen will, gibt es keine einfache Antwort. Du musst anfangen, über Deine Gefühle zu reden und ihr zeigen, dass Du sie respektierst und interessant findest. Denn wenn Du sie magst, magst Du ja eigentlich auch ihren Musikgeschmack, oder? Lade sie doch mal ein, zusammen eine Platte von Depeche Mode zu hören. Die haben coole Beats und gefühlvolle Texte, das könnte Euch beiden gefallen.

Ganz liebe Grüße,
Dein Dr. Custodis-Team

Wenn du Dr. Custodis auch eine Frage stellen möchtest, schicke sie uns einfach an die Redaktion, natürlich anonym!

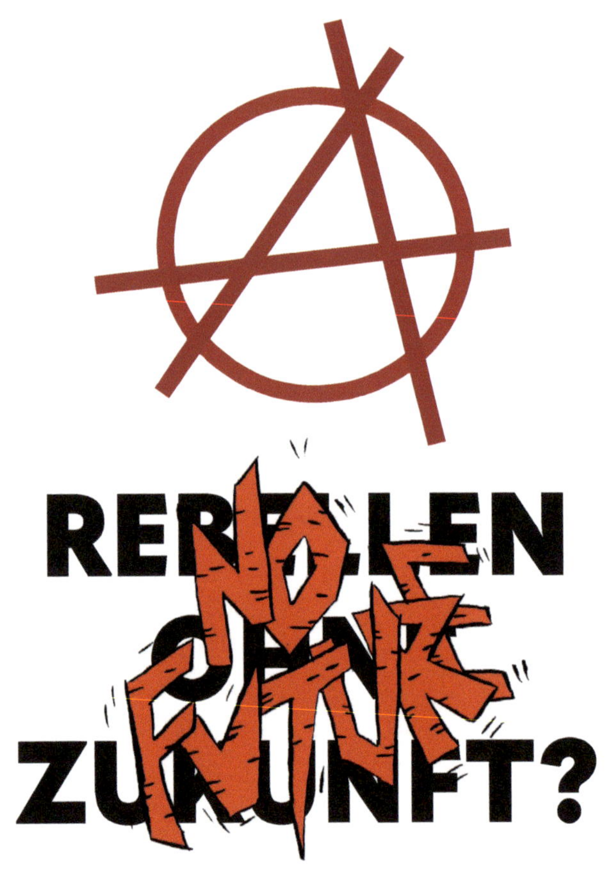

PUNK IN WEST UND OST

Manche Musikstile kanalisieren nicht nur den Drang nach Innovation, sondern geben auch der Ablehnung aktueller Trends eine besonders laute Stimme. Der Prototyp einer solchen Antihaltung ist Punk. Als Pink Floyd in den 1970er-Jahren die Rockmusik in ein pompöses Sound- und Bühnenspektakel verwandelt, schlägt der Prog Rock mit Bands wie Emerson, Lake and Palmer, King Crimson, Yes und Gentle Giant Brücken zu klassischen Kompositionsmodellen, während Disco das kritische Potenzial von Soul und Funk hedonistisch entkernt. Nun reichen einige dreckig hingeschleuderte Gitarrenakkorde, zerrissene Jeans und aggressive Texte, um einzuschlagen wie eine Bombe. Mit ihrem Schlachtruf „Hey ho, let's go!" eröffnen die Ramones 1976 ihr erstes Album *Blitzkrieg Bob* und mit ihrem Song *Judy is a Punk* geht das neue Wort um die Welt. Während der legendäre Club *CBGB* in ihrer Heimatstadt New York zu einem Epizentrum in den USA wird, verbreitet sich Punk von London aus in Windeseile durch Europa.

Als Ikonen des britischen Punk liefern The Clash und vor allem The Sex Pistols die nötigen Parolen wie *White Riot* und *Anarchy in the U. K.* Die Musikindustrie findet schnell Gefallen an dem neuen Phänomen aufsässiger Jugendlicher: Stachelig toupierte Haare, sorgfältig zerrissene und mit Nieten und Sicherheitsnadeln präparierte Klamotten, provokative Accessoires wie Hakenkreuze sowie eine sture Antihaltung bieten genügend Provokationen gegen Margret Thatchers neoliberal-konservativen Zeitgeist. Mit dem Gefühl, ohnehin gesellschaftlich abgehängt zu sein, feiert der Punk ‚No Future' und liefert der Presse mit Skandalen, Drogenexzessen und demonstrativer Leistungsverweigerung ausreichend Stoff für reißerische und besorgte Berichte.

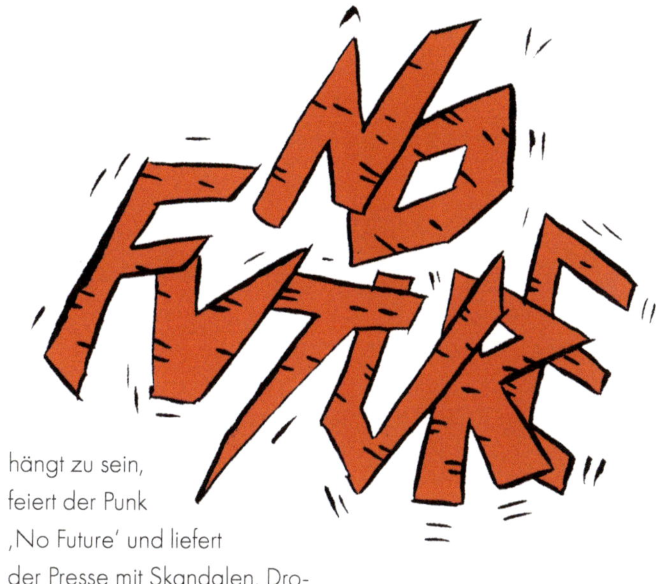

Im Widerspruch zu den eigenen antikapitalistischen Parolen entwickelt sich Punk zu einem boomenden Geschäftszweig, der um 1980 sehr schnell auch in westdeutschen Großstädten wie Hamburg, Berlin, Frankfurt und München Fuß fasst, häufig in der linken Szene. Dort ist der ‚heiße Herbst' von 1977 noch sehr präsent, als der Terror der Roten Armee Fraktion die Öffentlichkeit in Atem hielt und der Staat mit Schleierfahndung, Gerichtsprozessen, drastischen Polizeieinsätzen und einem Generalverdacht gegen links-alternative Gruppierungen reagierte. Entsprechend heterogen entwickelt sich die westdeutsche Punkszene. In der Tradition der 68er-Bewegung erinnert die Hamburger Band Slime mit Slogans wie *Polizeistaat SA/SS* und *Wir wollen keine Bullenschweine* an die NS-Vergangenheit der Strafverfolgungsbehörden. Andere Songs prangern die Drangsalierung der Antiatomkraftbewegung und der Hausbesetzerszene oder soziale Ungerechtigkeiten an und besingen das Lebensgefühl als Punks.

Neben aller Gesellschafts- und Konsumkritik kommt der Spaß im Punk keineswegs zu kurz, ganz im Gegenteil. Bald gründen sich alternative Kulturzentren und Kneipen wie der Ratinger Hof in Düsseldorf, die zu Treffpunkten der autonomen und linken Szene werden und Bands wie den Toten Hosen Auftrittsmöglichkeiten bieten. Mit ihrem ersten Album *Debil* machen 1984 Die Ärzte von West-Berlin aus auf sich aufmerksam und erarbeiten sich mit ironischen Songtexte wie dem 1987 indizierten *Claudia hat 'nen Schäferhund* eine treue Fangemeinde.

In Ostdeutschland erfahren Jugendliche in Fernsehbeiträgen aus Westdeutschland Anfang der 1980er-Jahre von Punk. Artikel der Tagespresse berichten von einem respektlosen, nihilistischen, schockierenden und widersprüchlichen Jugendphänomen, das rasant von England aus um sich greift. Bald gründen sich in Berlin, Leipzig und Dresden erste Bands mit provokativen Namen wie Planlos, Größenwahn, Wutanfall, Schleimkeim, Zwitschermaschine, L'Attentat und Namenlos, was die DDR-Behörden vor ein großes Problem stellt: Nach den Leitlinien der marxistisch-leninistischen Herrschaftsideologie kann es solche Auswüchse einer verwahrlosten Jugend nur im Kapitalismus geben, da im Sozialismus die sozialen Grundlagen dieser Verwahrlosung längst überwunden sind. Stattdessen aber hatten DDR-Jugendliche bereits 1965, also fast zwanzig Jahre zuvor, gegen das Verbot von Popularmusik gestritten und die Leipziger Beat-Krawalle ausgelöst. Danach war im Strafgesetzbuch der sogenannte Asozialen-Paragraph § 249 eingeführt und fortan rigoros gegen jugendliche Abweichler eingesetzt worden.

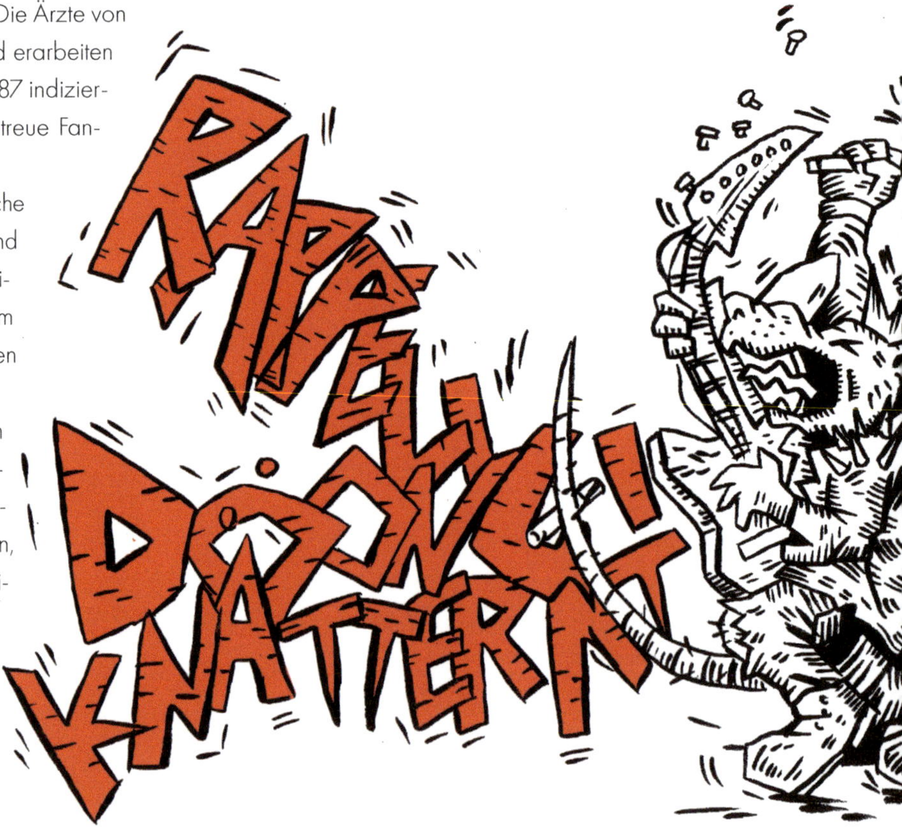

Anders als die meisten DDR-Bürger halten Punks ihre oppositionelle Haltung nicht streng privat, sondern tragen die Ablehnung des Staates offen zur Schau. Dies hat auch direkte Auswirkungen auf ihr eigenes Musikmachen. Da nur lizensierte Musikgruppen öffentlich auftreten und Schallplatten produzieren dürfen, führt der Weg der illegalen Punkbands über Umwege bald zur evangelischen Jugendarbeit. In Städten wie Ost-Berlin, Leipzig, Dresden, Jena, Gera und Chemnitz, vor allem aber im ländlichen Raum von Thüringen fühlen sich Jugenddiakone und Pfarrer mit einem Konzept der „offenen Jugendarbeit" auch solchen Teenagern verpflichtet, die nicht den staatlichen Maßstäben entsprechen. Punks wiederum bekommen von der offiziellen Jugendorganisation FDJ keine Proberäume z. B. in Jugendclubs zugewiesen und weichen zunächst in Privatwohnungen und Künstlerateliers aus. Dort sind sie temporär geduldet, bis ihre nachlässige, oft auch rücksichtslose Art zu viel Unmut hervorruft.

Trotz ihres oft radikalen Atheismus erobern DDR-Punks rasch den kirchlichen Raum. Möglich ist dies beispielsweise im Rahmen sogenannter „Bluesmessen", mit denen seit 1979 der Sound von Jugendlichen in den Gottesdienst integriertet wird. Da diese Konzerte als Veranstaltung mit religiösem Charakter gelten, müssen sie nicht staatlich genehmigt werden. Daher können dort auch nichtlizensierte Bands, also Musiker mit illegalem Künstlerstatus, öffentlich auftreten. Umgekehrt kann ein Auftritt lizensierter Musiker in Kirchen auch zum Entzug ihrer offiziellen Spielerlaubnis führen, da die Durchlässigkeit zwischen kirchlichem und weltlichem Musizieren bei der Obrigkeit unerwünscht ist.

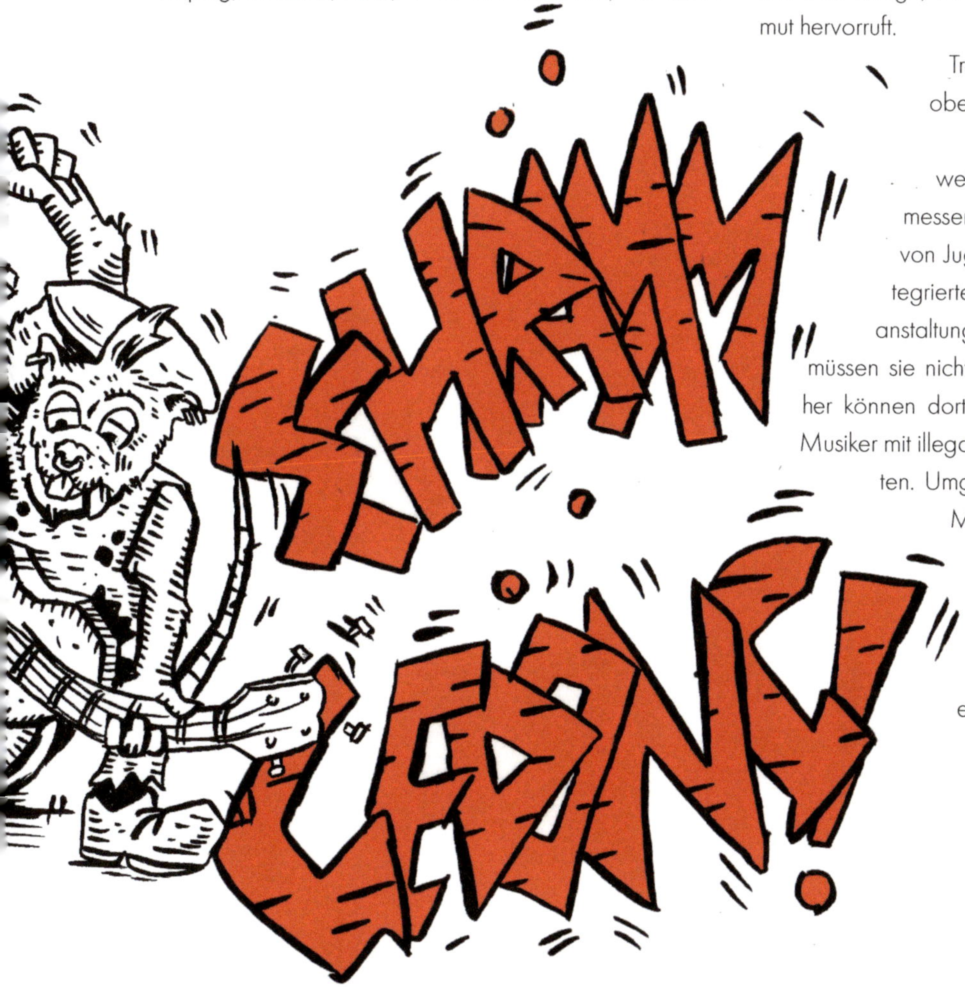

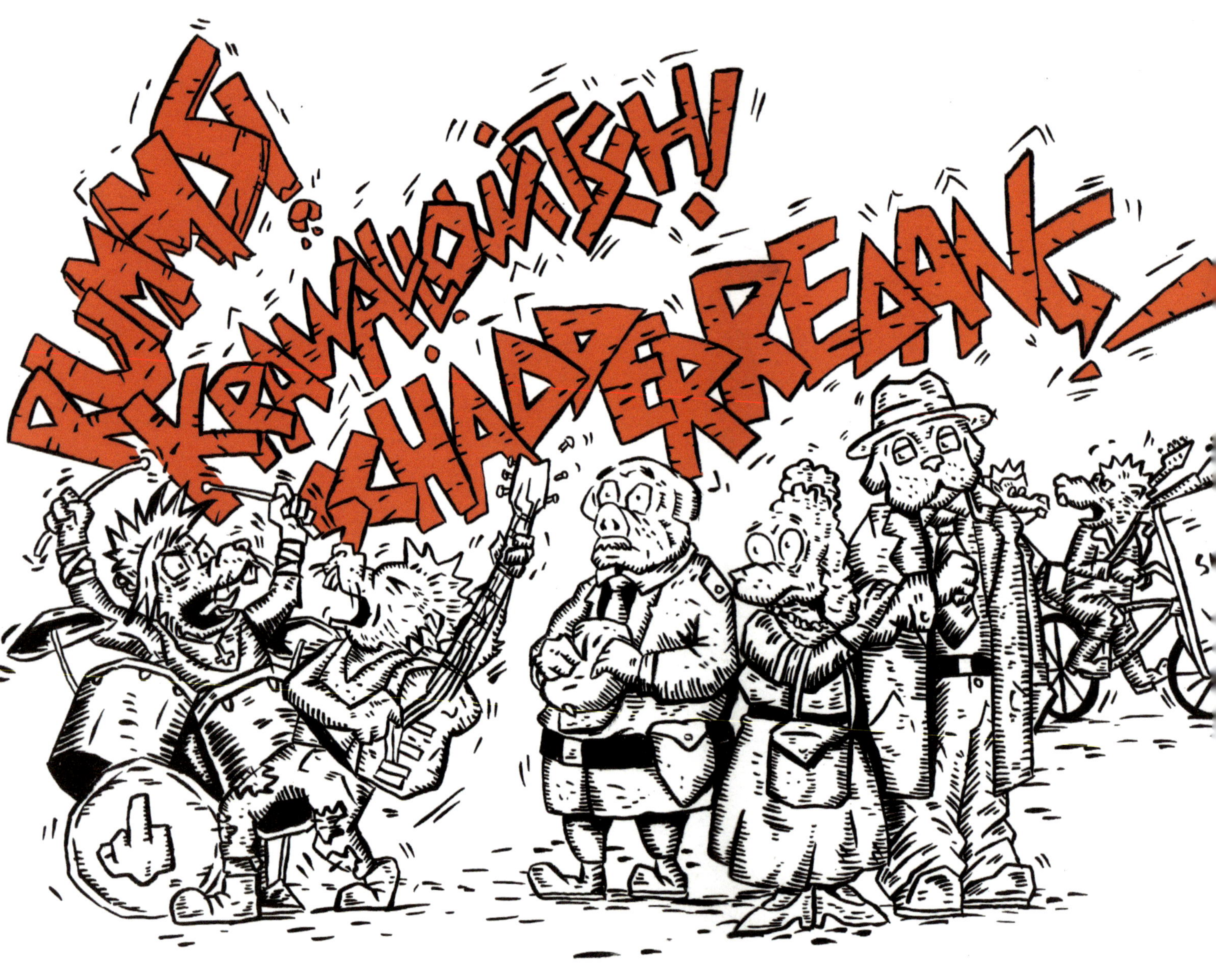
BUMMS!
KRAWALOWITSH!
SCHADDERREAANG!

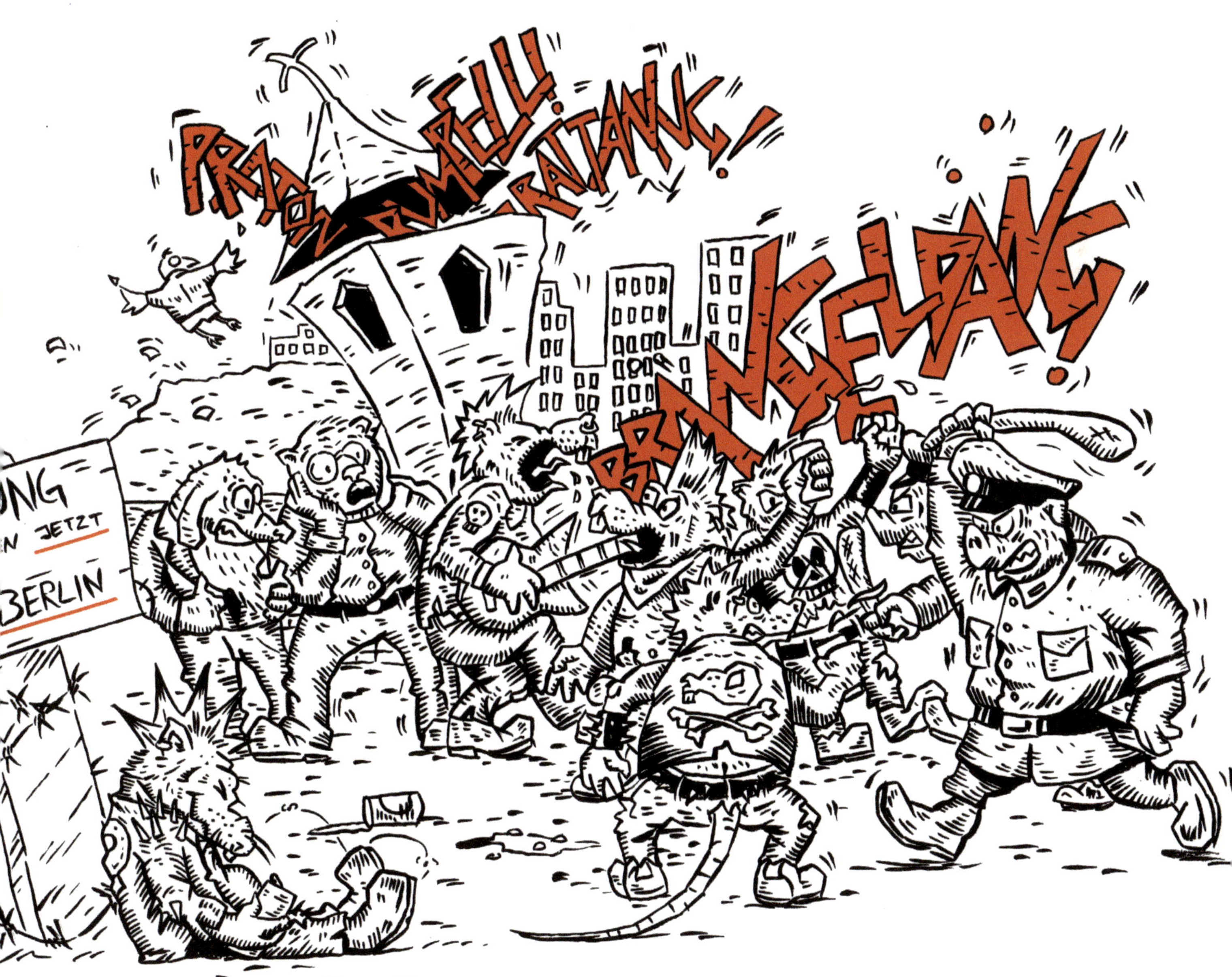

PRADONDUMPELL!
RATTANNG!
BRANGELDANG!
UNG
N JETZT
BERLIN

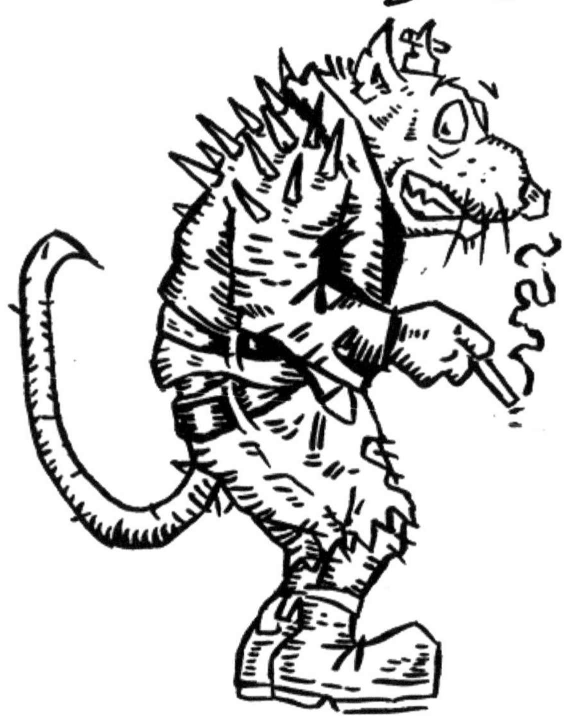

EINE TRADITION, DIE BANDS WIE „ACHT EIMER HÜHNERHERZEN", „PISSE", „PÖBEL UND GESOCKS", „TODESKOMMANDO ATOMSTURM" ODER „EISENPIMMEL" MIT STOLZ FORTSETZEN.

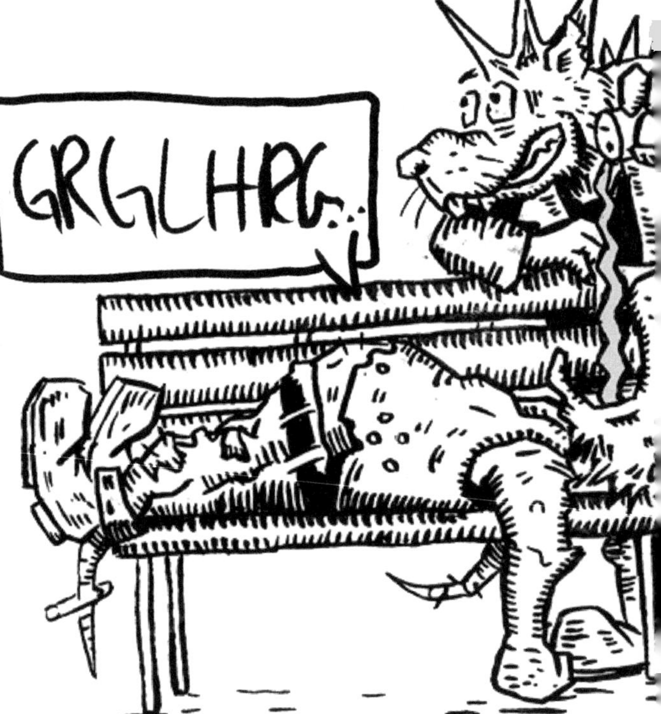

ICH ZITIERE MAL: „WER DAS GESELLSCHAFTLICHE ZUSAMMENLEBEN DER BÜRGER ODER DIE ÖFFENTLIC ORDNUNG DADURCH GEFÄHRDET, DASS ER SICH A ARBEITSSCHEU EINER GEREGELTEN ARBEIT HARTNÄC ENTZIEHT..." BLA BLABLA
VOLL DIE FRECHHEIT! PUNK SEIN IST HARTE ARBEIT! WONNICH?!
GRGLHRG...

Entsprechend der Negation Gottes in der marxistisch-leninistischen Lehre konkurrieren die SED und ihre diversen Organisationen mit der Kirche um einen generellen, allgemeingültigen Wahrheitsanspruch, vor allem aber um den Einfluss auf die Jugend. Einerseits hat die SED im Parteiprogramm von 1976 die „kommunistische Erziehung der Jugend" zum Staatsziel erhoben und zwei Jahre später obligatorischen Wehrkundeunterricht an Schulen eingeführt, was den Konflikt mit christlichen Elternhäusern weiter befeuert. Andererseits hat die DDR-Führung im Jahr 1973 die Schlussakte der KSZE (Konferenz über Sicherheit und Zusammenarbeit in Europa) ratifiziert, um völkerrechtlich anerkannt zu werden, was die Achtung der allgemeinen Menschenrechte und der Religionsfreiheit einschließt. Daraus entwickelt sich über die Jahre ein Burgfriede: Der Staat erkennt die Unantastbarkeit von Kirchenräumen an, sichert der Kirche Unabhängigkeit bei ihrer Personalführung zu und behindert nicht mehr – zumindest offiziell – die Produktion von kirchlichen Publikationen. Entsprechend attraktiv wird die evangelische Kirche als Arbeitgeberin für Pazifisten, Oppositionelle und andere Menschen, die sich der rigorosen Kontrolle des Staates entziehen wollen.

NICHT DASS UNS INTERESSIERT WAS IRGENDWEM UNERWÜNSCHT IST.

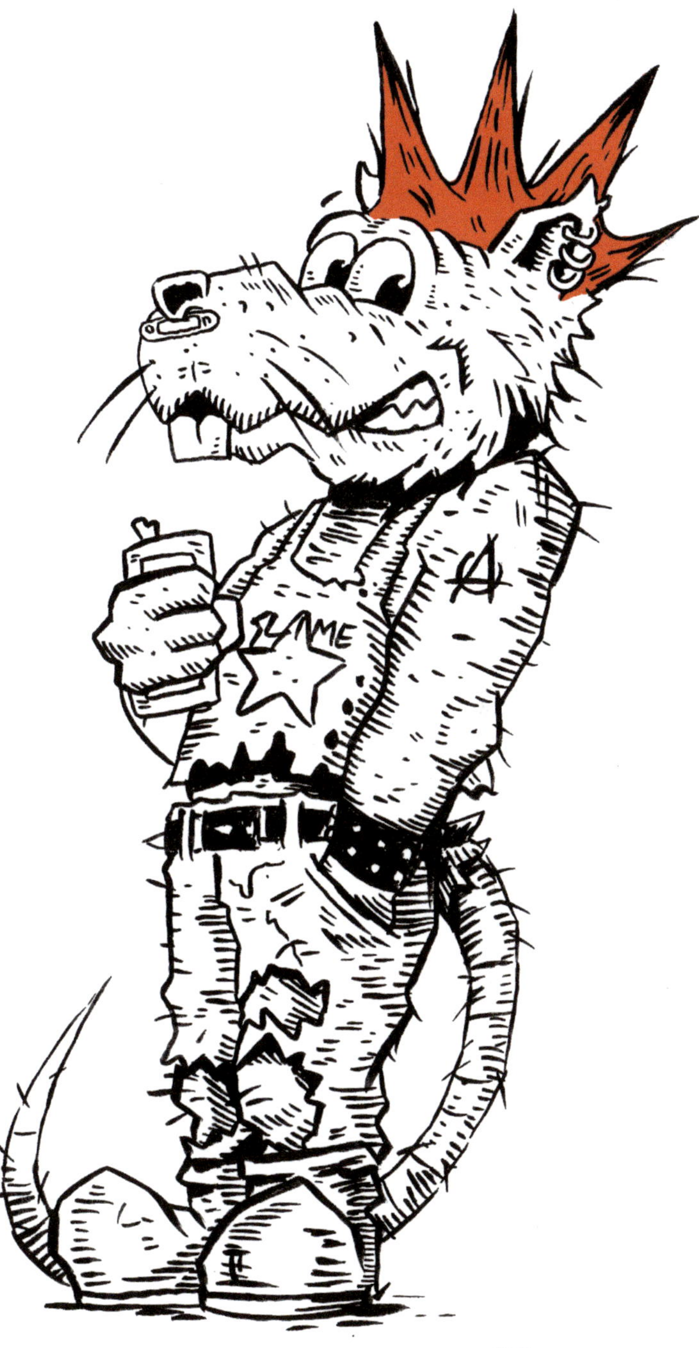

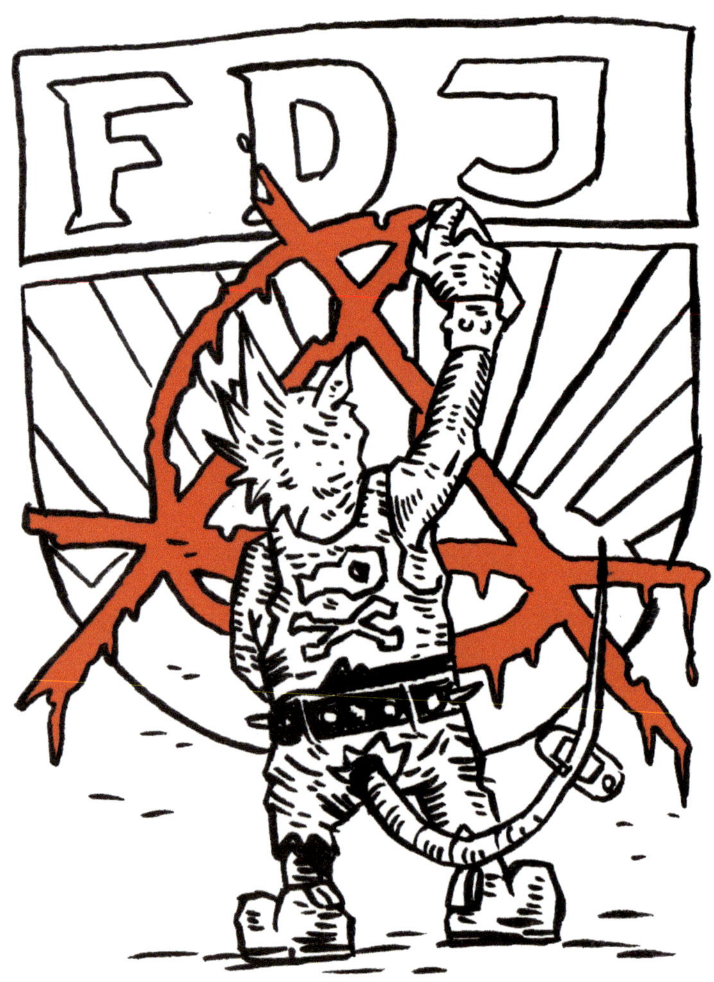

Die anarchistische Totalverweigerung der Punks, sich nicht zu treuen Staatsbürgern erziehen zu lassen, fordert nicht nur Schulen und Verbände in unbekannter Deutlichkeit heraus, sondern bringt der DDR auch die höchst unangenehme Aufmerksamkeit des Westens ein. Zwar hatten auch schon früher DDR-Musiker westliche Sounds übernommen, dabei aber kritische Sichtweisen höchstens zwischen den Zeilen ihrer behördlich genehmigten Songtexte andeuten können, wenn man nicht, wie beispielsweise Klaus Renft mit seiner Combo, ein Auftritts- und Sendeverbot im Radio riskieren wollte. Der DDR-Punk bricht dieses Tabu endgültig und nimmt dafür drastische Konsequenzen in Kauf.

Das Ministerium für Staatssicherheit nimmt 1981 die systematische Verfolgung von Punks auf und in den nächsten Jahren häufen sich Berichte über illegale Bands, Verhöre mit bekennenden Anarchisten, gesammelte Zeitungsartikel der Westpresse über DDR-Punks, Verbindungen von Punks zur Hooligan-Szene und Versuche kirchlicher Mitarbeiter, über die offene Jugendarbeit Punks in jungen Gemeinden zu integrieren. Zwei Jahre später kulminiert am 24. Juni 1983 der schwelende Konflikt zwischen Kirche und Staat, als bei der 15. Bluesmesse in Berlin unter dem Motto „Wir sind Protestanten!" auch die Punkbands Namenlos, Planlos und Unerwünscht auftreten. Namenlos spielen dabei auch ihren sogenannten *MfS-Song*, der den DDR-Geheimdienst mit der nationalsozialistischen SS vergleicht.

Nun beendet die Stasi ihre verdeckte Überwachung und geht auf Befehl von Stasi-Chef Erich Mielke zur offenen Konfrontation über. Beim Konzert anwesende Informelle Mitarbeiter (IM) notieren den Songtext und berichten den höchsten Stellen, einschließlich Staats- und Parteichef Erich Honecker. Kurz darauf verurteilt man alle

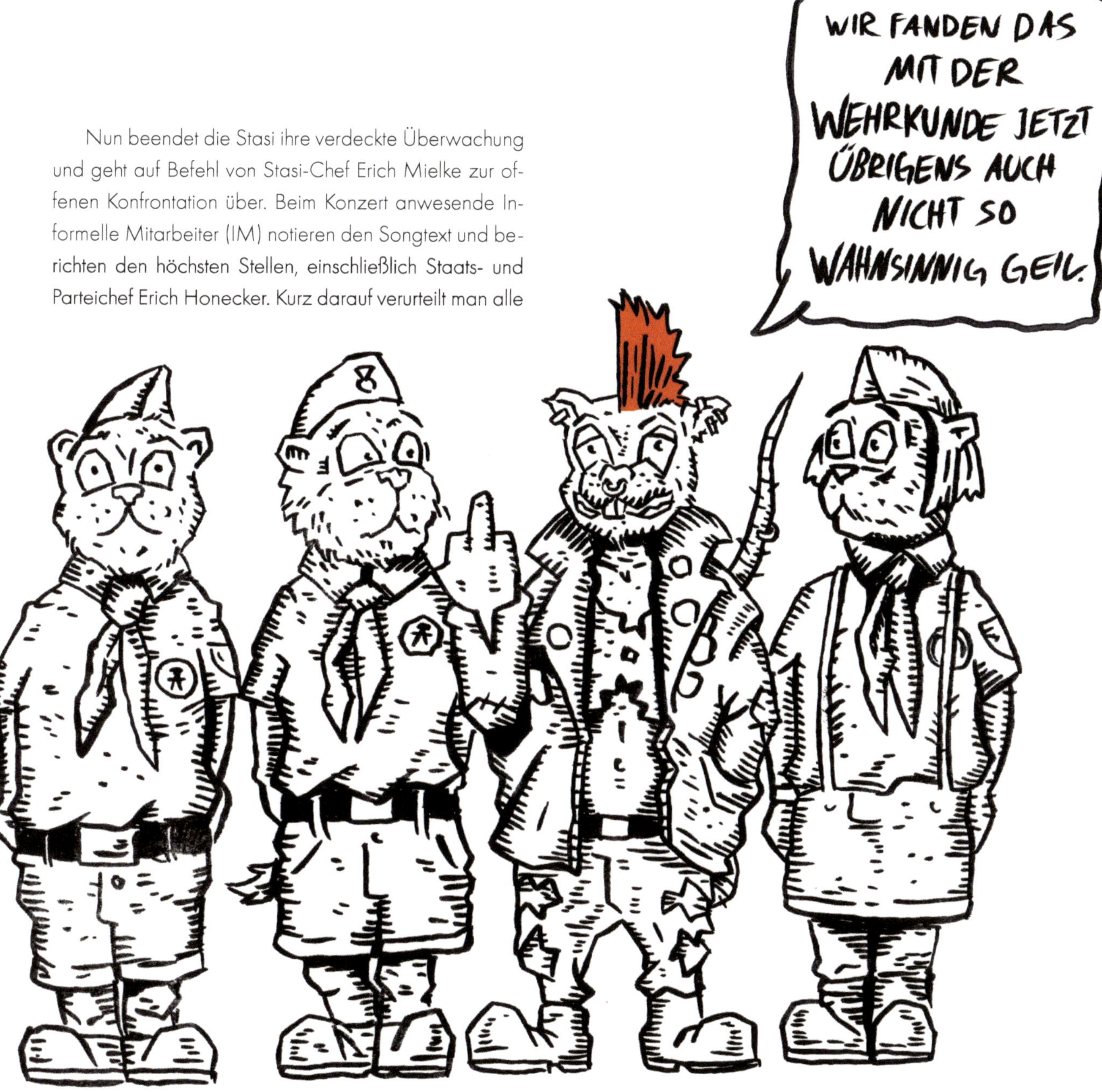

mitwirkenden Punks zu mehrjährigen Jugend- und Haftstrafen und erhöht den Druck auf die Szene. Klammheimlich sind auch konservative Kirchenkreise erleichtert, dass auf diese Weise die unliebsamen, lauten und aufmüpfigen Gäste aus dem Einflussbereich der Kirche entfernt werden.

In dieser Phase immer offenerer Konfrontationen spielen die Düsseldorfer Toten Hosen ein erstes illegales Konzert in Ost-Berlin. Die Musiker reisen zunächst möglichst unauffällig nach West-Berlin und dann separat per S-Bahn und Tagesvisum nach Ost-Berlin ein. Mit Instrumenten der Band Planlos treten sie am 27. März 1983 in der Erlöserkirche vor mehreren Dutzend begeisterter DDR-Punks auf, ohne dass ihr Katz- und Mausspiel von den DDR-Behörden entdeckt wird.

Trotz aller Sanktionen ist die Emanzipation der oppositionellen Jugend nicht mehr aufzuhalten und die DDR in ihrer Schlussphase angekommen. Erkennbar lockert sich zur Mitte der 1980er-Jahre die offizielle Haltung zur Popularmusik: Bereits 1983 gründet sich an der Berliner Humboldt-Universität ein Forschungszentrum für Popularmusik und im März 1986 darf die Jugendradiostation DT 64 als Vollprogramm auf Sendung gehen, das ungehindert auch Punksongs spielt. Die Zweckallianz von Kirchenopposition und Punkmusikern erlebt verschiedentlich eine Neuauflage. Als beispielsweise im 750. Jubiläumsjahr Berlins zum Kirchentag 1987 die Gegenveranstaltung *Kirchentag von unten* geplant wird, will die offizielle Kirchenleitung zunächst keine adäquaten Räume zur Verfügung stellen, um ihre Absprachen mit den Behörden nicht zu gefährden. Die Drohung der offenen Jugendarbeit, mithilfe der Punks Veranstaltungen zu sprengen und Räume zu besetzen, lässt sie allerdings schnell einlenken. Die Alternativveranstaltungen erregen bei Westmedien anschließend sogar mehr Aufmerksamkeit als das offizielle Programm, was die kirchlich immer stärker orga-

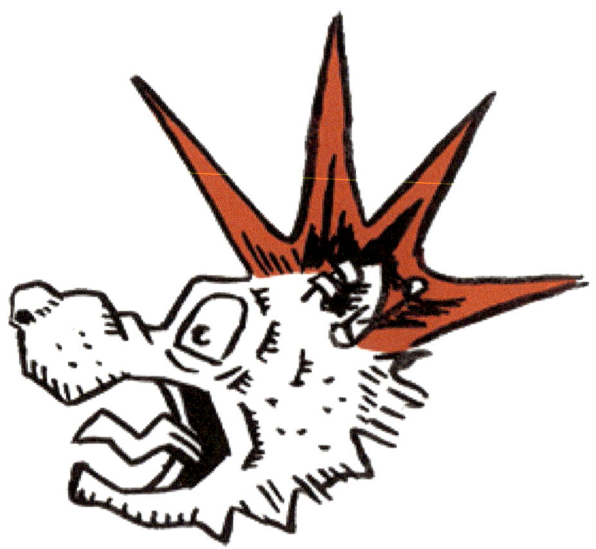

nisierte DDR-Opposition zur Intensivierung ihrer Arbeit ermutigt. Kaum ein Jahr später ist die DDR bereits Geschichte und Punk ein gesamtdeutsches Phänomen.

Literatur

Michael Boehlke und Carsten Fiebeler: *Ostpunk! Too much future*, Dokumentarfilm 2006

Juliane Brauer: *Clashes of Emotions. Punk Music, Youth Subculture, and Authority in the GDR (1978–1983)*, in: *Social Justice* 38 (2012), Heft 4, S. 53–70

Martin Gross: *Auswärtsspiel. Die Toten Hosen in Ost-Berlin*, Dokumentarfilm 2021

Mirko M. Hall, Seth Howes und Cyrus M. Shahan (Hg.): *Beyond No Future. Cultures of German Punk*, New York u.a. 2016

Florian Lipp: *Punk und New Wave im letzten Jahrzehnt der DDR. Akteure – Konfliktfelder – musikalische Praxis*, Münster 2021

The Subcultures Network (Hg.): *Fight Back. Punk, Politics, and Resistance*, Manchester und New York 2014

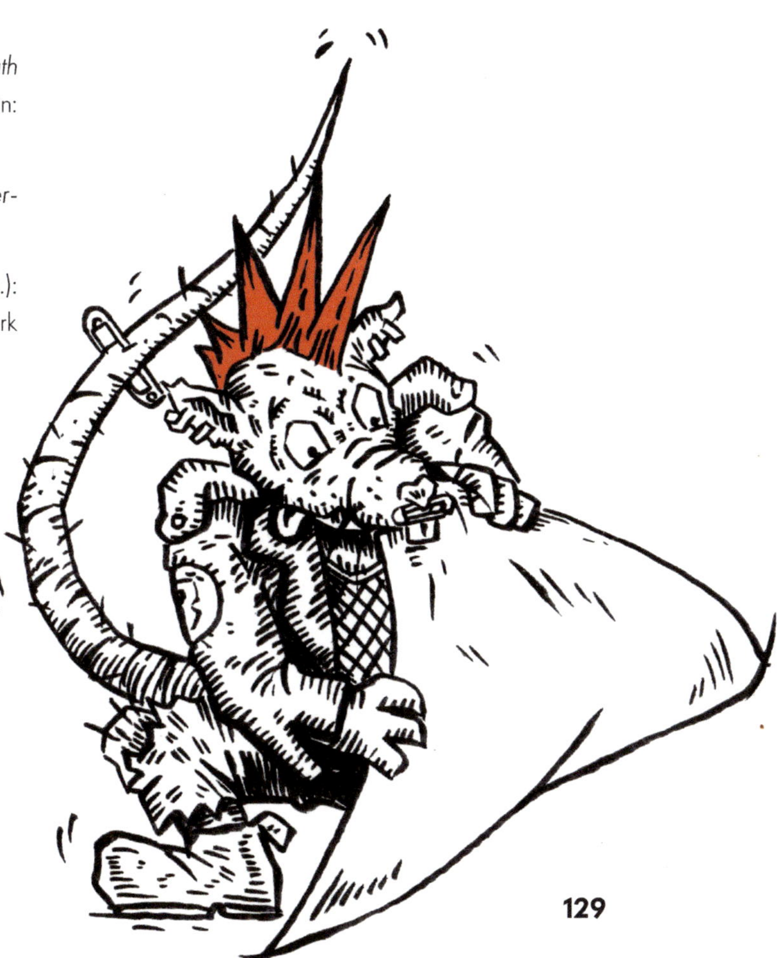

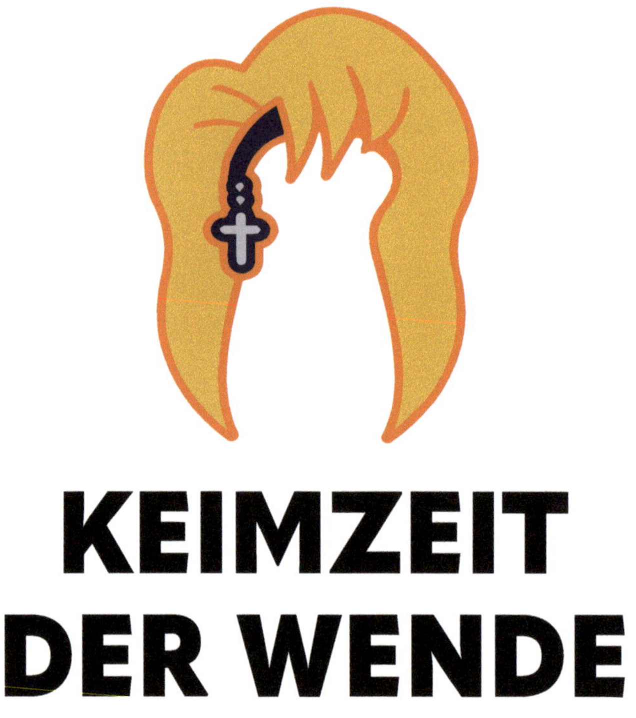

KEIMZEIT DER WENDE

UDO, TAMARA UND DIE SCORPIONS

Als bemerkenswerter Zufall der deutschen Geschichte prallen am 9. November bedeutende Ereignisse aufeinander: Dramatische Ausmaße hatten die Ermordung des Freiheitskämpfers Robert Blum 1848, der Hitler-Ludendorff-Putsch in München 1923, die Zerstörung jüdischer Synagogen und Geschäfte in der sogenannten Reichskristallnacht 1938 und das gescheiterte Attentat 1939 von Georg Elser auf Adolf Hitler. Die doppelte Ausrufung der Republik 1918 durch Philipp Scheidemann und Karl Liebknecht sowie der Fall der Berliner Mauer 1989 sind dagegen historische Glücksfälle. Nach Gründung der unabhängigen Gewerkschaft Solidarność 1980 in Polen und der 1986 von Michail Gorbatschow in der Sowjetunion angestoßenen Perestroika-Reformpolitik stehen 1989 auch in der DDR die Zeichen auf Veränderung, bis am 9. November der Eiserne Vorhang fällt. Wie erleben prominente Musiker in West und Ost selbst die Spätphase der deutschen Teilung und was tragen sie im Rahmen ihrer Möglichkeiten bewusst oder unbeabsichtigt zu deren Ende bei?

In seiner unnachahmlich schnoddrigen Art übt Udo Lindenberg bereits kurz nach der Machtübernahme von Erich Honecker offene Kritik an der deutschen Teilung. Auf seinem Erfolgsalbum *Alles klar auf der Andrea Doria* (1973) besingt er seine Liebe zu einem namenlosen Mädchen in Ost-Berlin und die Tragik der komplizierten Romanze gibt dem Song seinen Titel *Wir wollen doch einfach nur zusammen sein.* Seit dieser Zeit zählt der gebürtige Gronauer zu den Großen der westdeutschen Rockmusik. Unterlagen der Staatssicherheit, die das Bundesarchiv im Internet bereitstellt, dokumentieren bereits 1974 seine erfolglosen Versuche, Konzerte in Ostdeutschland anzubahnen, und die DDR-Staatsführung empfindet sein Werben um eine deutsch-deutsche Musikverständigung als wachsendes Problem.

Aus Frust, auf unabsehbare Zeit nicht in der „Deutschen Desillusions Republik in Sachen Kulturaustausch" singen zu dürfen, wie er in Interviews ironisch formuliert, landet er 1983 mit einer Coverversion von Harry Warrens und Mark Gordons Swing-Klassiker *Chattanooga Choo Choo* (1941) einen Coup und versetzt die DDR-Politik in helle Aufregung: In Lindenbergs Fassung rollt jetzt ein Sonderzug nach Pankow, jenen Ort, der über Jahrzehnte das Machtzentrum der DDR-Politelite repräsentiert. Entgegen allen diplomatischen Gepflogenheiten stellt der burschikose Songtext im Stil eines offenen Briefes die simple Frage: „Och, Erich ey, bist Du denn wirklich so ein sturer Schrat? Warum lässt Du mich nicht singen im Arbeiter- und Bauernstaat?" Das Lied endet mit einer russischen Nachrichtenstimme, dass sogar der Oberste Sowjet nichts gegen ein Gastspiel von Herrn Lindenberg in der DDR einzuwenden hätte.

Als im Januar 1983 das Lied im Berliner Radiosender RIAS II und im ZDF-Magazin *Kennzeichen D* gesendet wird, ist der Skandal perfekt und die Polit- und Kulturelite der DDR blamiert. Wie in der Stasi-Mediathek des Bundesarchivs im Internet nachzulesen ist, dokumentiert die Staatssicherheit penibel, wie schnell Mitschnitte des *Sonderzugs* unter Jugendlichen und bei Diskoabenden zirkulieren. Sie rät zu rigorosem Durchgreifen: Da Passagen des Liedtextes „objektiv geeignet sind, die persönliche Würde eines Menschen grob zu verletzen und zugleich das gesellschaftliche Ansehen des Vorsitzenden des Staatsrates der DDR wegen seiner staatlichen Tätigkeit herabzusetzen", stellt eine Verbreitung „dieses Liedtextes in der Öffentlichkeit [...] somit objektiv eine Straftat der Beleidigung im Sinne des § 139 Absatz 3 StGB dar."

So dramatisch die DDR-Behörden zunächst reagieren, so schnell wendet sich das Blatt: Lindenberg bekommt nicht nur eine Einladung, sich am 25. Oktober 1983 mit einem fünfzehnminütigen Auftritt im Berliner Palast der Republik am FDJ-Prestigeprogramm *Rock für den Frieden* zu beteiligen. Auch die lang erwartete Zusage für eine Tournee im folgenden Jahr ist plötzlich in Sicht. Trotz minutiöser Vorbereitungen des Lindenberg-Besuchs durch die Sicherheitsorgane und ideologischer Schulungen des handverlesenen FDJ-Publikums erweist sich der selbsternannte Panik-Rocker aber als unkalkulierbar: Vor laufenden Kameras des DDR-Fernsehens geißelt Lindenberg zwar zunächst die Stationierung amerikanischer Pershing-Raketen in der Bundesrepublik, um im selben Atemzug aber auch die Verschrottung der sowjetischen SS-20-Raketen zu fordern. Prompt ist die für 1984 geplante Tournee geplatzt, noch bevor sie begonnen hat.

Über den Eisernen Vorhang hinweg hält Lindenberg mit Songs wie *Russen (In 15 Minuten sind die Russen auf dem Kurfürstendamm)* und *Hallo DDR* (1984), *In den Ruinen von Berlin* (1986), *Vopo* (1988) und *Nathalie aus Leningrad* (1989) Kontakt zu seinen Fans. Nachdem Honecker und er mit bemüht lockeren Briefen Kontakt aufnahmen und sich gegenseitig eine Lederjacke und eine Schalmei schenkten, begegnen sie sich am 9. September 1987 auch persönlich. Auf Einladung von Bundeskanzler Helmut Kohl ist Erich Honecker zum historischen ersten Staatsbesuch in der Bundesrepublik und trifft in Wuppertal bei einem öffentlichen Termin auch Udo Lindenberg, der dem „DDR-Oberindianer" eine E-Gitarre mit der symbolischen Aufschrift „Gitarren statt Knarren" überreicht.

Als Silly im Frühjahr 1988 mit den Vorbereitungen eines neuen Albums beginnen, ist kaum zu ahnen, wie viel Zeitgeschichte es einfangen wird. Mit ihren Hitscheiben *Mont Klamott* (1983), *Liebeswalzer* (1985) und *Bataillon d'Amour* (1986) zählen sie seit Jahren zu

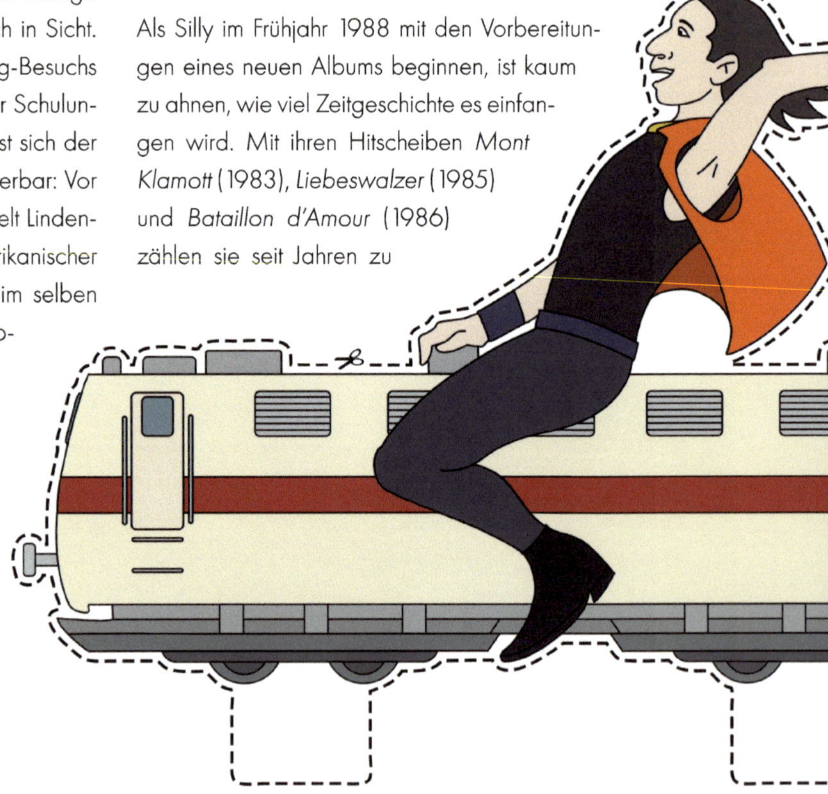

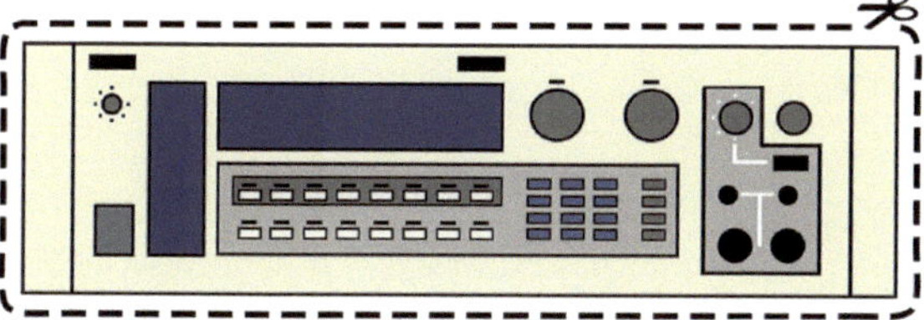

den erfolgreichsten Rockbands der DDR und ihre Sängerin Tamara Danz wird mehrfach in Folge zur besten Rocksängerin gekürt. Auch im Westen bekommen Silly inzwischen so viel Aufmerksamkeit und lukrative Einladungen, dass die DDR-Behörden ihnen ab 1986 Reisepässe genehmigen, um mit Auftritten unter anderem in der Bundesrepublik, Dänemark, Frankreich, Portugal und der Schweiz dringend benötige Devisen zu erwirtschaften. Allerdings passen die Eindrücke, die die Band im Westen sammelt, immer weniger zur bedrückenden Atmosphäre zu Hause, längst klaffen dort der immer mühsamer aufrechtzuerhaltende sozialistische Schein und die politischen Realitäten zu weit auseinander.

Auch andere beschreiben mit immer offeneren Worten eine Zeit voller Angst, Verdruss, Hoffnung und Protest, etwa Pankow mit ihrem Album *Aufruhr in den Augen* (1988), Petra Zieger und Band mit *Das Eis taut* (1989) und Keimzeit mit ihrer Produktion *Irrenhaus*, die allerdings erst 1990 erscheinen kann. Der wesentliche Unterschied zu Sillys *Februar*-Album ist dessen außergewöhnliche Entstehung in West-Berlin, wodurch die üblichen Zensurinstanzen im Osten plötzlich machtlos sind. Wie hat man sich einen solchen Coup vorzustellen?

Aufmerksam geworden durch ihr Album *Mont Klamott* (1983) nimmt der Fotograf und Manager Jim Rakete, der unter anderen auch Nina Hagen, Spliff, Nena und Die Ärzte betreut, Kontakt zu Silly auf und macht bei westdeutschen Plattenfirmen für sie Werbung. Nach langen Vorbereitungen kann 1986 das Album *Bataillon d'Amour* als Co-Produktion der offiziellen DDR-Plattenfirma Amiga mit CBS realisiert werden. Dem erfahrenen Amiga-Produzenten Helmar Federowski steht nun Micki Meuser zur Seite, der zu den Aufnahmen auch neue Tontechnik ins Studio mitbringt, die in der DDR nicht zur Verfügung steht.

Für das folgende Album, dem ersten mit den neuen Bandmitgliedern Uwe Hassbecker an der Gitarre und Jäcki Reznicek am Bass, fädelt der damalige Ariola-Chef Thomas Stein einen lukrativen Deal ein, so dass in zwei Tonstudios in Ost- und West-Berlin eingespielt werden darf. Nach dreiwöchigen Probeaufnahmen in den Räumen der Amiga in der Brunnenstraße geht es im Frühsommer 1988 für fast zwei Monate in das Preußenstudio nach West-Berlin, wo Produzent Chris Hoffmann unter anderem mit den Ärzten arbeitet. Es ist auch mit der aktuellen Sample-Technik ausgestattet, unter anderem dem brandneuen, legendären Akai S-1000, der den 8-bit Sampler Roland S-50 von Silly-Keyboarder Richie Barton ideal ergänzt. Nun beginnt das Abenteuer: Im täglichen kleinen Grenzverkehr wird Sillys komplettes Equipment ins Studio transportiert, einschließlich einer geliehenen Hammond-Orgel. Auf dem Heimweg werden für Freunde auch schon mal ein Bass, eine Gitarre

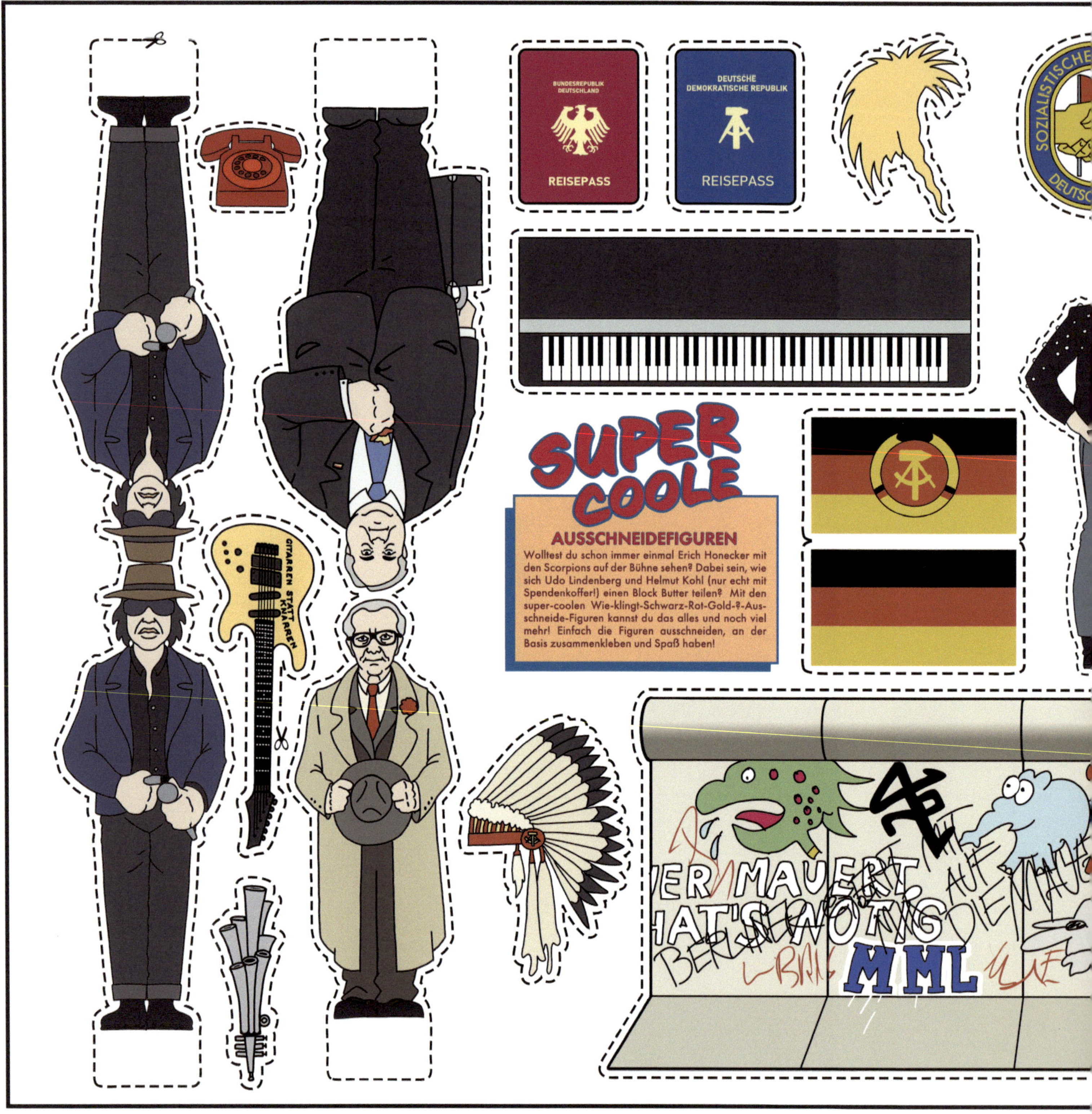
BUNDESREPUBLIK DEUTSCHLAND
REISEPASS
DEUTSCHE DEMOKRATISCHE REPUBLIK
REISEPASS
SUPER COOLE
AUSSCHNEIDEFIGUREN
Wolltest du schon immer einmal Erich Honecker mit den Scorpions auf der Bühne sehen? Dabei sein, wie sich Udo Lindenberg und Helmut Kohl (nur echt mit Spendenkoffer!) einen Block Butter teilen? Mit den super-coolen Wie-klingt-Schwarz-Rot-Gold-?-Ausschneide-Figuren kannst du das alles und noch viel mehr! Einfach die Figuren ausschneiden, an der Basis zusammenkleben und Spaß haben!
GITARREN STATT KNARREN
MML

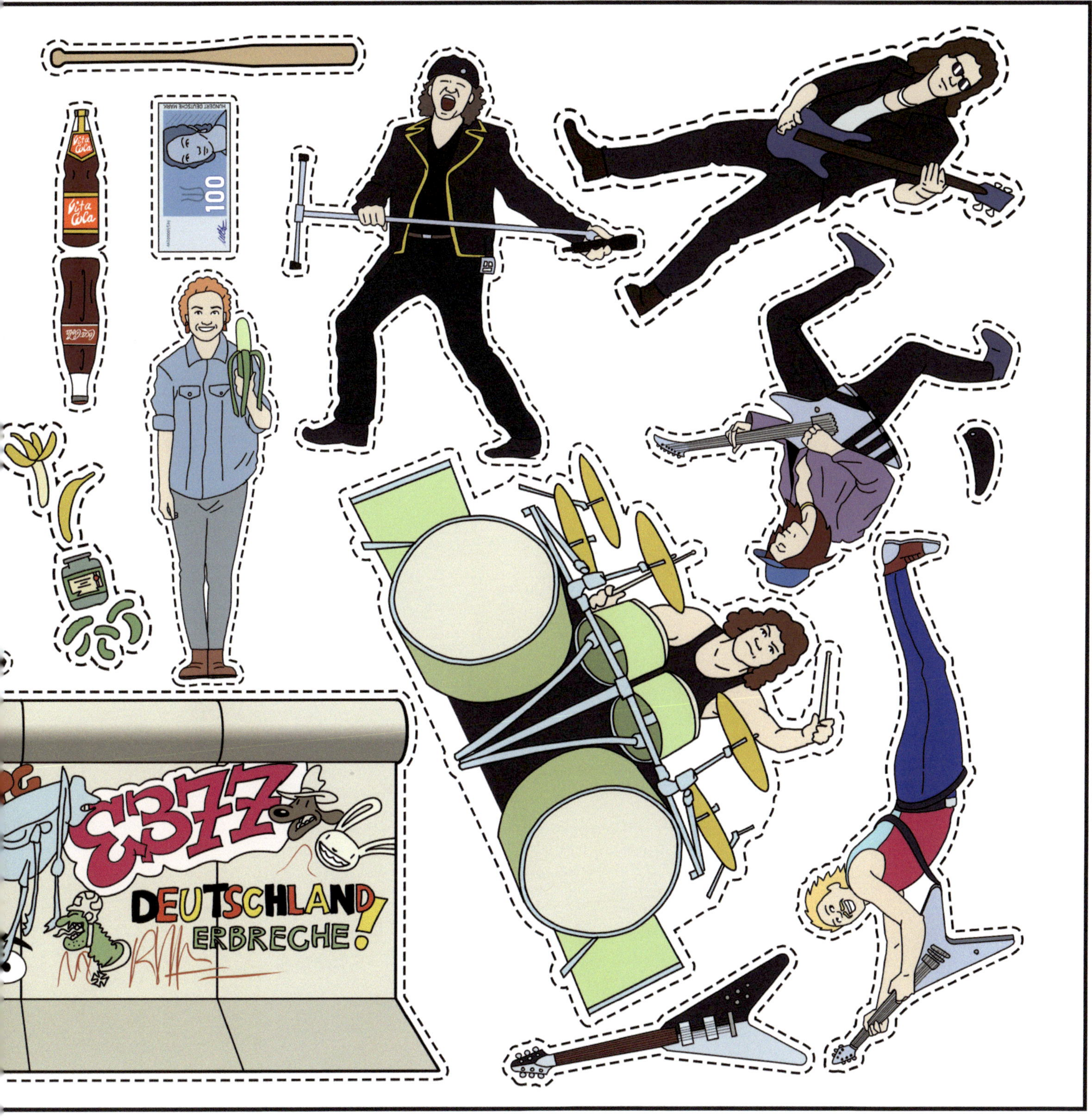

Vita Cola
Vita Cola
100
DEUTSCHLAND
ERBRECHE!

und ein Fender Rhodes zurückgeschmuggelt. Wenn aufwändigere Keyboards zu programmieren oder mit Hilfe der Sampler virtuelle Chöre zu produzieren sind, wird im Studio auch übernachtet.

Die Aufnahmen der Instrumente gehen dank 24-Spur-Bandmaschinen gut voran und im Wochenrhythmus begutachtet Amiga-Chef René Büttner den Fortschritt. Plötzlich muss er feststellen, dass bis auf zwei Songs die zuvor genehmigten Lyrics nicht zu hören sind, denn die Band hat sich während der laufenden Arbeit mit ihrem bisherigen Texter Werner Karma überworfen. Stattdessen nahm Tamara Danz auf Büttners eigenen Vorschlag inzwischen Kontakt zu Gerhard „Gundi" Gundermann auf, einer schillernden und sperrigen Figur der DDR-Liedermacherszene: Einerseits möchte Gundi als überzeugter Sozialist beim Aufbau der DDR nützlich sein, wird zur Ausbildung als Politoffizier bei der Nationalen Volksarmee angenommen und arbeitet von 1976 bis 1984 als Informeller Mitarbeiter der Staatssicherheit zu. Andererseits weigert er sich als Mitglied des Singeklub der NVA, sich an musikalischen Lobhudeleien beispielsweise auf Verteidigungsminister General Heinz Hoffmann zu beteiligen und wird daraufhin exmatrikuliert. Anschließend arbeitet er sich vom Hilfsarbeiter im Tagebau Spreetal zum Baggerfahrer hoch. Trotz mehrfacher Anträge wird er als nonkonformistischer Querulant lange nicht zur Mitgliedschaft in der SED zugelassen und 1984, als er den Dienst als IM quittiert, aus der Partei ausgeschlossen und selbst verdächtig. Parallel zu seiner Arbeit im Tagebau verwirklicht er sich als Musiker, spielt mit seiner Brigade

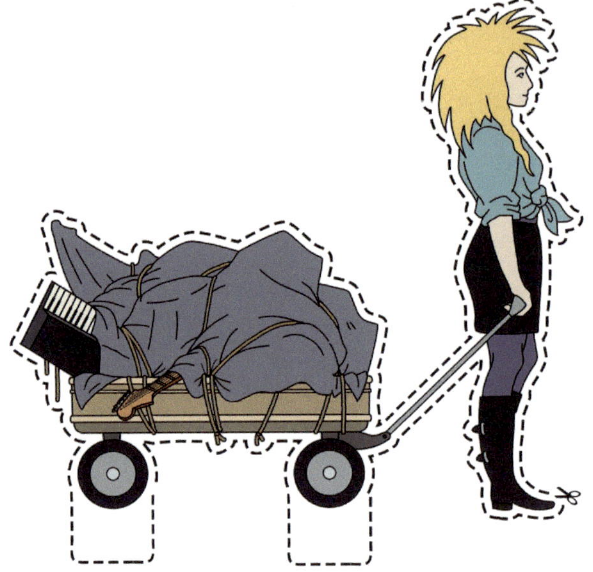

Feuerstein Kinder-Aktionstheater und absolviert ab 1986 immer häufiger Soloauftritte als Liedermacher.

Die neuen Texte des *Februar*-Albums haben es in sich: Plötzlich wird ganz offen über Suizid und Vereinsamung gesungen (*Über ihr taute das Eis*, einer der beiden verbliebenen Karma-Beiträge), Perspektivlosigkeit und Verwahrlosung der Jugend werden schonungslos beim Namen genannt (*Verlorene Kinder*) und vor allem wird deftige Kritik an der Obrigkeit geübt: *S. O. S.* beschreibt die Irrfahrt eines abgetakelten, „gebrauchten Narrenschiffs" und seines orientierungslosen Kapitäns. Mit einem eingängigen Synkopen-Beat von Drummer Herbert Junck erzählt der Song *Traumteufel* von einem längst verstorbenen Kaiser, der mehr schlecht als recht von einem Double auf dem Thron vertreten wird, „der sieht gut aus, obwohl er ein Idiot ist. Und er spielt so gerne mit'm roten Telefon." Es verbleibt die Hoffnung, dass die „eiserne Hand, die das Land um und umgegraben hat", bald arbeitslos ist: „Ich hab' geträumt, der Winter war gegangen, und der Minister, der gestern noch gelacht hat, hat sich an seinem Schreibtisch aufgehangen, weil der Wald nicht mehr wusste, wie man Blätter macht."

Als wären diese Zeilen nicht schon frech genug, nimmt der Song *Ein Gespenst geht um (in der Mitropa)* mit einem Wortspiel zur berühmten Eröffnungszeile des Kommunistischen Manifests von Karl Marx und Friedrich Engels auch noch die Reformunfähigkeit der gesamten DDR-Führungselite aufs Korn: „Auf dem Friedhof der Träume" begegnet man nur noch skurrilen Gestalten wie dem „dummen August", einem „Tiger mit Zahnprothese" und einer sich ewig jung schminkenden „Ballerina mit der Glatze", so dass hinter „scheintoten Bäumen" nur noch Ruinen sichtbar werden: „Kräht der Hahn auf dem Mist, ändert sich das Wetter, oder's bleibt wie es ist. Der liebe Gott hat sich lange verpisst, weil für ihn hier nischt mehr zu machen ist."

Die neuen Zeilen sind für DDR-Verhältnisse natürlich nicht nur viel zu kritisch, sondern auch schon auf Band und diese liegen sicher im Westen, wo Ariola das Album auf jeden Fall veröffentlichen wird. Büttners Einspruch ist daher zwecklos und das Chaos perfekt. Passend zum Namen erscheint das Album im Februar 1989 im Westen und mit einer leicht veränderten Titelreihenfolge im Folgemonat im Osten, wo es sofort den Nerv der Zeit trifft. Abgesehen von kafkaesken Bemühungen offizieller Stellen, den Erfolg des Albums doch noch irgendwie zu verhindern und die Band wegen Verunglimpfung der Mitropa zu belangen (die im Bahnbetrieb der DDR für die Speise- und Schlafwagen zuständig war), wird es von den Fans sofort gefeiert, in der Fach- und Tagespresse differenziert und wohlwollend besprochen und sogar zum Album des Jahres gewählt.

Im Sommer 1989 setzt eine beispiellose Fluchtwelle von DDR-Bürgern über Ungarn in den Westen ein und die Leipziger Montagsdemonstrationen sowie landesweite Bürgerbewegungen erhöhen stetig den Druck im Land. Am 18. September 1989 schließen sich in Berlin-Weißensee 50 Rockmusiker und Liedermacher inklusive aller Silly-Mitglieder mit einer Resolution den Forderungen des Neuen Forums nach Dialog und Reformen an. Da DDR-Medien die Ver-

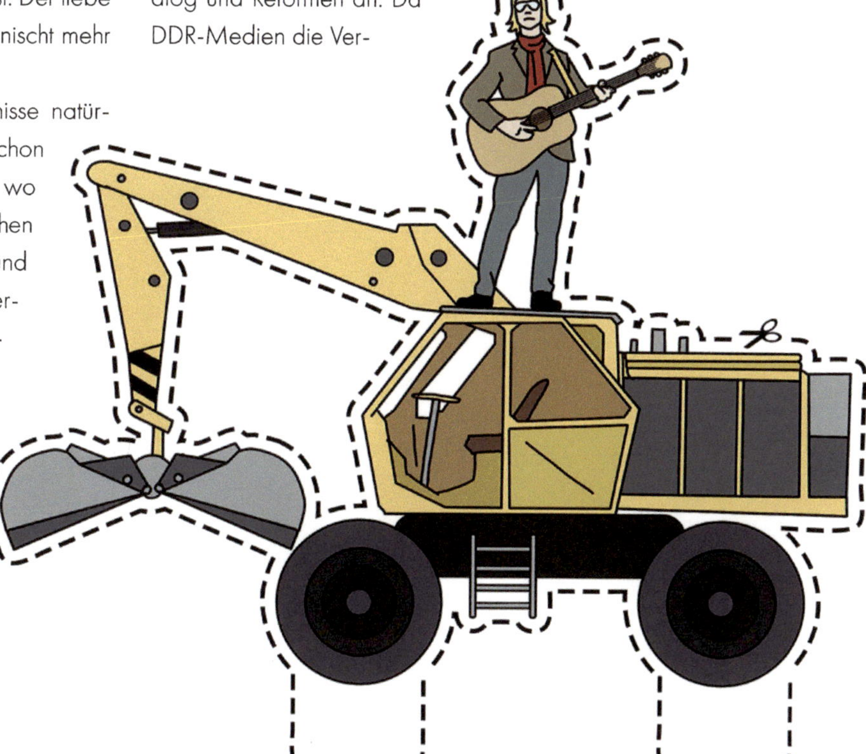

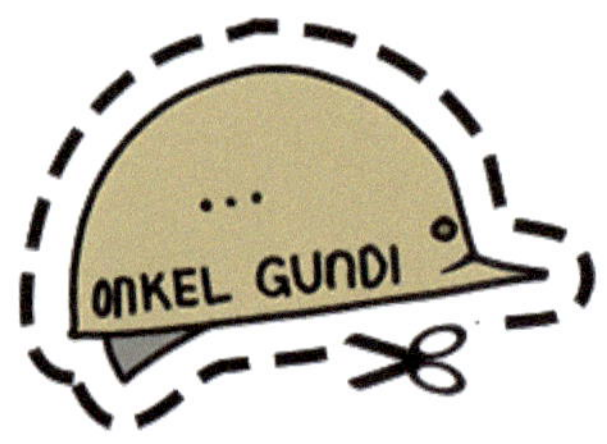

öffentlichung des Textes ablehnen, wird er zunächst über westdeutsche Zeitungen verbreitet und trotz angedrohter Geldstrafen und Auftrittsverbote zigfach bei Konzerten verlesen. Kaum dreizehn Monate später ist die DDR Geschichte und die deutsch-deutsche Wiedervereinigung Wirklichkeit.

Das vermutlich bekannteste Lied zur Wende, die Scorpions-Ballade *Wind of Change*, ist der eigentlich passende Song zur deutschen Wiedervereinigung. Denn obwohl in der Erinnerung vieler Menschen *Wind of Change* untrennbar mit den Bildern der Berliner Maueröffnung verbunden ist, erscheint das Lied erst am 6. November 1990 auf dem Album *Crazy World*, also vier Wochen nach der deutschen Wiedervereinigung. Die Hannoveraner Urgesteine des deutschen Hard Rock sind zu diesem Zeitpunkt mit Millionen verkaufter Alben weltweit erfolgreich und sie füllen mit Metallica und Bon Jovi im Vorprogramm ganze Stadien. Ihre Tour zum Album *Savage Amusement* (1988) führt sie mit zehn Konzerten auch nach Leningrad (dem heutigen St. Petersburg). Ein Jahr später spielen sie wieder in der Sowjetunion, diesmal nach Bon Jovi, Cinderella, den russischen Gorky Park, Ozzy Osbourne, Skid Row und Mötley Crüe als Headliner des *Moscow Peace Festivals*, das am 12. und 13. August 1989 mehr als 260.000 ins Olympia-Stadion der russischen Metropole lockt. Eingefädelt hat dieses Ausnahmeevent der US-amerikanische Musikmanager Doc McGhee, um nach einer Verurteilung in North Carolina wegen Unterstützung von Drogenschmugglern eine gerichtliche Auflage zu erfüllen und eine Anti-Drogen-Kampagne zu organisieren; angesichts des immensen Drogenkonsums einiger der teilnehmenden Künstler durchaus ein ironischer Widerspruch zur offiziellen Vermarktung des Festivals.

Als Scorpions-Sänger Klaus Meine an einem der Augustabende während des Festivals vom Gorky Park aus auf die vorbeifließende Moskwa blickt, saugt er die Stimmung jener Stadt in sich auf, von der aus Gorbatschows Perestroika ihren Anfang nahm. Zurück in Hannover wird daraus der Welthit *Wind of Change*, der in einfachen Worten die Magie des Augenblicks beschreibt: „The future's in the air, I can feel it everywhere, blowing with the wind of change". Ausnahmsweise stammt bei diesem Lied auch die Musik von Meine (üblicherweise schreibt Rhythmusgitarrist Rudolf Schenker die meisten Riffs), so dass die Melodien, ihre Akkordbegleitung und das Arrangement von *Wind of Change* in besonderer Weise auf den Text reagieren: Der Song beginnt auf der Bridge in einer Nebentonart mit Meines berühmtem Pfeifen, um den Strophenteil zunächst zwischen einem Mollakkord und der Haupttonart in Dur pendeln zu lassen. Erst mit der zentralen Aussage „take me to the magic of the

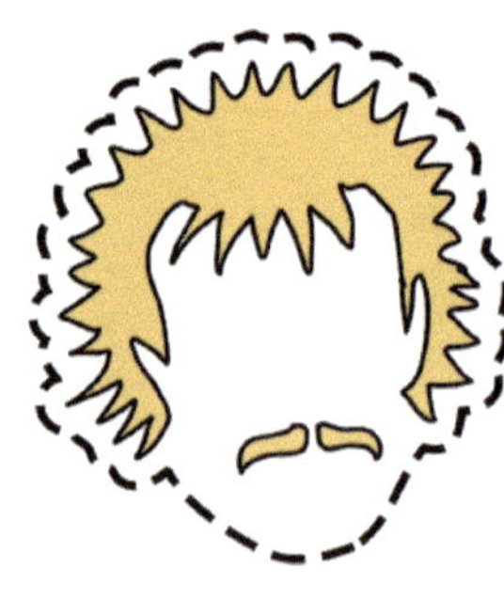

moment" beginnt die strahlende Öffnung des Liedes, bis die titelgebende Phrase „in a wind of change" den Bombast des Refrains rasch zurücknimmt.

Überwältigt von den Eindrücken der friedlichen Revolution und des Mauerfalls hat Helmut Lehner, der Musikchef des zweiten Hörfunkprogramms im Sender Freies Berlin, gemeinsam mit Redakteurskollegen die spontane Idee, ein Rockkonzert zu organisieren. Ohne Budget und dank vieler helfender Hände wird dieser Traum am 12. November 1989 tatsächlich Wirklichkeit. In der West-Berliner Deutschlandhalle vereint das Programm Bands aus Ost und West, einschließlich Pankow, BAP, Ulla Meinecke mit Konstantin Wecker, Udo Lindenberg, Die Zöllner, Silly, Marius Müller-Westernhagen, Die Toten Hosen, Heinz Rudolf Kunze, Angelika Weiz, Nina Hagen, die Puhdys und Nena, die amerikanische Singer-Songwriterin Melissa Etheridge und als umjubelten Star Joe Cocker. Frei nach dem berühmten Wort Willy Brandts wächst beim *Konzert für Berlin* für einen Abend zusammen, was musikalisch längst zusammengehört.

Literatur

Bundesarchiv Berlin: *Stasi Mediathek*. https://www.stasi-mediathek.de/themen/schlagwort/Sonderzug%20nach%20Pankow/

Michael Custodis im Gespräch mit Richie Barton, Uwe Hassbecker und Jäcki Reznicek am 16. Februar 2023

Ilko-Sacha Kowalczuk: *Endspiel. Die Revolution von 1989 in der DDR*, München ^{3}2015

Michael Rauhut: *Rock in der DDR. 1964 bis 1989*, Bonn 2002

Christian Reder im Gespräch mit Uwe Hassbecker am 10. Februar 2023, https://www.deutsche-mugge.de/interviews/9001-uwe-hassbecker-silly.html

Dominik Schrage, Holger Schwetter und Anne-Kathrin Hoklas (Hg.): *„Zeiten des Aufbruchs". Populäre Musik als Medium gesellschaftlichen Wandels*, Wiesbaden 2019

Erik Waechtler und Simon Bunke (Hg.): *Lyrix. Lies mein Lied – 331/3 Wahrheiten über deutschsprachige Songtexte*, Freiburg 2011

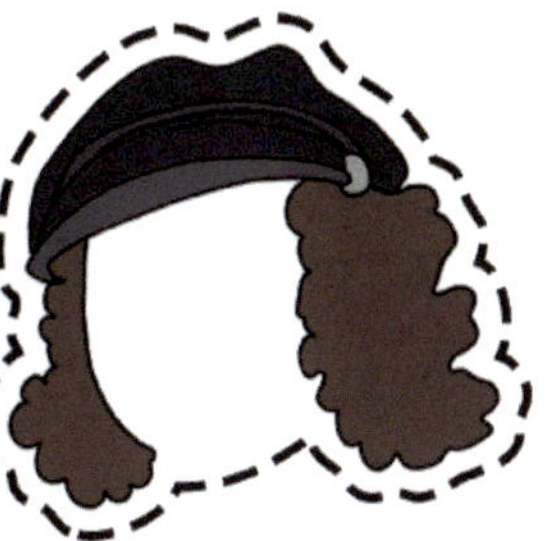

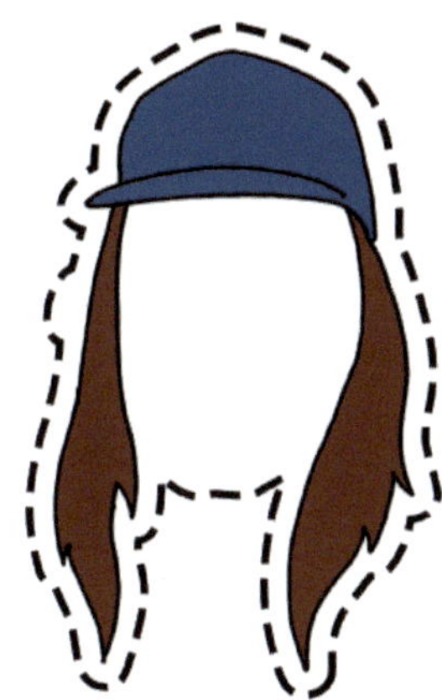

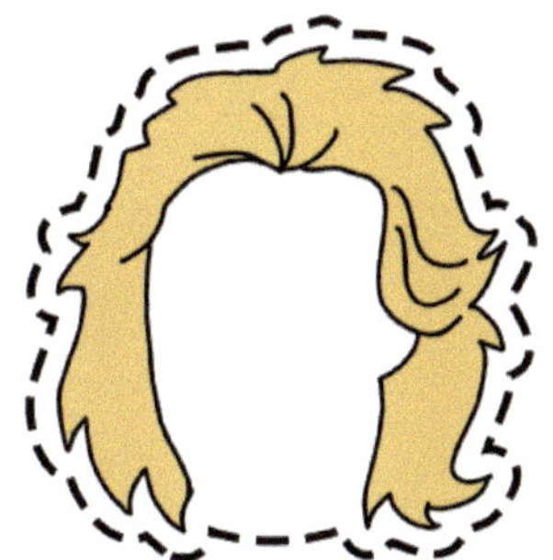

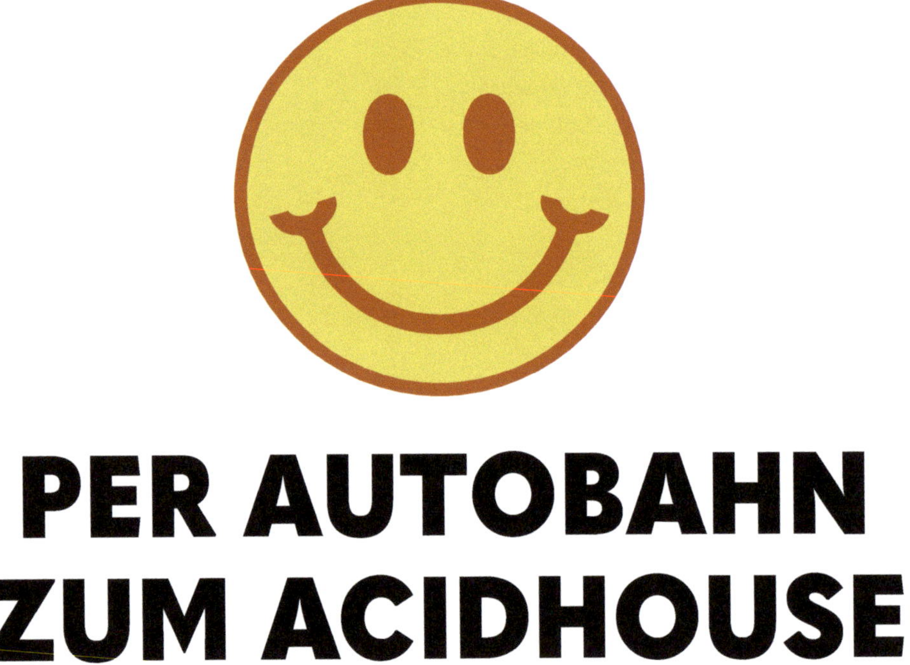

PER AUTOBAHN ZUM ACIDHOUSE

ELEKTROSOUNDS VON KRAFTWERK BIS TECHNO

Zum Ende der 1980er-Jahre verbreitet sich ein Sound in deutschen Diskotheken, der kompromissloser als bisherige Trends den Beat ins Zentrum des Erlebens stellt: Techno. Der Name ist Programm und markiert den Anspruch, Traditionen des Elektropop mit Innovationen des DJing zu verschmelzen. Um den rasanten Erfolg von Techno zu begreifen, reicht ein Blick auf die Musik allerdings nicht aus: Als Giorgio Moroder 1976 seinen ‚Munich Sound' als Marke zu etablieren beginnt und mit Donna Summer Hits ins Serie abliefert, ist Synthesizer-Pop ein Trend. Für den Titelsong von *Flashdance* bekommt er 1984 sogar seinen zweiten von insgesamt drei Oscars. Auch die Filmindustrie in Hollywood reagiert auf das Discofieber und schafft 1983 mit John Travolta in *Saturday Night Fever* den Prototypen des aufreizend-eleganten Tänzers. Was bei Techno davon übrig bleibt, ist die Idee von Discos und Clubs als soziale Orte, denen junge Erwachsene entgegenfiebern, um von freitags bis sonntags die Eintönigkeit der Arbeitswoche zu vergessen.

Neben einem Lifestyle von Konsum und Hedonismus, der mit Discos der 1980er-Jahre assoziiert wird, spitzt Techno einen Klangminimalismus weiter zu, den die Düsseldorfer Gruppe Kraftwerk seit ihrem vierten, legendären Album *Autobahn* von 1974 perfektioniert und zu einem Exportschlager des deutschen Elektropop macht. Ihre ab 1975 vorangetriebene Inszenierung als Mensch-Maschine-Hybride, die seit futuristischen Cyborg-Filmen wie *Blade Runner* (1982) und *Terminator* (1984) auch in der Alltagskultur fest verankert ist und in unseren Zeiten

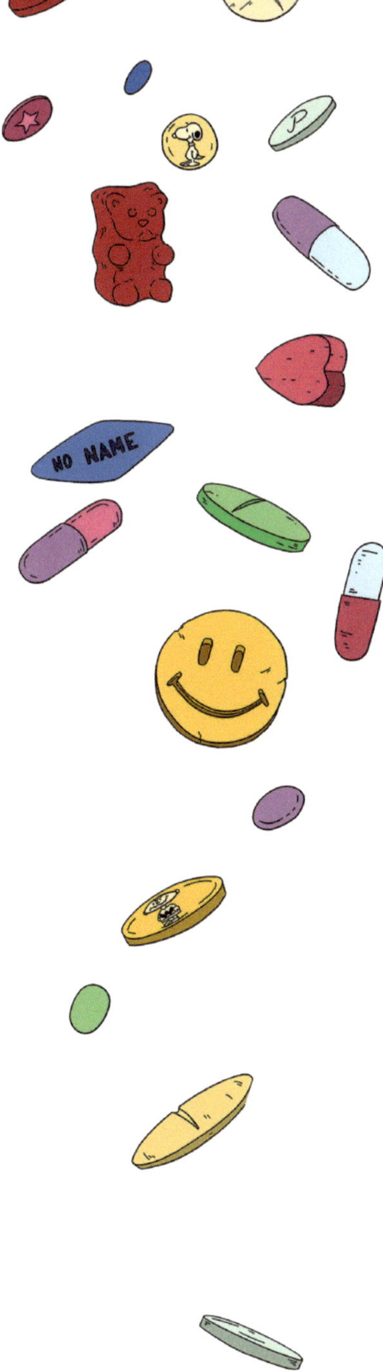

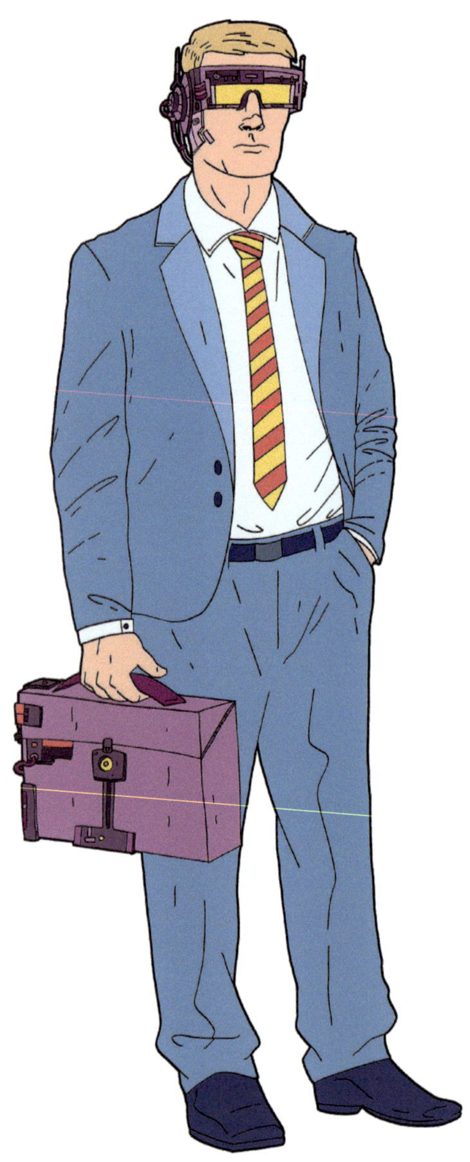

von Internet und künstlerischer Intelligenz plötzlich Realität wird, wirkt beim Erscheinen von Kraftwerks Album *Computerwelt* (1981) immer noch wie Zukunftsmusik.

Während Kraftwerk die ausschließlich mit Synthesizern und Drum Computern produzierten Tracks noch nach gängigen Songstrukturen konzipiert, verzichtet Techno überwiegend auf Melodien und Akkordbegleitungen. Stattdessen steht ganz der Beat im Zentrum, unterbrochen und aufgelockert nur durch kurze Samples oder Songzitate. Die Kunstfertigkeit, mehrere Platten live ineinander zu mischen und zu einem kontinuierlichen Klangteppich zu weben, verbreitet sich seit den späten 1970er-Jahren über die afro-amerikanische House Music-Szene in Chicago und Detroit und macht Techno-DJs wie Dr. Motte, Westbam, Jeff Mills, DJ Dag, Marusha, Mark Spoon und Sven Väth zu Superstars, die ein immer größeres Publikum begeistern.

Das von Beton, spärlicher Neonbeleuchtung und wuchtigen Lautsprechern geprägte Ambiente der Clubs entspricht der bewussten Kargheit der Musik. Die schrillen Akzente, extravaganten Outfits und exzessiven Momente eines Raves, wie solche tagelangen Clubfeiern bald genannt werden, tragen die Partygäste selbst bei. Es überrascht kaum, dass die Technoszene bei einer staunenden bis skeptischen Öffentlichkeit bald von sich reden macht. Insbesondere die Boulevardpresse registriert aufmerksam, dass die Szene für ihre Partymarathons einen soliden Drogenkonsum pflegt. In Ergänzung herkömmlicher Substanzen wie Alkohol, Marihuana, Kokain und Speed verbreiten sich vor allem Amphetamine und neue, synthetische Stoffe wie Ecstasy rasant.

Zu Beginn der 1990er-Jahre hat sich das Image von Techno als einer konsumorientierten Szene gefestigt, die mit politischem Desinteresse auf die historische Zeitenwende von 1989/90 reagiert, als innerhalb weniger Monate die Berliner Mauer fällt und der Kalte Krieg mit der deutschen Wiedervereinigung sein Ende findet. Aus der Distanz von mehr als drei Jahrzehnten lässt sich diesem Vorwurf gegen eine ignorante Jugend, welche die historischen Chancen ihrer Gegenwart nicht zu würdigen und ergreifen weiß, Willy Brandts Wort entgegenhalten, dass nun zusammenwächst, was zusammengehört: Wie Geschwister, die zwar voneinander wissen, aber getrennt voneinander aufgewachsen sind, zeigt sich nach dem Wendejahr 1989/90 langsam, wie fremd man einander ist. Zu verschieden war vier Jahrzehnte lang der Alltag in rivalisierenden politischen Systemen, als dass ein stabiles Wir-Gefühl vorhanden und plötzlich abrufbar wäre. Gerade die Absenz jeglicher politischer Botschaften oder rebellischer Attitüden im Techno schafft nun die Basis, um gemeinsam zu feiern und für ein Partywochenende im Kollektiv der Raver zu verschmelzen.

Dieses Phänomen, zusammengefasst im Motto der dritten Berliner Loveparade 1991 „My House is Your House and Your House is Mine", lässt sich besonders gut am Beispiel der Orte nacherzählen, an denen Techno sich nachts ereignet und tagsüber sichtbar ist: Underground und Öffentlichkeit. Parallel in Frankfurt am

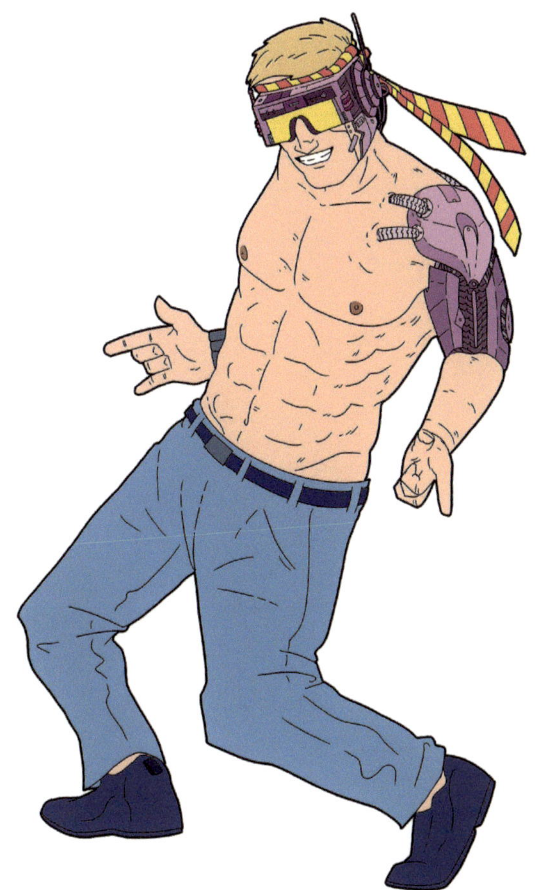

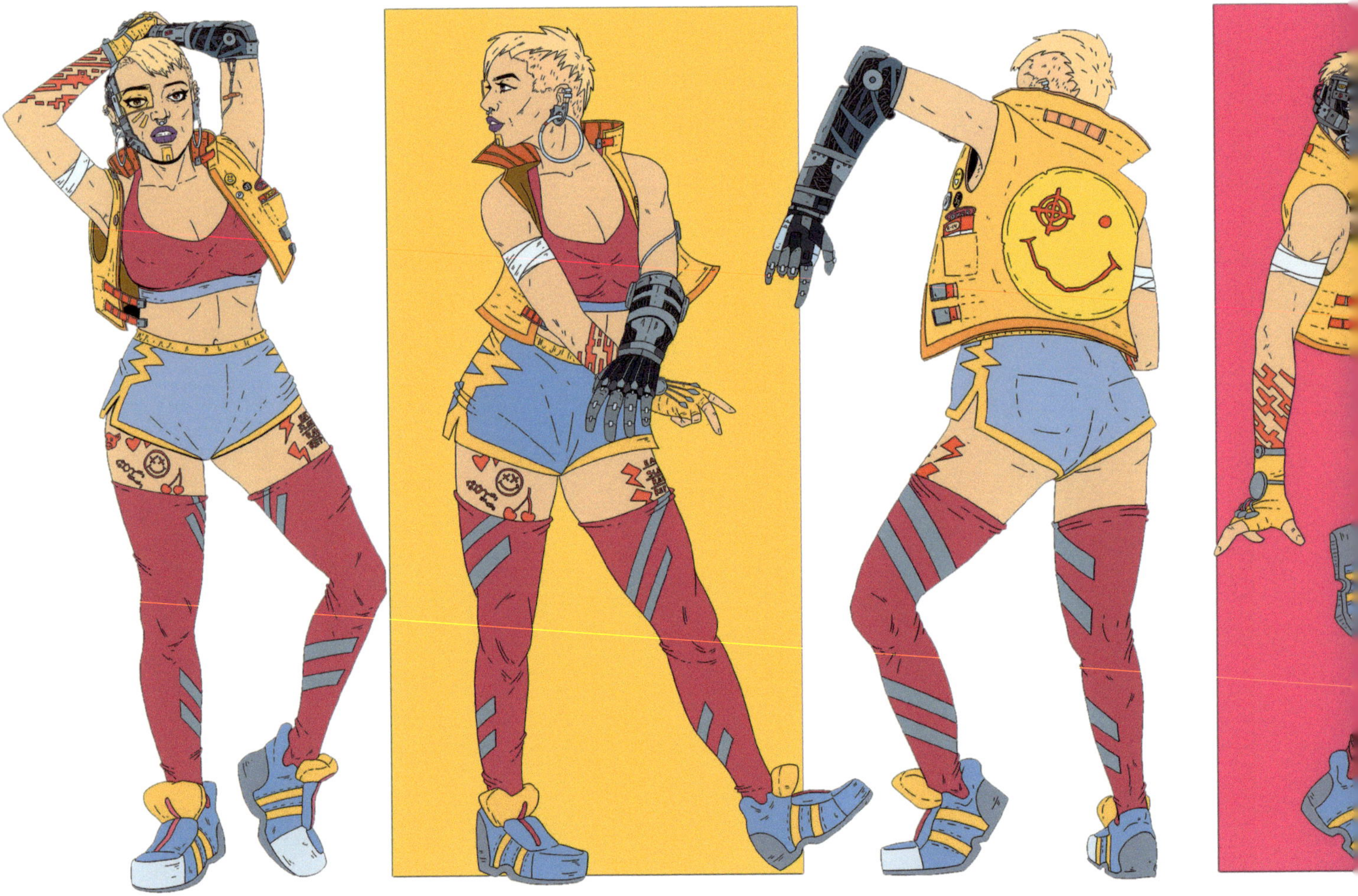

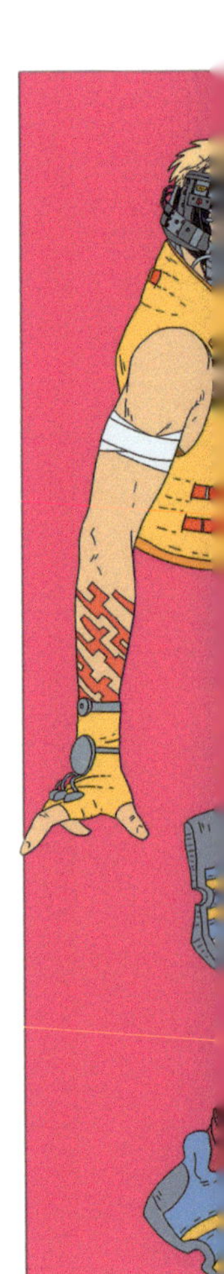

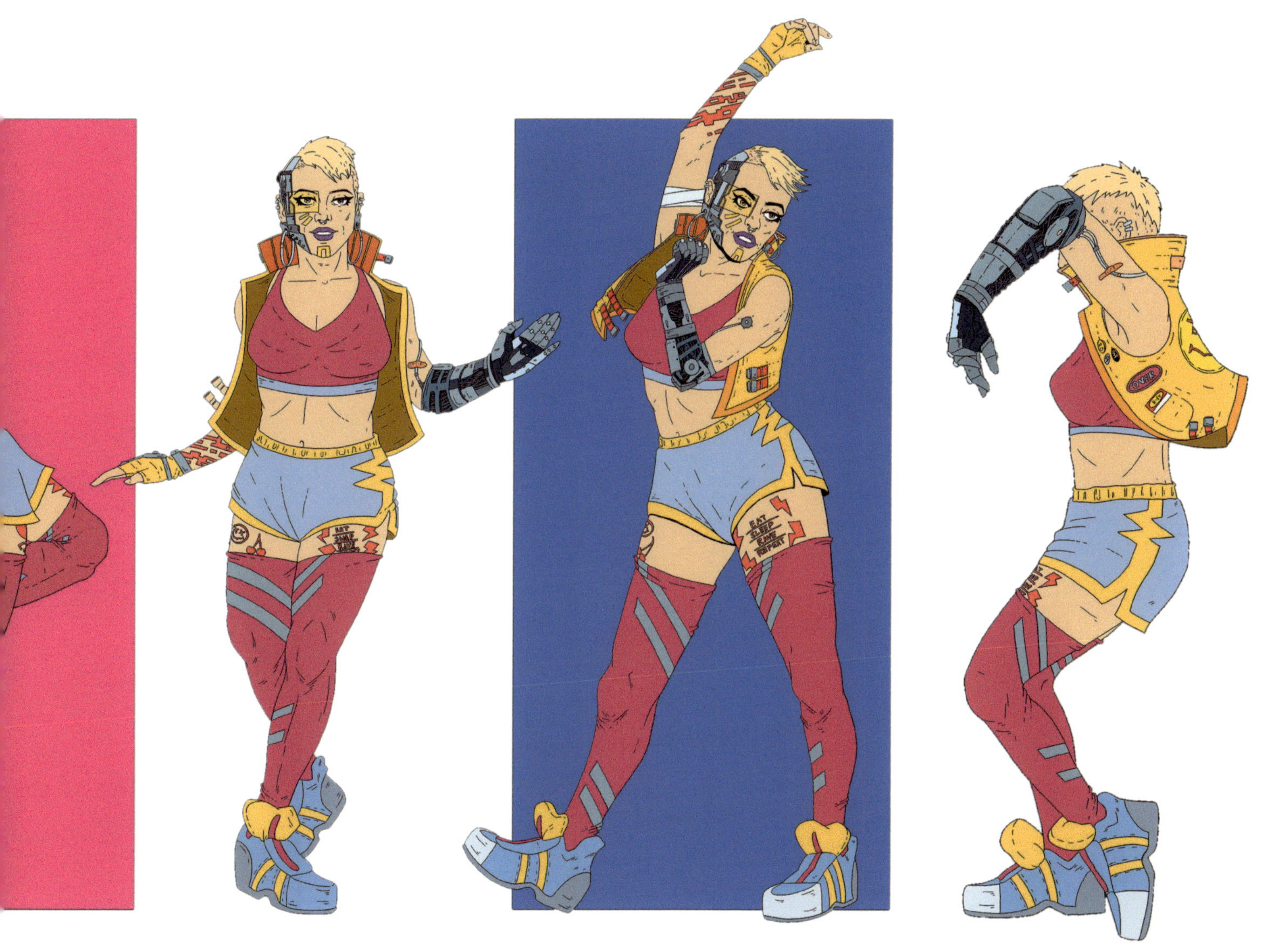
EAT
SLEEP
RAVE
REPEAT

Main und in Berlin entstehen rivalisierende Zentren, die sich zunächst auf Clubs wie Dorian Gray (am Frankfurter Flughafen), Omen (im Erdgeschoss eines Frankfurter Parkhauses), Tresor (im Niemandsland am noch leeren Potsdamer Platz) und Bunker (in einem ehemaligen Hochbunker in Kreuzberg) konzentrieren. Gleichzeitig entwickelt sich in unzähligen Städten eine Szene illegaler Raves, die leer stehende Gebäude und verfallende Industrieanlagen für spontane Partys nutzt. Denn wenn kaum mehr benötigt wird als Getränke und ein Stromaggregat für Lautsprecher, eine Lichtanlage und das DJ-Setup, lassen sich sehr kurzfristig Raves organisieren, bei denen das Ambiente einer illegalen Location die Stimmung entsprechend befeuert.

Ein wesentlicher Faktor für den Erfolg von Techno zeigt sich in der Öffentlichkeit als rasante Kommerzialisierung und Professionalisierung. In einer Zeit, als das Internet als dezentrales Kommunikationsmedium noch nicht existiert, kursieren die wichtigsten Neuigkeiten in eigenen Zeitschriften wie *Groove*, *Raveline* und *Frontpage*. Hier werden nicht nur die neusten Schallplattenproduktionen ankündigt und bewertet, sondern auch Tipps für angesagte Klamotten platziert und Werbung für Partys, Megaevents wie die *Mayday*-Raves und Szeneläden geschaltet.

Produziert werden Technotracks in eigenen Studios, die dank der inzwischen günstig verfügbaren Hardware wie dem Midi-fähigen Akai Sampler S1000, ersten Computern wie dem Atari 1040 ST und Drum Machines wie Rolands legendärem TB-303 leicht einzurichten sind und ohne langjährige Erfahrung bedient werden können. Als in der Folge viele Technoproduktionen der 1990er-Jahre immer

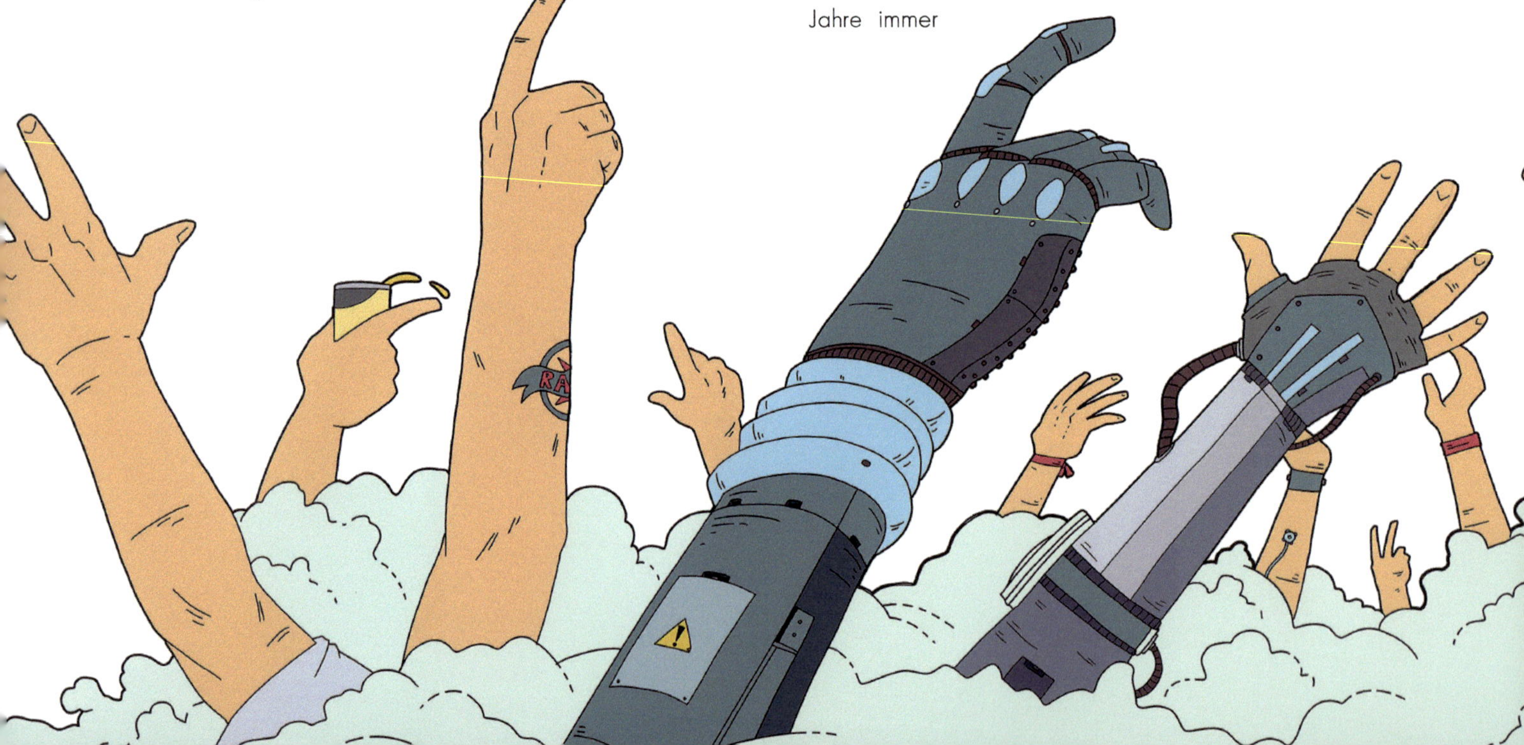

ähnlicher klingen, erinnert man sich, dass in der Geschichte der elektronischen Musik nicht nur legendäre Alben mit analogen Synthesizer wie Jean-Michel Jarres *Oxygène* (1976) entstanden, sondern Karlheinz Stockhausen in Köln und die Pariser ‚Musique concrète' um Pierre Schaeffer und Pierre Henri bereits in den frühen 1950er-Jahren in monatelanger Handarbeit sensationelle Klänge erschufen.

So schnell ab 1991 der Aufstieg der Techno-Szene beginnt, so rasch ist in den frühen 2000er-Jahren die Spaltung zu erkennen, als ein von der Musikindustrie gehypter Mainstream sich verselbstständigt und junge TV-Sender wie der deutsche Musikkanal Viva regelmäßige Sendungen ins Programm nehmen, die Insidertipps für ein Millionenpublikum aufbereiten. Neben einer großen Partyszene, die Acts wie Scooter hervorbringt, wird auch die Nähe zum Schlager nicht gescheut, wenn man nun herkömmliche Lieder mit Techno-Beats unterlegt und Mitgrölnummern für Ballermann-Partys am Fließband produziert. Der harte Kern des Techno zieht sich an die angestammten Orte des Underground zurück und bemüht sich um eine Rekultivierung der Clubkultur.

Besonders eindrucksvoll ist der Boom von Techno und dessen Abklingen an der Geschichte der Loveparade nachvollziehbar: Begonnen 1989 als Umzug von schätzungsweise 150 Ravern, die tanzend hinter einem LKW herziehen, auf dem eine Soundanlage montiert ist, organisieren Dr. Motte und sein Team ein Jahrzehnt später ein Event für mehr als eine Million Menschen aus aller Welt, die die Berliner Innenstadt fluten und bei der Abschlusskundgebung im Tiergarten die Alleen rund um die Siegessäule in ein Meer bunter, feiernder kostümierter Raver verwandeln. Die Genehmigung dieser Veranstaltungen gelingt erst mit einem Trick: Im Widerspruch zur bisherigen Haltung, sich selbst immer als unpolitisch darzustellen, mel-

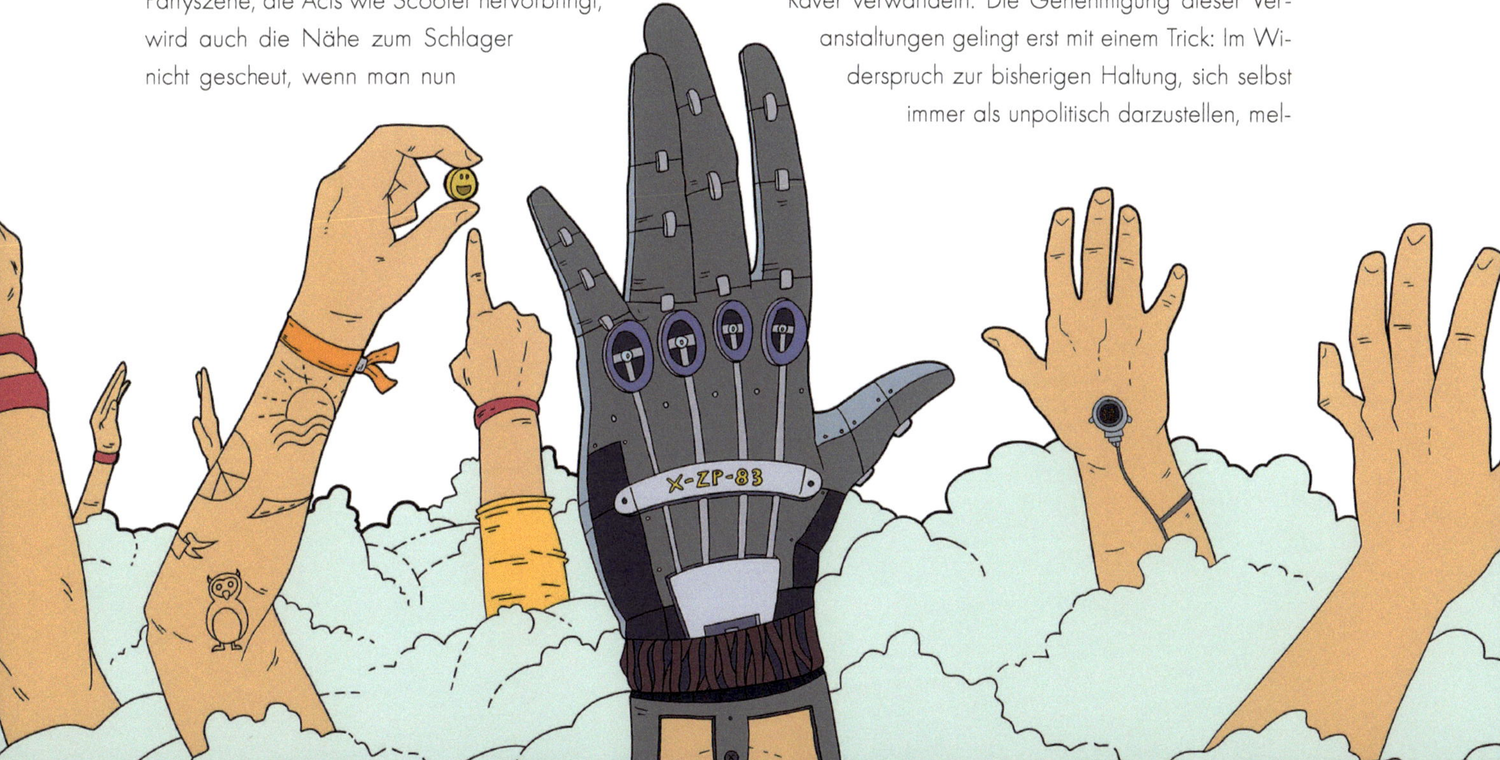

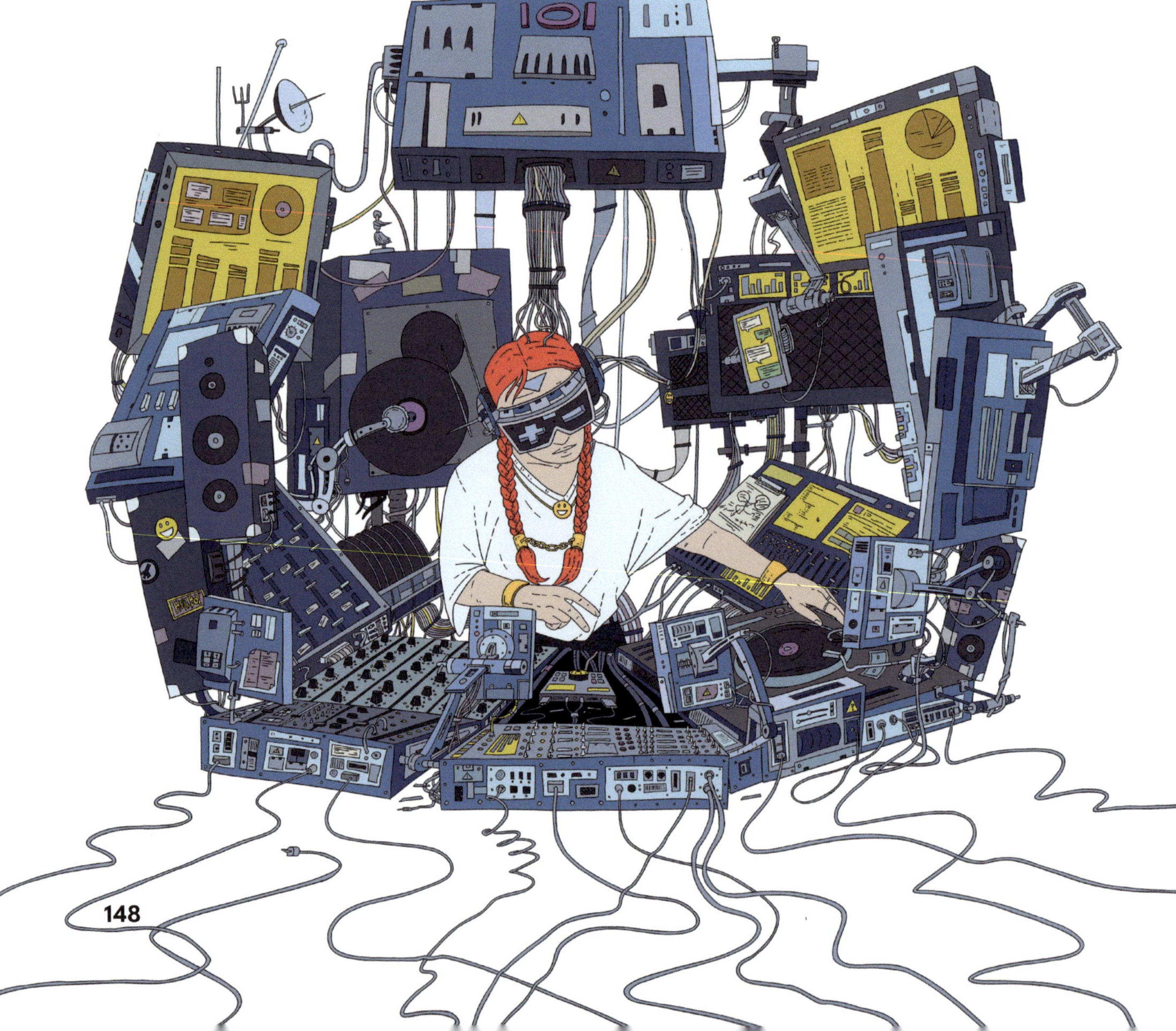

det DJ Dr. Motte alias Matthias Roeingh den Umzug als politische Demonstration an, um für die Absicherung der Parade durch die Polizei sowie die Müllbeseitigung nicht aufkommen zu müssen. Unter wechselnden Mottos wie „Friede, Freude, Eierkuchen" (1989), „The Future is Ours" (1990), „Peace on Earth" (1995) und „One World One Future" (1998) zieht die Parade schließlich bis zu eineinhalb Millionen Besucher an, bis der Berliner Senat die kommerzielle Natur der Veranstaltung nicht länger ignorieren will und den Veranstaltern die Kostenübernahme für Sicherheit, Sanitär und Müllbeseitigung nicht länger gewährt. Nach einem Zwischenspiel 2007 in Essen sowie im Folgejahr in Dortmund pausiert die Loveparade, bis sie als Open Air-Festival in Duisburg 2010 neu aufgelegt wird. Hier kommt es schließlich zur Katastrophe, als unter Besuchern auf dem Weg zum Festivalgelände in einem Tunnel eine Panik ausbricht, 21 Menschen ihr Leben verlieren und mehr als 650 Raver zum Teil schwer verletzt werden. Knapp zehn Jahre später wird der Prozess vor dem Landgericht Duisburg nach mehr als 180 Verhandlungstagen ohne Urteilsspruch eingestellt.

Seit der Entstehung in den späten 1980er-Jahren hat sich Techno immer wieder gewandelt. Auf den großen Boom kurz vor dem Milleniumswechsel, der aus Club-DJs internationale Superstars macht, folgt die Schrumpfung der Szene. Die Protagonisten der ersten Stunde sind inzwischen erwachsen und die Musikindustrie verfolgt mit Castingshows andere Marketingkonzepte. Durch die Digitalisierung des Musikhörens ist die traditionelle Plattenindustrie selbst nun in einer existentiellen Krise. Der Verkauf von Tonträgern wird vom Streaming abgelöst und die bisherigen Monopolisten müssen neuen Tech-Giganten weichen. Der ursprüngliche Geist des Techno als wilder und spontaner Do-it-yourself-Underground findet im Internet allerdings ungeahnte neue Möglichkeiten und profitiert dabei auch von Erfahrungen früherer Hypes: In dem Moment, als der Techno-Boom die Aufmerksamkeit des Mainstreams auf sich zog, schrumpften Punk, Grunge und Metal zu Insiderszenen, die ihr Lebensgefühl bis heute lebendig halten.

Literatur

Tilman Baumgärtel: *Schleifen. Zur Geschichte und Ästhetik des Loops*, Berlin 2015

Felix Denk und Sven von Thülen: *Der Klang der Familie. Berlin, Techno und die Wende*, Frankfurt am Main 2014

Kim Feser und Matthias Pasdzierny (Hg.): *Techno Studies. Ästhetik und Geschichte elektronischer Tanzmusik*, Berlin 2016

Malte Friedrich: *Urbane Klänge. Popmusik und Imagination der Stadt*, Bielefeld 2010

Uwe Schütte (Hg.): *German Pop Music. A Companion*, Berlin und Boston 2017

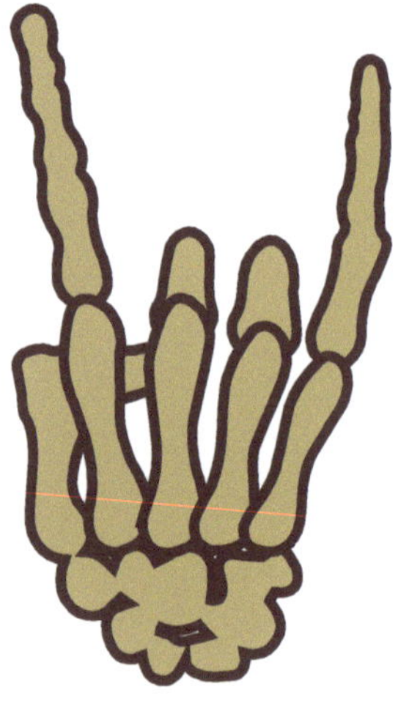

NEUE DEUTSCHE HÄRTE

VON SODOM NACH RAMMSTEIN

Auch wenn Fans und Fachleute bis heute darüber streiten, den Beginn des Heavy Metal exakt zu datieren, sind sie sich zumindest einig über die Bedeutung des Jahres 1970 und die Band Black Sabbath aus Birmingham: Wenige Monate nach ihrer Gründung spielen Ozzy Osbourne, Tony Iommi, Geezer Butler und Bill Ward am 17. November 1969 in kaum zwölf Stunden ihr selbstbetiteltes Debutalbum ein. Wie bei den zeitgleich durchstartenden Kollegen von Led Zeppelin und Deep Purple ist hier der Sound noch ganz dem Blues-Erbe verpflichtet, als es am 13. Februar 1970 in Großbritannien erscheint. Zu dieser Zeit sind Black Sabbath längst wieder im Studio für ihr legendäres *Paranoid*-Album. Der Sound ist nun wesentlich härter, im Zentrum stehen die prägnanten Riffs von Tony Iommi und Ozzys eigenwilliger Gesang gibt den Songs ihre unverwechselbare Note: Das, was in der Presse bald als Heavy Metal bezeichnet wird, hat einen ersten Meilenstein. Als tragischer Zufall der Musikgeschichte erscheint das Album am 18. September 1970, dem Todestag des 27-jährigen Jimi Hendrix, der innerhalb weniger Jahre die Ausdrucksmöglichkeiten der E-Gitarre revolutionierte und bis heute als Prototyp eines virtuosen Bühnenkünstlers gilt. Gemeinsam mit den Beatles und den Beach Boys weckte Hendrix auch das Interesse von Plattenfirmen an zeitintensiver Studioarbeit, da sich innovative Klangexperimente plötzlich gut verkaufen ließen.

Auch in Deutschland reagiert man schnell auf diese Trends. Während Bands der Krautrock-Szene wie Can, Amon Düül II, Kraftwerk oder Tangerine Dream kompromisslos experimentelle Wege gehen, legen die 1965 in Hannover gegründeten Scorpions mit ihrem vierten Album *Virgin Killer* (1976) einen ersten Hard'n'Heavy-Exportschlager aus Deutschland vor. Dieses Erfolgsrezept, mit englischen Texten und eingängigen Riffs bewusst international zu klingen und den englischen Vorbildern nachzueifern, beherzigen auch die Solinger Accept, die zehn Jahre nach ihrer Gründung mit dem Album *Breaker* 1981 ihren Durchbruch feiern. In ihrem Kielwasser folgen in den 1980er-Jahren beispielsweise Blind Guardian aus Krefeld, die melodiös-virtuosen Hamburger Speedmetaller von Helloween sowie Warlock aus Düsseldorf, deren Sängerin Doro Pesch im männerdominierten Metal bis heute ein Vorbild für junge Musikerinnen ist.

Mit Ausnahme von Accept und den Scorpions, deren Platten auch in den USA zur Kenntnis genommen werden, haben es junge deutsche Bands schwer, außerhalb des deutschsprachigen Raums Fuß zu fassen. Denn die internationalen Medienkonzerne vermarkten Metal bislang als englischen Trend. Dort dominieren Jugendliche und junge Männer aus der Arbeiterklasse die Fanszene, deren ökonomisches Potenzial man für begrenzt hält, im Unterschied zu Disco und Pop. Wie falsch diese Einschätzung ist, beweist die Metalszene dann selbst: Per Postversand, selbst betriebenen Zeitschriften, Tape-Trading, eigenen Plattenfirmen und persönlichen Kontakten, die man bei Konzerten, in Kneipen und Plattenläden pflegt, bilden sich in Europa, den USA und Asien bald alternative Strukturen und Vertriebswege. Nun importiert und vertreibt man die neuesten Platten aus Übersee einfach selbst, so dass unbekanntere ausländische Bands plötzlich ein internationales Publikum finden. Auf diese Weise erreicht auch die sogenannte New Wave of British Heavy Metal die USA und beschert Bands wie Diamond Head, Angel Witch, Tygers of Pan Tang und Saxon, den Black Metal-Pionieren Venom und etablierten Gruppen wie Motörhead, Iron Maiden und Judas Priest begeisterte Hörer:innen. Innerhalb kürzester Zeit nehmen die Konsequenzen musikhistorische Ausmaße an: Mit Anthrax in New York und vor allem in Kalifornien gründen sich mit Slayer, Testament, Megadeth und Metallica Bands, die ihren Speed und Thrash Metal wilder spielen als alle anderen vor ihnen.

Innerhalb weniger Jahre ist Metal plötzlich ein globales Phänomen. Zentraler Bestandteil dieser neuen Jugendkultur ist die Selbstwahrnehmung als eingeschworene Gemeinschaft, die sich an ihren langen Haaren und nietenbesetzten, mit Aufnähern verzierten Jeanswesten (den sogenannten Kutten) erkennt. Während man selbst die laute, aggressive Musik als Ventil empfindet, um einen langweiligen, frustrierenden oder einsamen Alltag durchzustehen, deuten Eltern, Schulen und Kirchenvertreter:innen die drastischen Texte und blutrünstigen Plattencover als Alarmsignale einer verwahrlosten Generation. Vergleichbar zur Debatte über die Realitätsnähe oder Fantasiewelt von Horrorfilmen fordern konservative Kreise in den USA drastische pädagogische und politische Konsequenzen. Die bekannteste Initiative ist das Parents Music Resource Center (PMRC), gegründet von Ehefrauen amerikanischer Senatoren wie Tipper Gore, der Gattin des späteren Vizepräsidenten von Bill Clinton und Träger des Friedensnobelpreises von 2007, Al Gore. Als ein Resultat dieser Kampagne zieren seither Aufkleber amerikanische Tonträger und warnen zum Beispiel vor Songtexten, die Gewalt und Sex offen ansprechen.

Zwar diskutiert man auch in Deutschland die Grenze zwischen Jugendschutz und Kunstfreiheit, vor allem im Rahmen von Indizierungsverfahren der Bundesprüfstelle für ju-

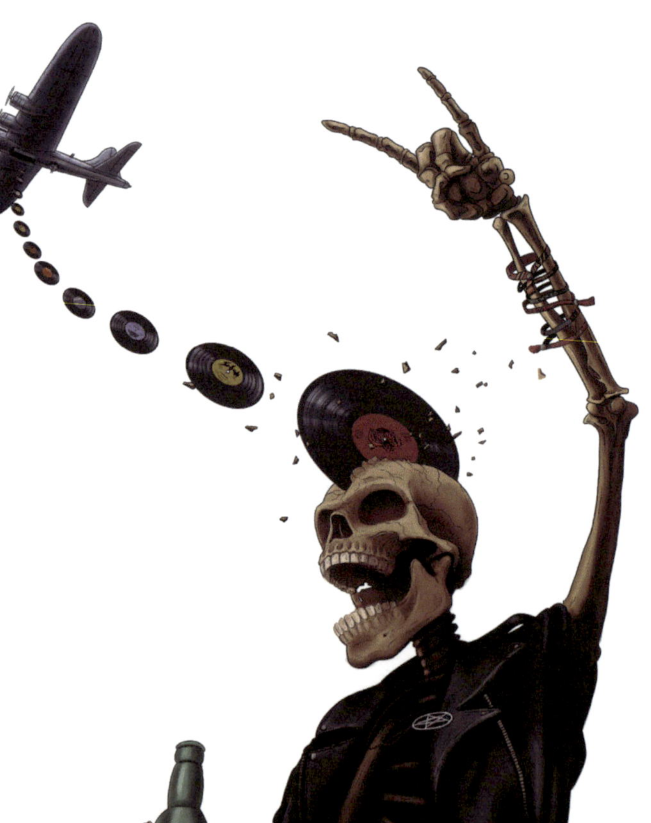

gendgefährdende Medien. Häufig betrifft dies aber gewaltverherrlichende Plattencover, da die Mehrzahl der Fans die überwiegend englischen Songtexte wenig beachtet oder kaum versteht. Das gemeinsame Lebensgefühl einer orientierungslosen Jugend trifft eine neue Generation deutscher Bands dagegen umso mehr, insbesondere im Ruhrgebiet, wo die Folgen des Zechensterbens eine gesamte Region tief erschüttern.

Bands wie Kreator und Sodom kennen diese Umbrüche aus eigener Erfahrung und spiegeln sie in ihrer Musik so ungeschminkt, rau und realistisch, dass ihre Spielart des Thrash Metal zu einem internationalen Maßstab wird: Tom Angelripper, geboren 1963 als Thomas Such, arbeitet als gelernter Grubenschlosser zunächst zehn Jahre unter Tage, bis seine 1982 gegründete Gelsenkirchener Formation Sodom mit ihrer Venom-inspirierten EP *Obsessed by Cruelty* (1986) erste Aufmerksamkeit erregt und endgültig mit dem Debutalbum *Persecution Mania* (1987) den internationalen Durchbruch schafft. Auch Mille Petrozza, Jahrgang 1967 und Sohn eines italienischen Gastarbeiters, erlebt das Zechensterben in Essen hautnah. Die Wut, Hoffnungslosigkeit, Langeweile und Skepsis seiner Generation gegenüber der Erwachsenenwelt kanalisiert er mit seiner 1982 gegründeten Band Kreator. Bereits im Teenageralter feiert man mit den beiden Alben *Endless Pain* (1985) und *Pleasure to Kill* (1986) erste Erfolge, die Kreator in der internationalen Metalszene bekannt machen.

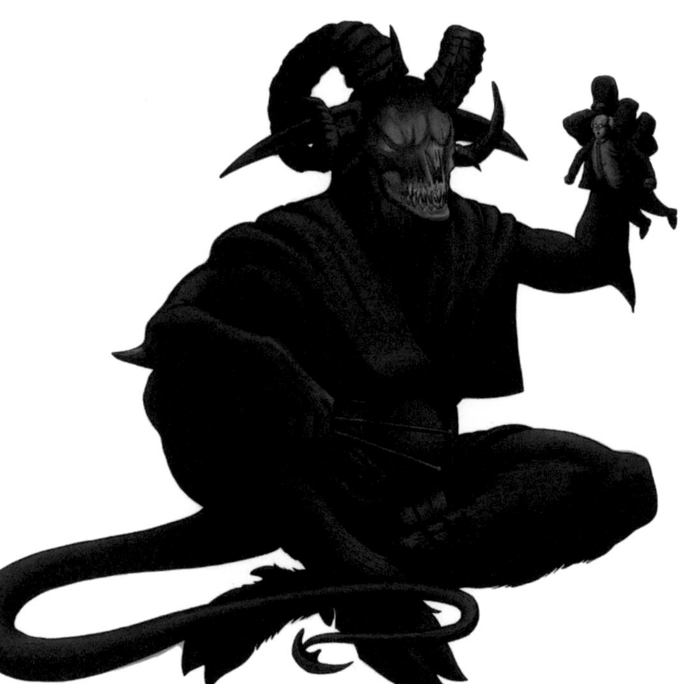

Während die Songtexte deutscher Thrash Metal-Bands noch sehr grob eine Gegenwart von Krieg, moralischem Verfall, Gewalt, Ungerechtigkeit, Hass und Neofaschismus anprangern, ist die Musik bereits detailliert ausgearbeitet und bei täglichen Proben für ausgedehnte Tourneen verinnerlicht. Mit der Zeit gewöhnt sich das Ruhrgebiet daran, dass Metal ein authentischer Ausdruck der eigenen Veränderung ist, und bemerkt stolz, dass Thrash Metal aus dem Pott international als Referenz einer ungeschönten und zugleich weltoffenen Musikkultur wahrgenommen wird. Auch Horrorfilmen und Zombie-Ästhetik gesteht man längst zu, keine konkreten Gewaltphantasien zu schildern, sondern vergleichbar den Gothic Novels von Mary Shelley und Edgar Allan Poe im frühen 19. Jahrhundert die Faszination an Morbidem und Schaurigem zu portraitieren. Analog akzeptiert man die dystopischen Metal-Szenarien, die drastischen Schilderungen historischer Seuchen, die Beschreibung

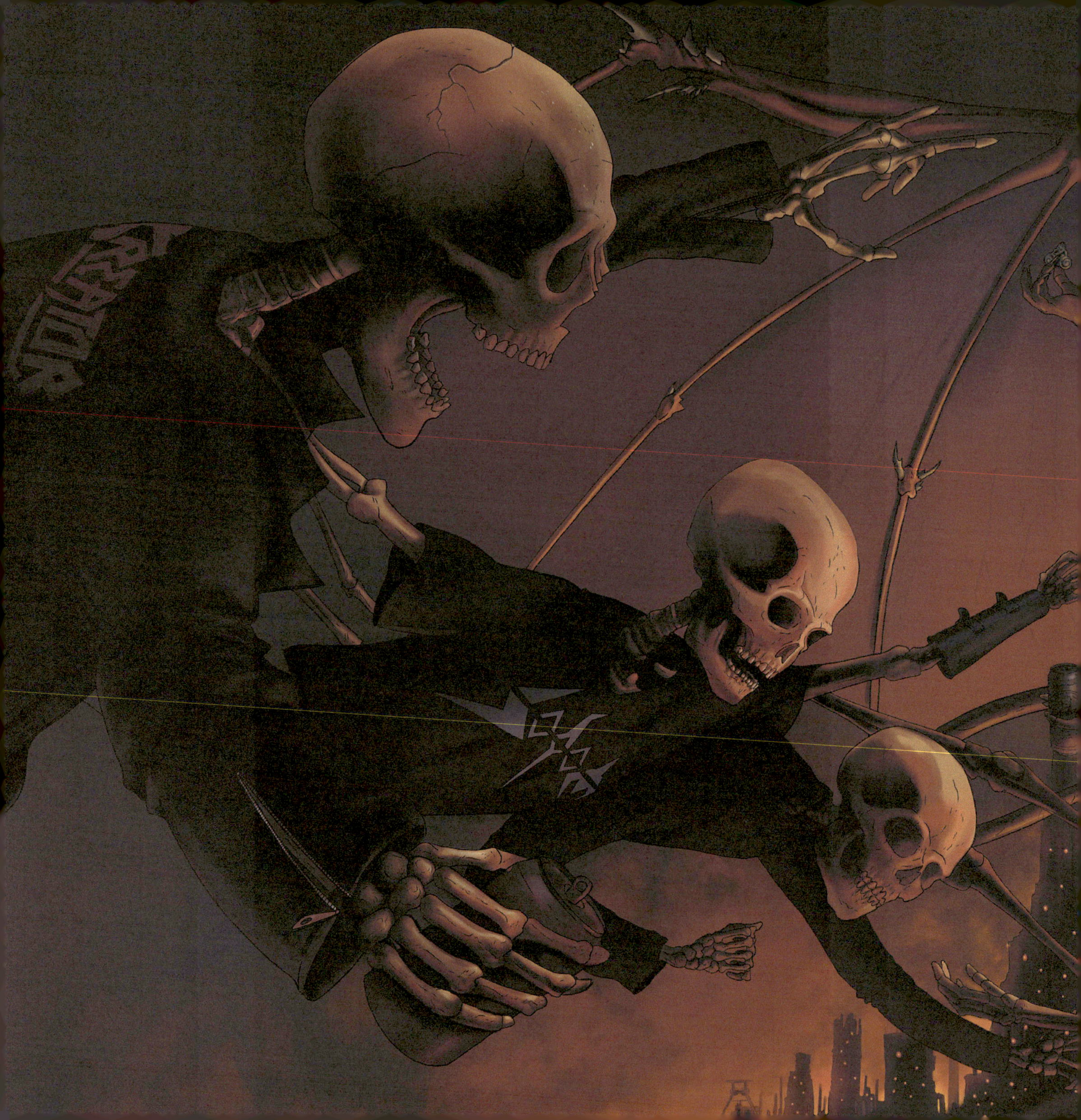

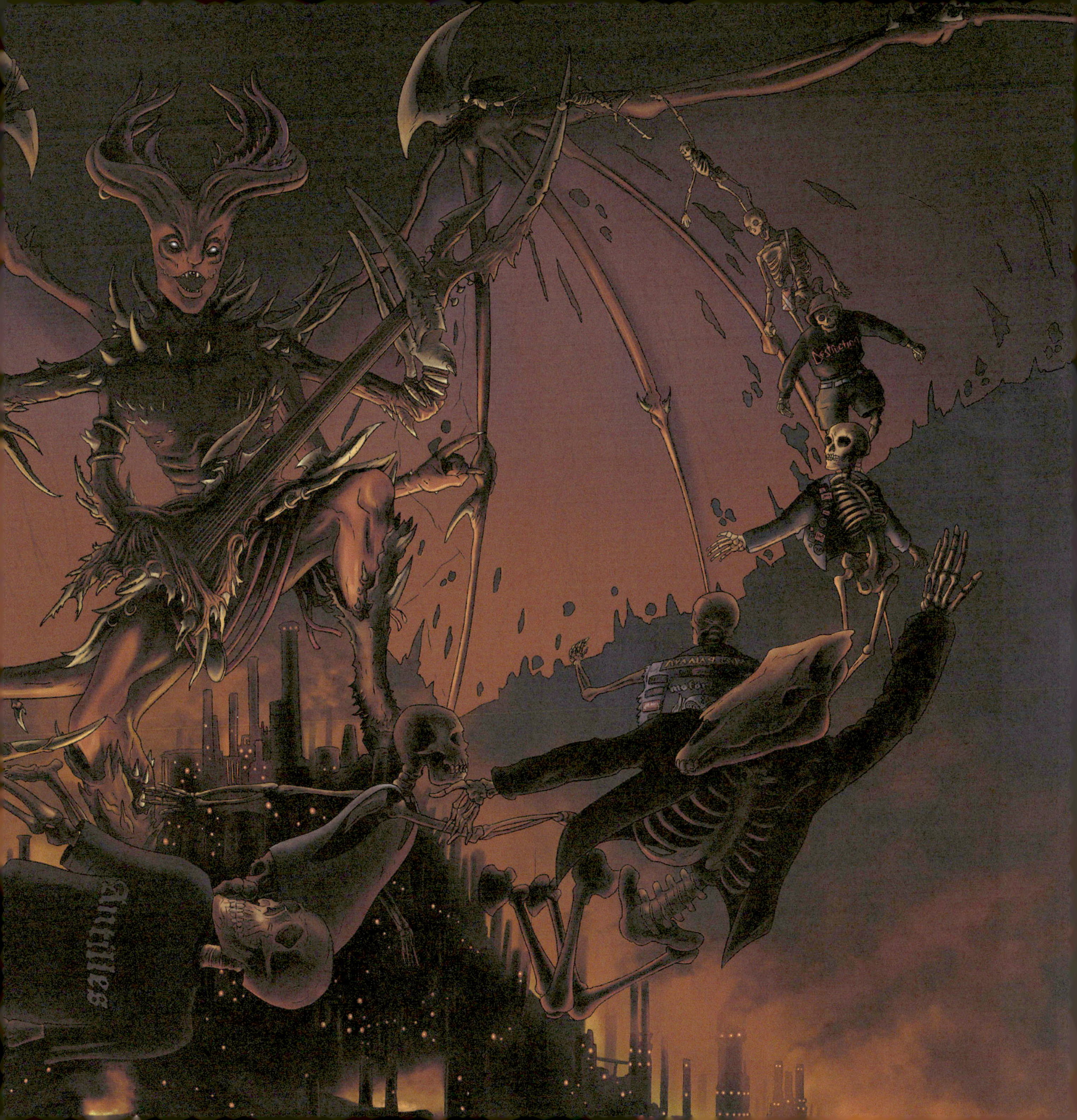

von Umweltkatastrophen und die Kritik an Religion und Politik als kritische Meinung.

Mit Sodom und Kreator, Destruction, Tankard, Holy Moses und Running Wild entsteht in Westdeutschland eine lebendige Szene, die über die beschriebenen Fan-Netzwerke eng mit der internationalen Metal-Community verbunden ist. Auch in der DDR gründen sich ab den frühen 1980er-Jahren zahlreiche Bands wie Biest (Jüterbog), Blackout (Berlin), Blitzz (Erfurt), Feuerstein (Halle), Formel 1 (Berlin), Hardholz (Tambach), Macbeth (Erfurt), MCB (Magdeburg) und Metall (Berlin), die ihren internationalen Vorbildern nach Kräften nacheifern. Anders als der staatskritische Ost-Punk will diese Hard und Heavy-Szene allerdings nicht politisch provozieren.

Dies änderte sich zur Mitte der 1990er-Jahre, als Rammstein innerhalb kürzester Zeit zum gefragtesten deutschen Metal-Exportartikel werden. Ihr Erfolgsrezept, im Industrial-Sound von Ministry und Nine Inch Nails klischeehafte Deutschlandbilder zu bedienen, verschmilzt das Aufbruchgefühl der jungen Berliner Republik mit der Professionalität amerikanischer Bühnenspektakel in der Tradition von Kiss und Alice Cooper.

Nach Erfahrungen in den Punkbands Feeling B und First Arsch sowie den Rockbands Die Firma und The Inchtabokatables tun sich 1994 Till Lindemann (Gesang), Richard Kruspe (Gitarre), Paul Landers (Gitarre), Oliver Riedel (Bass), Christian „Flake" Lorenz (Keyboards) und Christoph „Doom" Schneider (Schlagzeug) zusammen und legen im Folgejahr ihr Debütalbum *Herzeleid* vor. In Anlehnung an die futuristische Stummfilm-Ästhetik der 1920er-Jahre, für die Fritz Lang in *Metropolis* Maßstäbe setzte, inszenieren sie sich auf der Bühne mit kantig ausgeleuchteten und dunkel überzeichneten Gesichtern, Kostümen in Lack und Leder, nackter, glänzend eingeölter Haut sowie einem Gesamtdesign aus Bühnenbild, Lightshow und spektakulären Pyroeffekten.

Mit dieser Visualität und dem Klang von Lindemanns Stimme beziehen sich Rammstein auf Elemente, die von Fans und Kritikern als spezifisch deutsch erkannt werden und bis in die Zeit vor dem Zweiten Weltkrieg zurückreichen: Ihr erster Designer Gert Hof orientierte sich zur Gestaltung der Bühnenshow an den sogenannten Lichtdomen Albert Speers, mit denen Hitlers Lieblingsarchitekt und späterer Rüstungsminister unter Zuhilfenahme dutzender Flakscheinwerfer die Reichsparteitage der NSDAP in Nürnberg illuminierte. Viele Hörer:innen erinnert Lindemanns Gesang an den Ton der NS-Propaganda, obwohl seine Art, das ‚R' zu rollen, bereits in den 1920er-Jahren beim Theater, Hörspiel und Kabarett Standard war. Auch der Stalinismus propagierte ein vergleichbar martialisches, hypermaskulines Körperbild, das mit Soldatendenkmälern im öffentlichen Raum der DDR omnipräsent war.

Bereits bei der 1980 gegründeten slowenischen Band Laibach findet sich ein anhaltender Streit über provokatives oder affirmatives Liebäugeln mit faschistischer Ästhetik. Eine vergleichbare Debatte begleitet Rammsteins Karriere von Beginn an und fällt in eine Zeit, als 1992 und 1993 bei rassistischen Ausschreitungen und

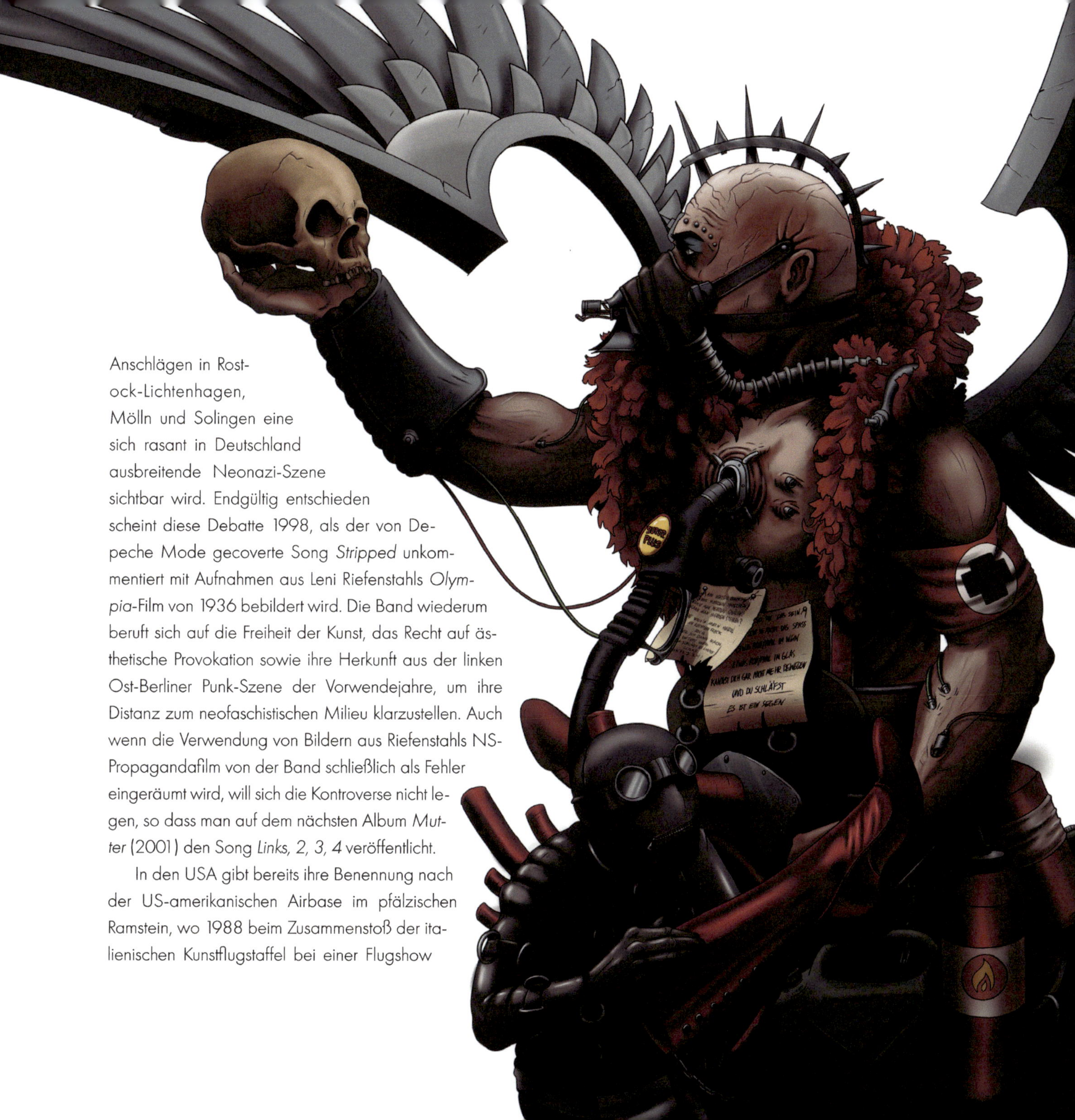

Anschlägen in Rostock-Lichtenhagen, Mölln und Solingen eine sich rasant in Deutschland ausbreitende Neonazi-Szene sichtbar wird. Endgültig entschieden scheint diese Debatte 1998, als der von Depeche Mode gecoverte Song *Stripped* unkommentiert mit Aufnahmen aus Leni Riefenstahls *Olympia*-Film von 1936 bebildert wird. Die Band wiederum beruft sich auf die Freiheit der Kunst, das Recht auf ästhetische Provokation sowie ihre Herkunft aus der linken Ost-Berliner Punk-Szene der Vorwendejahre, um ihre Distanz zum neofaschistischen Milieu klarzustellen. Auch wenn die Verwendung von Bildern aus Riefenstahls NS-Propagandafilm von der Band schließlich als Fehler eingeräumt wird, will sich die Kontroverse nicht legen, so dass man auf dem nächsten Album *Mutter* (2001) den Song *Links, 2, 3, 4* veröffentlicht.

In den USA gibt bereits ihre Benennung nach der US-amerikanischen Airbase im pfälzischen Ramstein, wo 1988 beim Zusammenstoß der italienischen Kunstflugstaffel bei einer Flugshow

70 Menschen starben, dem Bandnamen einen besonderen Beigeschmack. Stärker noch bestätigt beim amerikanischen Publikum der überzeichnete deutsche Sprachklang populäre Klischees, die sich durch Hollywoodfilme und TV-Serien verselbstständigten und längst ironisch gespiegelt werden. Vielleicht ist es daher kein Zufall, dass Rammstein mit ihren spektakulären und provokativen Bühnenshows gerade in den USA eine enthusiastische Fangemeinde haben, seit Regisseur David Lynch ihre Songs *Rammstein* und *Heirate mich* im Soundtrack zu seinem Film *Lost Highway* (1997) verwendete und damit die Band bei einem Millionenpublikum von Kinogängern über Nacht international bekannt machte.

Im Verlauf der Jahre lassen sich Rammstein immer mehr Zeit, um für ihr provokatives Geschäftsmodell neue Ideen zu finden, so dass zwischen *Liebe ist für alle da* (2009) und dem selbstbetitelten *Rammstein* (2019) zehn Jahre vergehen. Drei Jahre später folgt *Zeit* (2022), das für den gleichnamigen Titeltrack noch einmal einen Skandal provozieren will, als das Video zum Titelsong die Band unter anderem in Uniformen von KZ-Häftlingen am Galgen zeigt. Entsprechend kontrovers wird von Metalfans der ersten Stunde und in Feuilleton-Artikeln diskutiert, wie zeitgemäß oder überholt die Band und ihre Musik für die Selbstwahrnehmung der deutschen Öffentlichkeit sind. Neue Nahrung erhält der Streit über die Realitätsnähe und Glaubwürdigkeit von Till Lindemanns Songtexten, als im Frühsommer 2023 während einer laufenden Europatournee Konzertbesucherinnen von sexuellen Übergriffen des Sängers berichten. Die von den Staatsanwaltschaften in Vilnius und Berlin daraufhin eingeleiteten Ermittlungen werden im August 2023 eingestellt, da sich ein hinreichender Tatverdacht nicht konkretisieren lässt.

Im deutschen Metal ist längst eine jüngere Generation international erfolgreich, mit der sich die Szene merklich diversifiziert. Dank Video-Plattformen wie YouTube und Streaming-Diensten können nun auch Bands auf sich aufmerksam machen, die vor der Digitalisierung an den Trendmonopolen von Plattenfirmen gescheitert wären.

Heute ist Metal global und in eine Vielzahl von Genres, Spielarten, innovativen Sounds und Retro-Konzepten unterteilt. Dass diese Trends durchaus nebeneinander bestehen können und Deutschland ein wichtiger Standort bleibt, beweist das jährliche Festival im schleswig-holsteinischen Dorf Wacken. Gegründet 1990 als lokale Initiative von Fans, hat es sich im Verlauf von drei Jahrzehnten seinen Ruf als musikalisch deftiges und zwischenmenschlich umso freundlicheres Festival bewahrt. Drei Generationen von Fans und Musiker:innen zelebrieren mehrere Tage ihre gemeinsame Leidenschaft für Musik und genießen diese Auszeit vom Alltag als Höhepunkt des Jahres. Die musikalische Bandbreite deutscher Bands ist immens. Abgesehen von Metal-Urgesteinen wie Accept, Doro, Rammstein und den Scorpions umfasst das Spektrum beispielsweise den Mittelalter-Rock von Corvus Corax, In Extremo, Saltatio Mortis und Subway to Sally, Tobias Sammets Power Metal-Projekt Avantasia, den instrumentalen Post-Rock von Long Distance Calling, den jazzinspirierten

Metal von Panzerballett sowie die Metalcore-Acts Heaven Shall Burn und We Butter the Bread with Butter.

Die Entwicklung des Wacken Open Air zur internationalen Marke W:O:A bestätigt die Professionalisierung der Rock- und Metal-Szene insgesamt: Angefangen vom Instrumentenbau bei Gitarren, Keyboards und Schlagzeugen über die gesamte elektrische Signalkette von Mikrofonen, Kabeln, Effektgeräten, digitalen Schnittstellen, Recording-Software, Tonstudio-Ausstattung, Live-Equipment sowie Licht- und Tonanlagen bis zu Management, Promotion, Vertrieb, Merchandising, Tourneeplanung, Booking-Agenturen und digitaler Rechteverwertung – Metal ist heute eine wesentliche Säule des professionellen Musikbetriebs und zugleich ein Genre mit einem besonders leidenschaftlichen Gespür für Traditionen und die enge Bindung von Bands und Fans.

Literatur

Andy R. Brown, Karl Spracklen, Keith Kahn-Harris und Niall W. R. Scott (Hg.): *Global Metal Music and Culture. Current Directions in Metal Studies*, New York 2016

Michael Custodis: *Singen, um die Welt zu ändern: Zum politischen Potenzial von Liedern nach 1945*, Erfurt 2017

Florian Heesch und Niall W. R. Scott (Hg.): *Heavy Metal, Gender and Sexuality*, London und New York 2016

Gregor Herzfeld: *Poe in der Musik. Eine versatile Allianz*, Münster 2013

Corinna Kahnke: *Transnationale Teutonen – Rammstein Representing the Berlin Republic*, in: *Journal of Popular Music Studies* 25 (2013), Heft 2, S. 185–197

Reinhard Kopanski: *Bezugnahmen auf den Nationalsozialismus in der populären Musik. Lesarten zu Laibach, Death in June, Feindflug, Rammstein und Marduk*, Münster 2022

John T. Littlejohn und Michael T. Putnam (Hg.): *Rammstein on Fire. New Perspectives on the Music and Performances*, Jefferson und London 2013

Cho Sung-hyung: *Full Metal Village* (Dokumentarfilm 2006)

Robert Walser: *Running with the Devil. Power, Gender, and Madness in Heavy Metal Music*, Hanover 1993

Kerstin Wilhelms et al. (Hg.): *Rammsteins „Deutschland". Pop – Politik – Provokation*, Berlin 2022

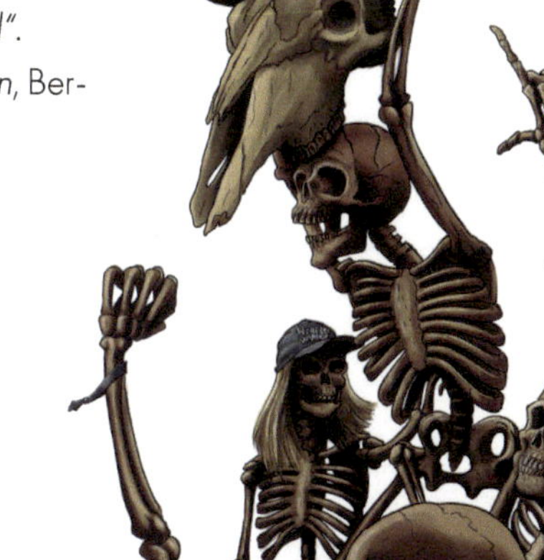

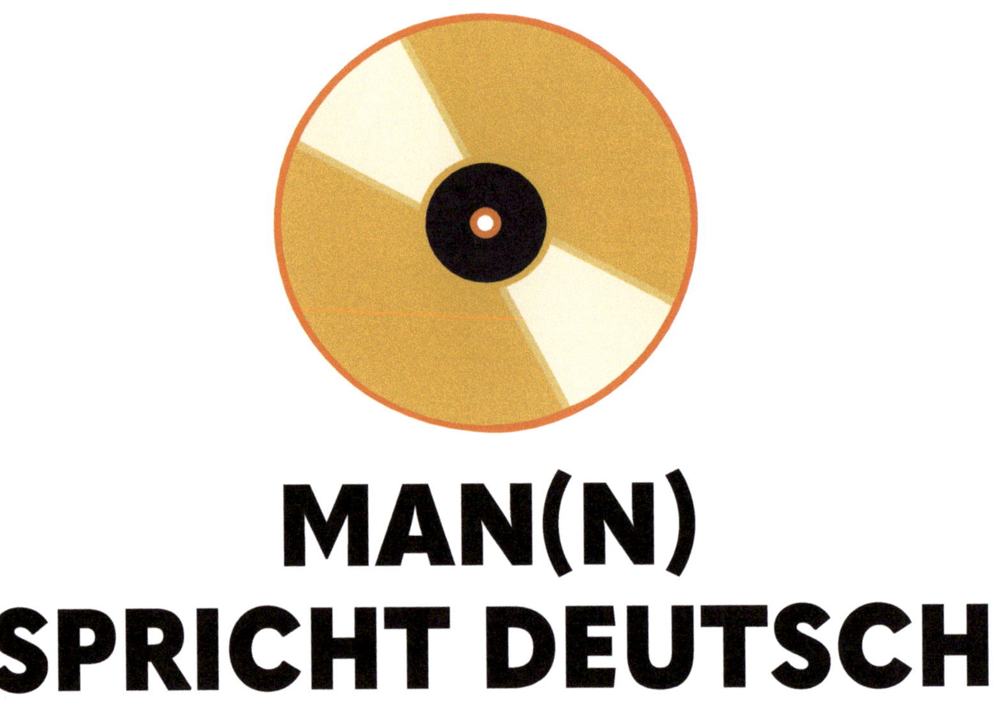

DIGITALITÄT UND DIVERSITÄT

Mit den 2000er-Jahren beginnt eine Zeit radikaler Umbrüche, die Chancen und Risiken gleichermaßen mit sich bringt: Von den Terroranschlägen des 11. September 2001, als islamistische Selbstmordattentäter mit gekaperten Flugzeugen in New York, Washington und Pennsylvania Tausende unschuldige Menschen töten, bis zum Beginn des russischen Angriffskriegs in der Ukraine am 24. Februar 2022 durchzieht eine Spur der Gewalt eine Welt, die von Finanzkrisen und wachsenden antidemokratischen Radikalisierungen gezeichnet ist, als im Frühjahr 2020 die Covid-19-Pandemie das öffentliche Leben stillstehen lässt.

Zur selben Zeit wird in Deutschland langsam aber stetig eine veränderte Gender-Realität sichtbar: Mit der ersten Kanzlerschaft von Angela Merkel ist 2005 der Machtanspruch von Frauen auf höchste Führungsämter erstmals eine Tatsache. Seit 2001 können gleichgeschlechtliche Paare ihre Lebensgemeinschaft rechtsverbindlich anerkennen lassen, das 2006 in Kraft getretene allgemeine Gleichbehandlungsgesetz stellt die eigene sexuelle Identität unter Schutz und seit 2018 müssen Behörden und offizielle Dokumente die Geschlechtsbezeichnung ‚divers' enthalten.

Auch die zunächst nur als unverstandenes Schlagwort gehandelte Digitalisierung bricht sich beharrlich Bahn, bis schließlich Breitband-Internet, Smartphones und das digitale Klassenzimmer den Alltag bestimmen, so dass die ‚Generation Z' der zwischen 1990 und 2010 Geborenen sich eine Welt ohne soziale Medien und World Wide Web weder vorstellen kann noch will.

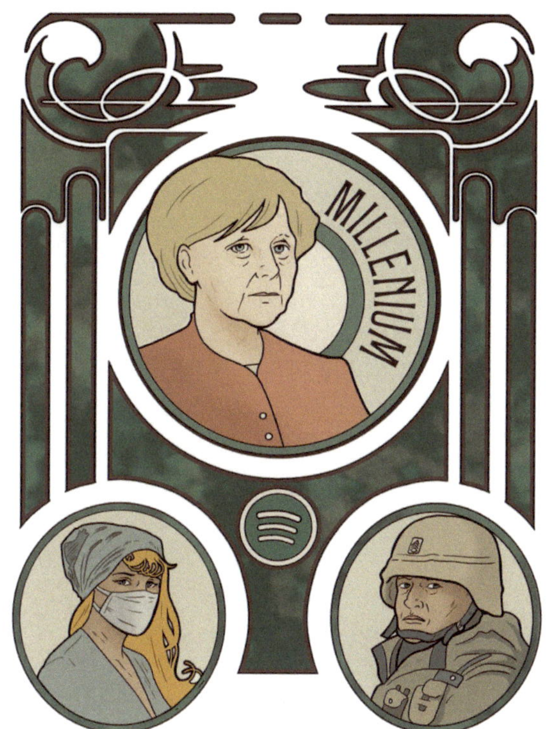

Wie reagiert die Musik auf die Entwicklungen der 2000er-Jahre? Heizt sie die Krisen an, stellt sie sich Radikalisierungen entgegen, begreift sie gesellschaftlichen Wandel als Chance oder besingt sie die ‚good old days', die in der Erinnerung meist rosiger erscheinen als sie tatsächlich waren?

Musik im digitalen Zeitalter

Als sich zur Mitte der 1990er-Jahre digitale Musikfiles im komprimierten MP3-Format über Internetleitungen schnell und in großen Mengen verschicken lassen, ist der traditionell auf Tonträger fixierte Musikmarkt in heller Aufregung:

Unter Missachtung des Urheberrechts bieten Filesharing-Netzwerke und Download-Plattformen wie Napster gratis riesige Mengen Musik an. Mit der Eröffnung des iTunes Store 2003 beginnen neue Anbieter wie Apple, diesen Datenstrom kommerziell zu erschließen. Heute haben sich Streaming-Dienste und werbefinanzierte Video-Plattformen als bevorzugte Konsumformate etabliert, so dass sich mit dem Verkauf von Tonträgern kaum noch Gewinn erwirtschaften lässt. Da alternative Finanzierungsmodelle wie Crowdfunding selten tragfähig sind und Künstler:innen am immensen Umsatz der Streamingdienste nicht angemessen beteiligt werden, sind Konzerte und Merchandising neue Haupteinnahmequellen. Dabei macht es einen entscheidenden Unterschied, ob man inmitten dieses Wandels bereits eine Karriere hat und sich diesen neuen Bedingungen anpasst, oder ob man sich erst einen Namen machen muss, so dass eigene Produktionen oder Social-Media-Auftritte als besonders spektakulär, provokativ oder innovativ auffallen müssen, um virales Potenzial zu entwickeln.

Wir verstehen uns

Dank der Diskursfreudigkeit von Indiebands und Künstlern der Hamburger Schule wie Tocotronic, Blumfeld, Bernd Begemann und Die Sterne gibt es auch in den 2000er-Jahren ein großes Publikum für ausdrucksstarke deutsche Texte. Dies sichert beispielsweise den Bands Wir sind Helden, Ich+Ich und AnnenMayKantereit sowie den Singer-Songwritern Tim Bendzko oder Johannes Oerding eine treue Fanbasis. Auch Big Player der 1990er-Jahre wie Herbert Grönemeyer und ehrenwert gealterte Punkbands wie die Beatsteaks, Die Ärzte, Die Toten Hosen und die Donots können sich weiterhin bei ihren Fans behaupten.

Neu hinzu kommen Musiker:innen der Nachwendegeneration aus östlichen Bundesländern. Für einige Jahre ist die Teenieband Tokio Hotel außerordentlich erfolgreich, die von Magdeburg aus 2005 mit ihrem queeren Leadsänger Bill Kaulitz japanische Trends wie Visual Kei und Cosplay mit eingängigen Popsongs kombiniert. Im Kampf gegen rechtsextreme und antidemokratische Tendenzen beziehen Gruppen und Künstler:innen wie Kraftklub, Jennifer Rostock, Silbermond, Feine Sahne Fischfilet und Heaven Shall Burn mit ihrer ostdeutschen Herkunft klar Stellung und repräsentieren dabei höchst unterschiedliche Sounds von Alternative Rock und Pop bis zu Punk und Metal.

Verengung des Mittelwegs

Ein charakteristischer Zug seit den sogenannten Nullerjahren ist eine drastische Simplifizierung des Mainstreampop im internationalen Maßstab. Zwar gelingt es der deutschen Teilnehmerin Lena Meyer-Landrut, mit dem englischen Titel *Satellite* im Jahr 2010 den Eurovision Songcontest zu gewinnen. Internationale Trends, etwa das höchst erfolgreiche Revival von Boybands und

Girl Groups, lassen sich aber in Deutschland nicht nachahmen. Der kurzfristige Erfolg der No Angels hält dem Vergleich mit den britischen Spice Girls nicht stand.

Dagegen ist das Interesse an Casting-Shows auch in Deutschland außerordentlich stark, als Produktionen wie *Deutschland sucht den Superstar* und *The Voice of Germany* 2011 auf Sendung gehen. Dank seiner ersten Karriere als Produzent und Songschreiber seines Duos Modern Talking und diversen erfolgreich gemanagten Solokarrieren nutzt Dieter Bohlen geschickt die monopolistischen Strukturen dieser Formate für seinen Hit-Sound aus Schlager, Eurodance und Ballermann-Techno. Gepaart mit einem immensen Druck durch hohe TV-Einschaltquoten, die Gefahr vernichtender Jury-Kommentare und voyeuristische Berichterstattungen durch die Boulevard-Presse entfalten Casting-Shows ein immens normatives Potenzial.

Immer perfektere Sample-Libraries und vorproduzierte Beats, Presets und Patches vereinheitlichen das digitale Sounddesign von Pop in vergleichbar drastischer Weise. Erfolgreiche Autorenteams und Produzenten prägten auch zu früheren Zeiten den Geschmack einer Generation, beispielsweise in den 1980er-Jahren die britische Hitschmiede Stock Aitken Waterman sowie die niederländischen Gebrüder Rob und Ferdi Bolland. In Deutschland sind es nun Songwriter wie Ralf Christian Mayer sowie Produzenten wie Djorkaeff (aka Konstantin Scherer) und Beatzarre (aka Vincent Stein), deren Handschrift hörbare Nahtstellen zwischen Pop (Clueso, Mark Forster), Soul (Xavier Naidoo), Techno (DJ Thomilla), Hip-Hop (die Fantastischen Vier, Sido, Fler) und Volks-Rock'n'Roll (Andreas Gabalier) schafft.

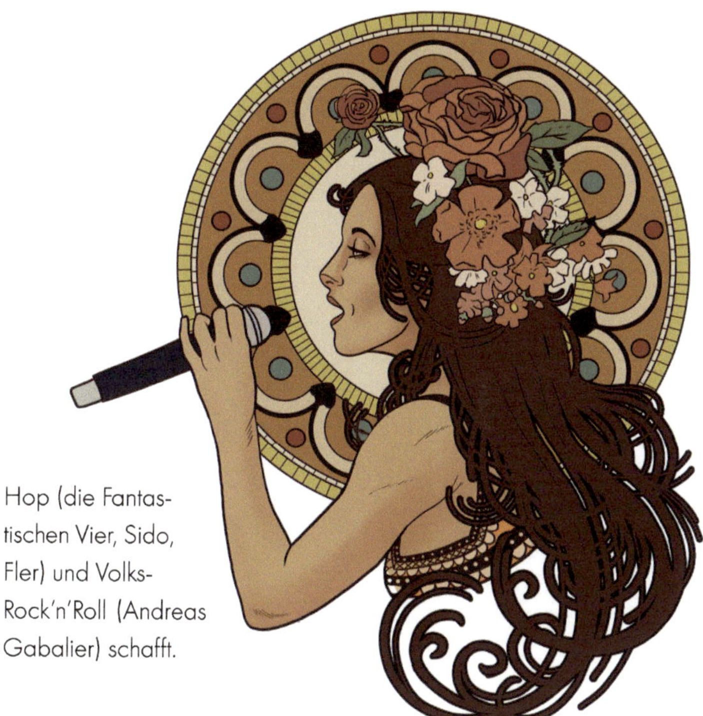

Pop oder Schlager?

Nachdem sich angesichts der englischsprachigen Dominanz des Pop der deutsche Schlager in den 1960er-Jahren verselbstständigte, nähern sich vier Jahrzehnte später beide Bereiche wieder an. Entsprechende Beispiele hört man auf den Fanmeilen der patriotisch inspirierten Fußballweltmeisterschaft 2006 und auf Heinos Album *Mit freundlichen Grüßen*, das 2013 mit Coversongs u. a. der Ärzte und Jan Delay kalte Rache am ironischen Kapern seiner eigenen Marke dreißig Jahre zuvor durch Norbert Hähnel und Die Toten Hosen übt. Der deutsch-spanische Musiker Nico Santos nimmt für sich selbstverständlich in Anspruch, nicht nur eigene Songs zu schreiben, sondern auch mit Rapper Capital Bra und Pop-Star Mark Forster

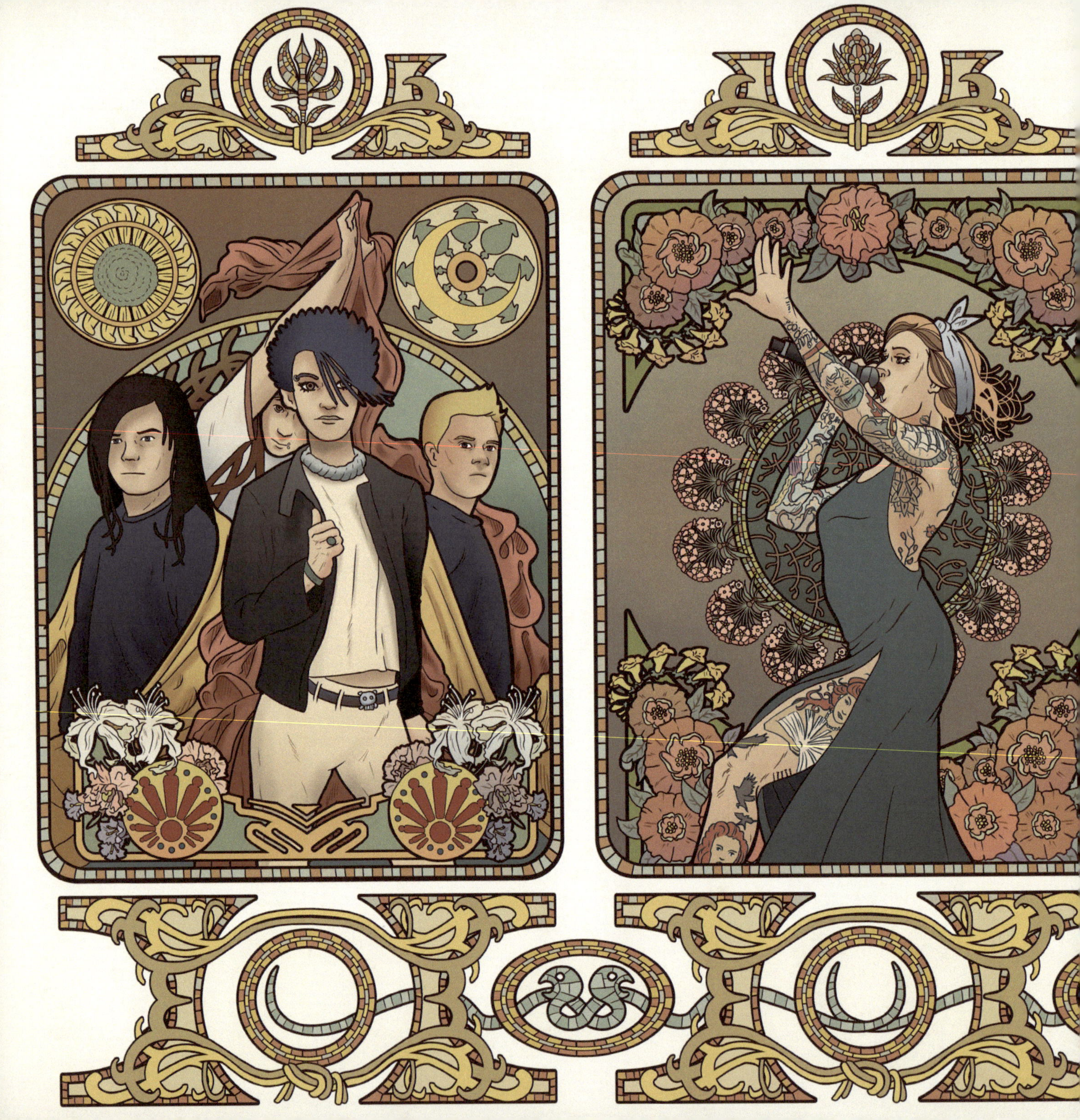

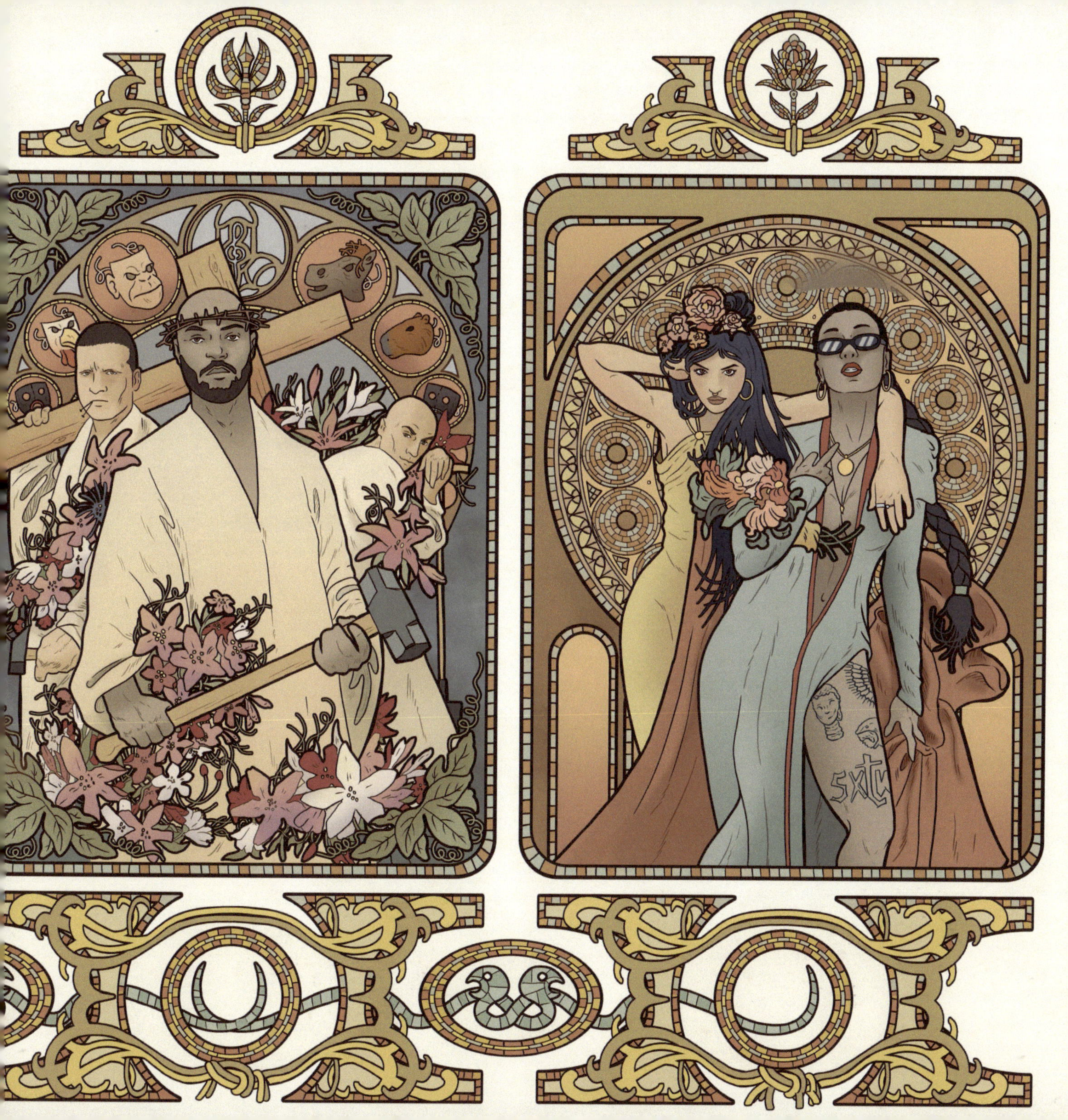

zusammenzuarbeiten und sich als Co-Autor an Produktionen des Schlager-Superstars Helene Fischer zu beteiligen. Philipp Burger wiederum, Sänger, Gitarrist und Kopf der höchst umstrittenen südtiroler Band Frei.Wild, schreibt nebenbei Schlager u. a. für Die Kastelruther Spatzen, Die Draufgänger, Mia Julia, die Troglauer und Daniela Alfinito. Während die Songs seiner eigenen Band mit deutschtümelnden Videos und Heimatrhetorik die Normalisierung neurechten Gedankenguts propagieren, gelten seine vergleichbaren Liedzeilen für Volksmusikschlager als harmlose Folklore.

Auch stilistisch ist die Welt des Schlagers so bunt wie nie: Max Raabe und Götz Alsmann ist ein Revival des historischen Schlagers der 1920er- und 30er-Jahre zu verdanken, während das Duo Rosenstolz und in jüngeren Jahren Sängerinnen wie Kerstin Ott das bis dato ultrakonservative Genre für queere Lebensentwürfe zumindest einen Spaltbreit öffnen. Dort finden sich heute auffällig viele Künstlerinnen wie Andrea Berg, Vanessa Mai, Beatrice Egli und allen voran Helene Fischer, die das Self-Empowerment erfolgreicher Frauen in einem hart umkämpften Markt demonstrieren, ohne traditionelle Bilder begehrenswerter, familienbewusster und heterosexueller Weiblichkeit zu negieren.

Außenseiter im Mainstream

Kaum ein Genre zeichnet die politischen Umbrüche in Deutschland seit den 2000er-Jahren so explizit nach wie Hip-Hop, der mit einem besonderen Lifestyle und einer eigenen Sprache weit mehr sein will als nur ein Genre unter vielen. In den späten 1980er-Jahren etablieren Acts wie Fresh Familee und Advanced Chemistry genuin deutschen Sprechgesang und rappen über ihre Migrationserfahrungen, fremd im eigenen Land zu sein. Es ist kein Zufall, dass erste Communities für Hip-Hop, Breakdance und Graffiti in Heidelberg und Frankfurt am Main entstehen. Die dortigen Standorte der amerikanischen Armee strahlen weit in die Region aus, sogar im wörtlichen Sinne mit ihrem Radiosender AFN (Armed Forces Network), der im Unterschied zu deutschen Stationen die aktuellsten Trends liefert.

Mit der Stuttgarter Combo Die Fantastischen Vier, deren Mitglieder aus der bürgerlichen Mittelschicht stammen und 1992 mit *Die da!?!* auf Platz 2 der deutschen Hitparade landen, beginnt im deutschen Hip-Hop eine bis heute anhaltende Kontroverse über kulturelle, soziale und künstlerische Maßstäbe, wer als authentischer Vertreter gelten darf. Eine alternative Variante regionaler Identität entwickelt sich in Hamburg, wo Gruppen wie Fettes Brot, Deichkind und die Absoluten Beginner mit dem bis heute erfolgreichen Jan Delay eine ironische Hip-Hop-Version präsentieren.

Eine standesgemäß aufsässige Szene bringt sich von Frankfurt aus in Stellung. Dort gelingt es Moses Pelham mit seinem Rödelheim Hartreim Projekt, mit Sabrina Setlur und Xavier Naidoo kommerzielle Charthits zu landen,

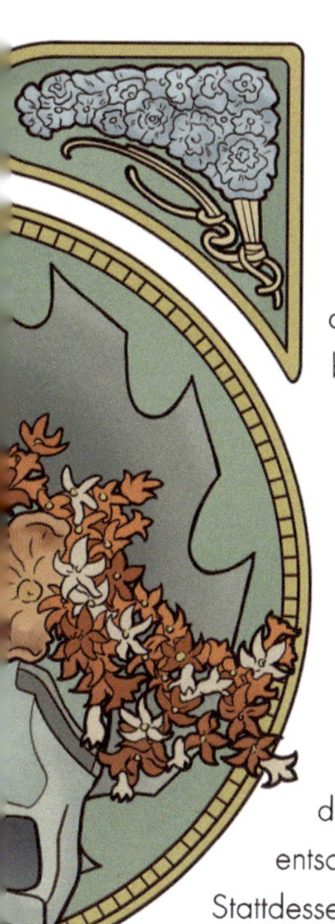

ohne dass seine ‚street credibility' darunter leidet. Denn als Underdog, der sich aus ghettoartigen Vorstadtsiedlungen und Betonwüsten bis an die Spitze kämpft, wo Ruhm und Statussymbole winken, ist er der lebende Beweis für die eigene Community, dass die Erfolgsversprechen der großen US-amerikanischen Idole wirklich stimmen.

Bald darauf wird Gangsta-Rap auch in Deutschland zu einem marktbeherrschenden Trend. Die aus dem Battle-Rap bekannte Praxis, durch sprachgewaltiges Herabwürdigen des Gegners Rivalitäten künstlerisch zu entscheiden, rückt hier deutlich in den Hintergrund. Stattdessen wird eine möglichst große Nähe zur harten Lebenswelt ausgegrenzter Jugendlicher die entscheidende Währung. Mit Künstlern wie Sido, Bushido und Fler macht das Label Aggro Berlin auf sich aufmerksam und steigt durch diverse Indizierungen von Samplern und Alben durch die Bundesprüfstelle für jugendgefährdende Medien rasch im Ansehen der Szene. Mit extrem gewalthaltigen, frauenverachtenden und schwulenfeindlichen Lyrics bedient man ein Image hypermaskuliner musikalischer Schwerverbrecher zwischen Drogen, Prostitution und Bandenkriminalität und verschiebt nach Kräften die Grenzen des Zulässigen und Sagbaren.

Die Frage, wie authentisch, übertrieben oder ironisch-überzogen Rap-Texte tatsächlich sind und wieviel Poetik den häufig sehr gekonnt vorgetragenen Rhymes als zeitgemäße Kunstform zuzugestehen sei, ist ebenso kompliziert wie strittig. Erwachsene hören aus den überspitzten Lyrics der Formation K. I. Z. über Hass, Misogynie und Gewalt drängende Zeitfragen und eine kritische Distanz heraus, da ihre Mitglieder sich seit vielen Jahren für Frauenrechte und gegen Rechtsradikalismus engagieren. Die Tracks des Offenbacher Rappers Haftbefehl nehmen Kids häufig ungefiltert unkritisch auf, während das Feuilleton die Kraft seiner Sprachbilder sowie seine charakteristische Vermischung türkischer, kurdischer, arabischer und anderer Klangfarben feiert.

Besonders heikel für das Image eines Bad Boys ist die Entzauberung als Normalsterblicher oder Feigling: Seine Fans mögen Bushido diverse Tracks wie 2008 den Alphaville-Coversong mit Karel Gott *Für immer jung* als kommerziellen Ausrutscher vielleicht verzeihen, zumindest erreichen der vielfach ausgezeichnete Rapper und der Grandseigneur des tschechischen Schlager gemeinsam den fünften Platz der Hitparade. Im Prozess gegen den libanesischen Clanchef Arafat Abou-Chaker muss Bushido 2020 vor dem Berliner Landgericht allerdings zugeben, dass weite Passagen seiner Autobiografie maßlos übertrieben sind und er stattdessen auf Polizeischutz durch den vorher so verunglimpften Staat angewiesen ist. Die Pose des harten Kerls muss er nun endgültig anderen überlassen.

Es folgt im Jahr 2018 ein hitziger Streit über die Grenzen der Meinungsfreiheit im Hip-Hop. Ausgangspunkt ist die Echo-Auszeichnung von Kollegah und Farid Bang für ihr Kollaborationsalbum *Jung, brutal, gut aussehend 3*. Die Phonoakademie, die Interessengemeinschaft der deutschen Medienindustrie, sieht bei Zeilen wie „mein Körper definierter als von Auschwitzinsassen" (im Titel *0815*) zwar Diskussionsbedarf, aber keinen Hinderungsgrund für eine Preisverleihung an die beiden kommerziell erfolgreichen, polarisierenden Rapper. Die Öffentlichkeit will sich dagegen nicht damit zufriedengeben, dass Antisemitismus, Gewaltverherrlichung und die Verachtung von Frauen und queeren Menschen, die das Album durchziehen, zum Standardvokabular des aktuellen Hip-Hop zählen und als künstlerische Meinungsäußerung einfach hinzunehmen sein sollen. Als andere Künstler:innen daraufhin ihren Echo zurückgeben und sich noch während der Festveranstaltung von der Deutschen Phonoakademie distanzieren, wird der gesamte Echo-Preis kurz darauf eingestampft.

Wenn Hip-Hop für Fans, Wissenschaft und Journalismus eine zeitgemäße Gesellschaftsdiagnose darstellt, wie realistisch sind die dabei vermittelten Bilder und wie gehen wir mit ihnen um? Zu entdecken ist eine große Vielfalt, Kreativität und Zerrissenheit des Genres: Während die Battle-Rapperinnen Nura und Juju vom Duo SXTN patriachalem Macho-Gehabe feministische Parolen entgegenschleudern, suchen Cro und der ehemalige Aggro Berlin-Bad Boy Sido die Nähe zu Mainstream und Pop.

Besonders drastisch sind neue politische Allianzen antidemokratischer Stimmen: Für einige Jahre wird Chris Ares zum Gesicht eines neuen rechtsradikalen und ultranationalistischen Hip-Hop im Umfeld der Identitären Bewegung, wie Jahre zuvor schon Fler von einer ‚Neuen Deutschen Welle' rappte. Xavier Naidoo machte lange mit Verschwörungsmythen sowie antisemitischen und homophoben Stereotypen von sich reden, bis er sich nach dem Ausbruch des russischen Angriffskriegs in der Ukraine plötzlich von seinen bisherigen Haltungen lossagt. Ob eine solche Saulus-Paulus-Wendung wirklich glaubwürdig ist oder eine Marketing-Entscheidung, bleibt umstritten. In jedem Fall haben Musiker wie Danger Dan und jüdische Hip-Hopper wie Ben Salomon und Sharon mehr als ausreichend Grund, Antisemitismus und andere Formen von Hass, Gewalt und Ausgrenzung innerhalb und außerhalb der Popmusik als beklemmend aktuelles Phänomen anzuprangern.

Auch wenn eine Gegenwartsdiagnose der deutschen Popkultur stellenweise düster ausfällt, ist am Horizont von acht Jahrzehnten deutscher Musikgeschichte vor allem eine vielfältige Landschaft zu erkennen: Bereits in ihrer Gründungsphase inszenieren sich die rivalisierenden deutschen Bruderstaaten als Kulturnationen von Dichtern und Denkern. Dabei geht die Pflege klassischer Musiktraditionen Hand in Hand zunächst mit einem großen Engagement für zeitgenössische Produktionen und schließlich auch einer Förderung der quirligen Rock- und Popszene. Entstanden ist dabei ist ein dichtes Netz aus professionellen Ensembles, Orchestern, Theatern, Konzerthäusern und Rundfunkanstalten sowie – nicht zuletzt – eine weitverzweigte Szene leidenschaftlichen Amateurmusizierens. Im vierten Jahrzehnt seit der Wiedervereinigung ist Musik in und aus Deutschland heute vor allem auch ein Spiegel des gegenwärtigen Europa, einschließlich aller seiner Chancen und Krisen.

Literatur

Adam Bradley und Andrew Dubois: *The Anthology of Rap*, New Haven und London 2010

Deutsches Musikinformationszentrum www.miz.org/de/musikleben/statistiken

Johannes Müske und Michael Fischer (Hg.): *Schlager erforschen. Kulturwissenschaftliche Perspektiven auf ein populäres Phänomen*, Münster 2023

Immanuel Nover und Kerstin Wilhelms (Hg.): *Wie politisch ist der deutsche Pop?* [= *Digitales Journal für Philologie*. Sonderausgabe 5], 2021, https://www.textpraxis.net/sonderausgabe-5

Peter Rüttgers: *Von Rock'n'Roll bis HipHop. Geschlecht und Sexualität in Jugendkulturen*, Wiesbaden 2016

Martin Seeliger und Marc Dietrich (Hg.): *Deutscher Gangsta-Rap II. Popkultur als Kampf um Anerkennung und Integration*, Bielefeld 2017

Sascha Verlan und Hannes Loh: *20 Jahre HipHop in Deutschland*, Höfen 2000

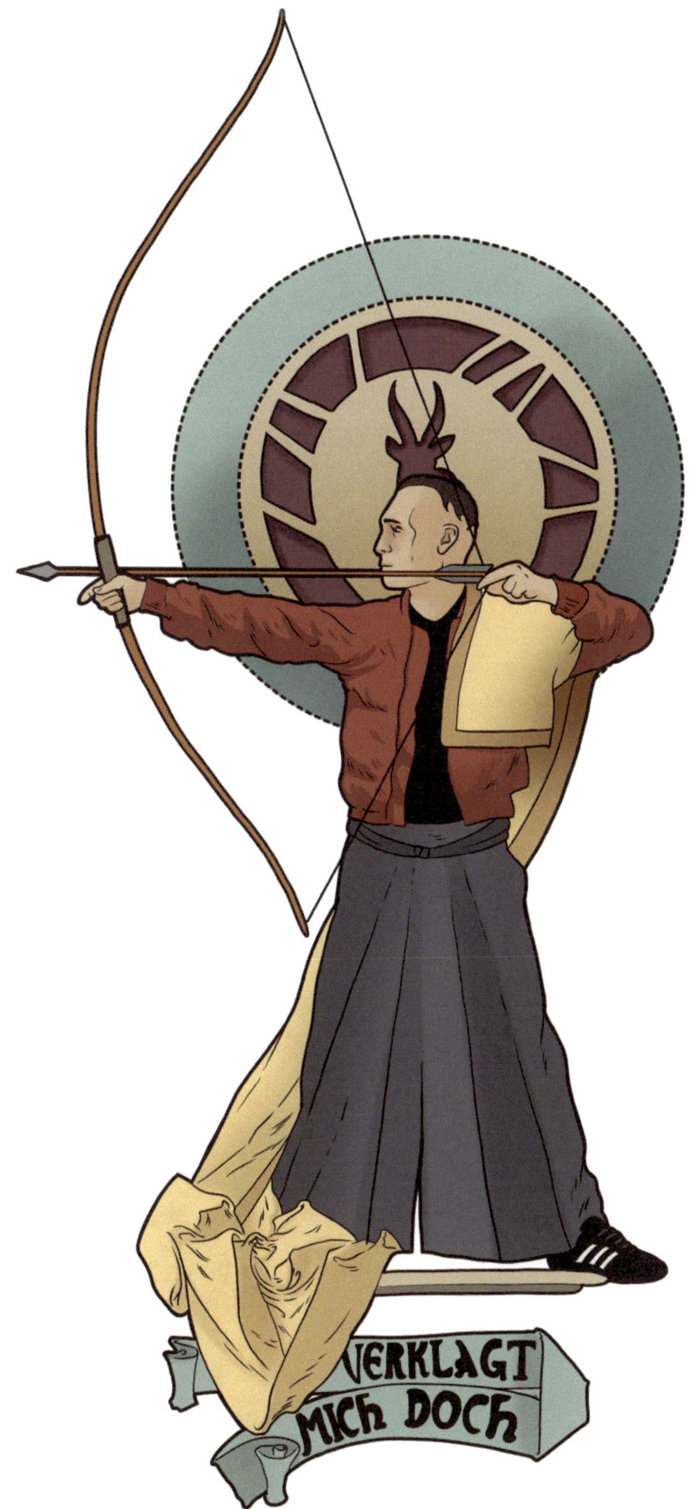